LCI·380
LCI·37

DAS ENDE DES DRITTEN REICHES

1944–1945

Duncan Anderson

DAS ENDE DES DRITTEN REICHES 1944–1945

Von der Landung in der Normandie bis zum Fall von Berlin

EDITION
ZEITGESCHICHTE

Bildnachweis

TRH Pictures: 6 (US Dept of Defense), 8, 9, 11, 12, 13, 14, 14-15, 16 (US National Archives), 17, 18, (IWM), 19, 20 (US Air Force), 22, 24, 25, 26, 27 (US National Archives), 28-29 (US Army), 29, 30 (IWM), 31 (IWM), 32 (IWM), 33, 35 (oben) (US Dept of Defense), 35 (unten) (IWM), 36 (IWM), 37 (US Army), 38 (US Army), 40 (IWM), 41 (oben) (US National Archives), 41 (unten), 42, 44 (US Navy), 45 (US Dept of Defense), 46 (IWM), 47 (oben), 48 (oben) (IWM), 49 (US National Archives), 50 (unten), 51, 52 (beide), 53 (US Dept of Defense), 54 (IWM), 55, 56, 57 (unten), 59 (oben), 60 (oben) (IWM), 60, 61, 62, 64, 65 (beide), 66 (oben) (IWM), 67 (beide), 68 (beide) (IWM), 69 (US National Archives), 70 (oben) (US Army), 70 (unten), 71 (oben), 72, 73 (oben) (US National Archives), 73 (unten) (IWM), 74 (oben), 75, 76 (beide), 77, 78, 81, 82, 83 (m), 83 (unten) (US Army), 84, 86 (beide), 87, 88 (unten), 89, 90 (IWM), 91 (beide), 92, 93 (oben), 94 (oben) (IWM), 94 (unten) (US National Archives), 95, 96, 97 (beide), 98 (beide), 99, 100 (IWM), 100-101, 102, 103 (beide), 104 (beide), 105 (oben), 106 (IWM), 106-107, 108, 110, 111 (IWM), 112 (beide), 113, 114, 115, 116, 117 (US National Archives), 118 (IWM), 119 (oben) (US National Archives), 119, 120, 121 (US Dept. of Defense), 122 (US National Archives), 123, 124 (beide), 125, 126, 128, 129, 130, 132 (IWM), 133, 134, 135, 136, 137, 138, 130 (IWM), 140, 141, 142, 144 (US Army), 145, 146, 147, 148, 149, 150 (IWM), 151 (US National Archives), 152, 153, 154, 155 (IWM), 156 (IWM), 157 (IWM), 158 (IWM), 159, 161, 162 (IWM), 163 (oben) (Bundesarchiv), 163, 164, 166, 167 (oben), 168, 169 (IWM), 170, 171, 172, 173, 174, 175 (IWM), 176 177 (unten), 178, 180 (beide), 181, 182 (IWM), 184 (beide), 185 (beide), 186, 187 (unten), 188, 189 (beide), 190 (US Dept of Defense), 191 (IWM), 192 (beide), 193 (US National Archives), 194 (US National Archives), 195 (oben) (IWM), 195 (unten) (US Army), 196 (beide), 197, 198 (US Army), 200 (oben) (IWM), 200 (unten) (US Army), 201 (IWM), 202, 203 (beide), 204 (US Army), 206-207, 208, 209 (unten), 210 (beide), 211, 212 (beide), 213 (beide), 214 (oben), 215 (beide), 216 (beide), 217, 218 (oben), 219 (unten), 220, 221 (beide), 222, 223, 224 (unten), 224-225, 226 (unten), 226-227, 228, 229, 230, 231 (beide), 232 (US National Archives), 233 (US National Archives).

Grafiken

Aerospace Publishing: 21, 47 (unten), 50 (oben), 57 (oben), 66 (unten), 80, 153 (oben), 167 (unten), 181 (oben), 187 (oben), 209.
De Agostini UK: 10, 23, 34, 43, 48 (unten), 58, 59 (unten), 71(unten), 74 (unten), 79, 88 (oben), 93 (unten), 105 (unten) 117 (unten), 131, 160, 177 (oben), 183 (beide), 199, 206, 210 (unten), 218 (unten), 219 (oben), 225 (unten), 226 (oben).

Originaltitel „Campaigns of World War II: The Fall of the Reich“

Aus dem Englischen von DIE TEXTWERKSTATT, WIEN
Umschlag von Joseph Koó

This translation of Campaigns of World War II: The Fall of the Reich first published in 2002
is published by arrangement with Amber Books Ltd.
Printed in Slovenija

Seite 2: Drei amerikanische GIs ziehen kurz nach der Operation Anvil, der Landung in Südfrankreich, eine Straße entlang.

Inhalt

US 314
314

VORBEREITUNGEN FÜR DEN D-DAY

Die lang erwartete Invasion Frankreichs war für die Alliierten ein großes Wagnis. Der amphibische Großeinsatz würde eine Menge Planung und Vorbereitung erfordern.

Im Winter 1941/42 begann das Oberkommando der Wehrmacht (OKW) zu akzeptieren, dass der Krieg nicht Monate, sondern Jahre dauern konnte. Auf die völlig unerwartete sowjetische Gegenoffensive vom 5. Dezember 1941 war zwei Tage später der japanische Angriff auf Pearl Harbor gefolgt. Daraufhin erklärten die Deutschen am 11. Dezember den Vereinigten Staaten den Krieg. Trotz ihrer großen Kriegsmarine war deren Armee winzig und das OKW dachte, es würde mindestens 18 Monate brauchen, bis genügend amerikanische Streitkräfte in Großbritannien aufgestellt werden konnten, vielleicht sogar noch länger, wenn Deutschland seinen bis jetzt erfolgreichen U-Boot-Feldzug gegen alliierte Schiffe weiterhin aufrechterhielt. Unter diesen Umständen war die für Deutschland logischste Strategie, sich auf den Sieg über die Sowjetunion zu konzentrieren und ein Verteidigungssystem zu schaffen, das jeden Versuch einer Landung der Alliierten an den Küsten Westeuropas verzögern würde. Am 23. März 1942 erteilte Adolf Hitler die Führerweisung Nr. 40, um mit dem Bau von Befestigungen entlang der Küsten des Kontinents, vom Nordkap Norwegens bis zur französisch-spanischen Grenze, zu beginnen.

Der Bau ging anfangs fast gemächlich voran. Das offensichtliche Fehlen von Dringlichkeit spiegelte sich in der Ernennung des 67-jährigen Feldmarschalls Gerd von Rundstedt zum Oberbefehlshaber West wider. Hitler, besessen von der Idee, dass die Briten versuchen würden, in Norwegen zu landen, um ihre Konvois auf dem Weg zum sowjetischen Hafen Murmansk zu beschützen, ordnete an, dass die Verteidigung der Küste von Narvik bis Bergen Vorrang habe. Bis Herbst 1943 gab es in den Häfen und Fjorden Norwegens 350 Batterien, die Norwegens Küste zur bestbefestigten der Welt machten. Die französische Küste wurde im Gegensatz dazu relativ vernachlässigt, der Bau von Befestigungen auf Häfen und U-Boot-Stützpunkte beschränkt. Am 18. August 1942 gelang es der nach wie vor nicht fertig gestellten Dieppe-Befestigung, mit anfangs bloß 200 Reservisten einen Landungsversuch von 5.000 kanadischen und britischen Soldaten zu vereiteln. Hitler ordnete nun an, den Bau der Befestigungen (ähnlich der der Siegfriedlinie entlang der französisch-deutschen Grenze) mit „fanatischer Energie" voranzutreiben. Doch wiegte der Sieg bei Dieppe das OKW in trügerischer Selbstzufriedenheit. Erst nach den erfolgreichen Landungen der Alliierten im Juli 1943 in Sizilien und im September 1943 in Salerno erteilte Hitler die Weisung Nr. 51, die ein Intensivprogramm zum Bau von Befestigungen von Antwerpen bis Biarritz anordnete. Es sollte „das Scheitern des feindlichen Angriffs

GEGENÜBER: *Amerikanische Panzer-Landungsschiffe (LST) werden in einem britischen Hafen beladen. Das Ausmaß der Invasion verlangte ein massives Aufgebot von Landungsfahrzeugen aller Größen und Arten. Am 6. Juni 1944, dem ersten Tag der Operation* Overlord, *wurden an den Stränden der Normandie fast 133.000 alliierte Soldaten an Land gebracht.*

wenn möglich vor, spätestens aber bei der tatsächlichen Landung" sicherstellen.

Um den Bau zu beschleunigen, beorderte Hitler Generalfeldmarschall Erwin Rommel zum Atlantikwall und übertrug ihm am 1. Januar 1944 das Kommando über die Heeresgruppe B (7. und 15. Armee), die für die französische Nordküste am Ärmelkanal verantwortlich war. Fast sofort kam es zu Streitigkeiten zwischen Rommel und von Rundstedt, der sich über die Einmischung des berühmtesten Soldaten Deutschlands ärgerte. Zudem hatten die beiden Männer grundlegend verschiedene Ansichten über den besten Weg, einer Landung der Alliierten zu begegnen. Von Rundstedt, der an den siegreichen Feldzügen 1940 in Frankreich und 1941 in Russland teilgenommen hatte, war eine rein defensive Haltung zuwider. Er drängte auf die Stationierung von frischen, fronttauglichen Divisionen in Frankreich. Bis Anfang 1944 hatte er 24 davon, einschließlich zehn Panzerdivisionen. Er wollte warten, bis die Alliierten einen Landekopf geschaffen hatten, und sie dann mit einer Panzergruppe von sechs Divisionen schlagen, die er um Paris herum unter dem Kommando General Leo Freiherr Geyr von Schweppenbergs in Reserve hielt. Rommel, der von Oktober 1942 bis Mai 1943 in Afrika gegen die in der Luft zunehmend überlegenen alliierten Streitkräfte gekämpft hatte, glaubte, dass von Schweppenbergs Panzer von einer Kombination aus alliierten Bombern und dem Geschützfeuer der Marine noch Kilometer vom Landekopf entfernt vernichtet werden würden. Die einzige Lösung war für Rommel, die alliierten Truppen bei ihrem Landungsversuch zu vernichten, eine Ansicht, die Admiral Theodor Krancke, der Oberbefehlshaber des Kriegsmarine-Kommandos West, unterstützte. Rommel und Krancke drängten auf eine massive und rasche Ausdehnung des Atlantikwalls und eine Stationierung von Geyr von Schweppenbergs Panzern in Küstennähe hinter den wahrscheinlichen Landeplätzen.

UNTEN:
Generalfeldmarschall Erwin Rommel bei der Inspektion des Atlantikwalls. Rommel erhielt am 1. Januar 1944 das Einsatzkommando über die Heeresgruppe B und ordnete umgehend die Verstärkung der Befestigungen an der Atlantikküste an.

Weitere deutsche Vorbereitungen

In einem Interview für die Wehrmachtszeitschrift *Signal* vom Januar 1944, die über den Bau des Atlantikwalls berichtete, startete von Rundstedt einen versteckten Angriff gegen Rommel. Er erklärte, dass „wir Deutschen uns nicht dem müden Maginot-Geist hingeben". Rommel antwortete dem OKW mit einem offenen Bericht über den Atlantikwall und warnte davor, dass „der Feind wahrscheinlich erfolgreich Brückenköpfe an verschiedenen Stellen schaffen und unsere Küstenbefestigungen massiv durchbrechen wird", sollte seine Politik nicht umgesetzt werden. Der Streit zwischen den Generalfeldmarschällen betraf bald auch den Generalinspekteur der Panzertruppen, Heinz Guderian, und auch Hitler selbst, der einen Kompromiss vorschlug: Die Panzerreserve sollte unter seinem Kommando stehen und nur auf seinen Befehl bewegt werden. So kam noch eine dritte Kommandoebene hinzu.

Inzwischen begann dank Rommels Einsatz der Atlantikwall Realität zu werden. Bis zum Frühjahr waren die Organisation Todt (eine Organisation nichtkombattanter Baubrigaden, die nach Hitlers ehemaligem Generalinspekteur für Straßenwesen und Bauwirtschaft, Fritz Todt, benannt war) und der Reichsarbeitsdienst am größten Bauvorhaben der

europäischen Geschichte beteiligt. 260.000 Männer verarbeiteten 13 Millionen Tonnen Beton und verwendeten 1,2 Millionen Tonnen Stahl, um geplante 15.000 Stützpunkte zu errichten. Albert Speer, nunmehr Reichsminister für Bewaffnung und Munition und Leiter der Organisation Todt, erinnerte sich, dass Hitler großes persönliches Interesse am Entwurf der Anlagen hatte, und merkte an, dass „seine Pläne allen Bedürfnissen von Frontsoldaten entsprachen". Ausnahmsweise hatte er einmal Recht.

Die Deutschen konzentrierten sich auf drei Grundstellungen: den *Verteidigungsbereich*, eine Festung, die mehrere Bataillone schützen konnte, den *Stützpunkt*, eine Stellung, die von einer Einheit in Kompanie- bis Bataillonsgröße besetzt wurde, und das *Widerstandsnest*, das eine Einheit bis Zugsgröße fassen konnte. Da die Alliierten den Luftraum nun fast völlig kontrollierten, wurden diese Stellungen geschickt getarnt, konnten aber auch ein beträchtliches Bombardement aus der Luft oder durch Marinegeschütze überstehen.

Die Deutschen bestückten diese Stellungen, indem sie Waffen von den tschechischen Sudeten-Befestigungen, der Maginotlinie und der Stalinlinie abzogen. Im März 1944 wurden die deutschen Kräfte im Westen mit fast 4.000 Geschützen ausländischer Produktion versorgt, die 61 verschiedene Typen umfassten, doch wurde nur etwa ein Viertel davon tatsächlich in Stellung gebracht. Die stärksten Konzentrationen befanden sich am *Pas-de-Calais*, bei Häfen und U-Boot-Stützpunkten und auf den Kanalinseln, wo 32.000 Arbeiter 32 schwere Geschütze installiert hatten. Bis Juni 1944 konnten alle Teile der Küste unter Feuer genommen werden. Die Kriegsmarine stellte ein Fernmeldesystem von Landkabeln, die mit Fernschreibern verbunden waren und nicht abgehört werden konnten, und eine Kette von Radarstationen, die frühzeitig vor einem Angriff warnen und bei der Steuerung des Feuers helfen konnten, zur Verfügung.

Rommels Minenfelder

Im Oktober 1942 hatte Rommel in El Alamein rund eine halbe Million Minen im dichtesten je gesehenen Minenfeld platziert und Montgomerys überlegene Streitkräfte fast zwei Wochen lang am Durchbruch gehindert. Rommel entwarf nun Pläne, um 60 Millionen Minen in einem breiten Gürtel entlang der Küste zu platzieren; doch Anfang Juni waren erst sechs Millionen an ihrem Platz . An den wahrscheinlicheren Landungsstränden wurden Minen mit künstlichen Hindernissen

OBEN:
Einige der Betonmischmaschinen der Organisation Todt, die die notwendigen Bestandteile für Rommels Bauprogramm des Atlantikwalls produzierten. Ein großer Teil der von Rommel verlangten Ausrüstung schaffte es aber nie bis in die Normandie.

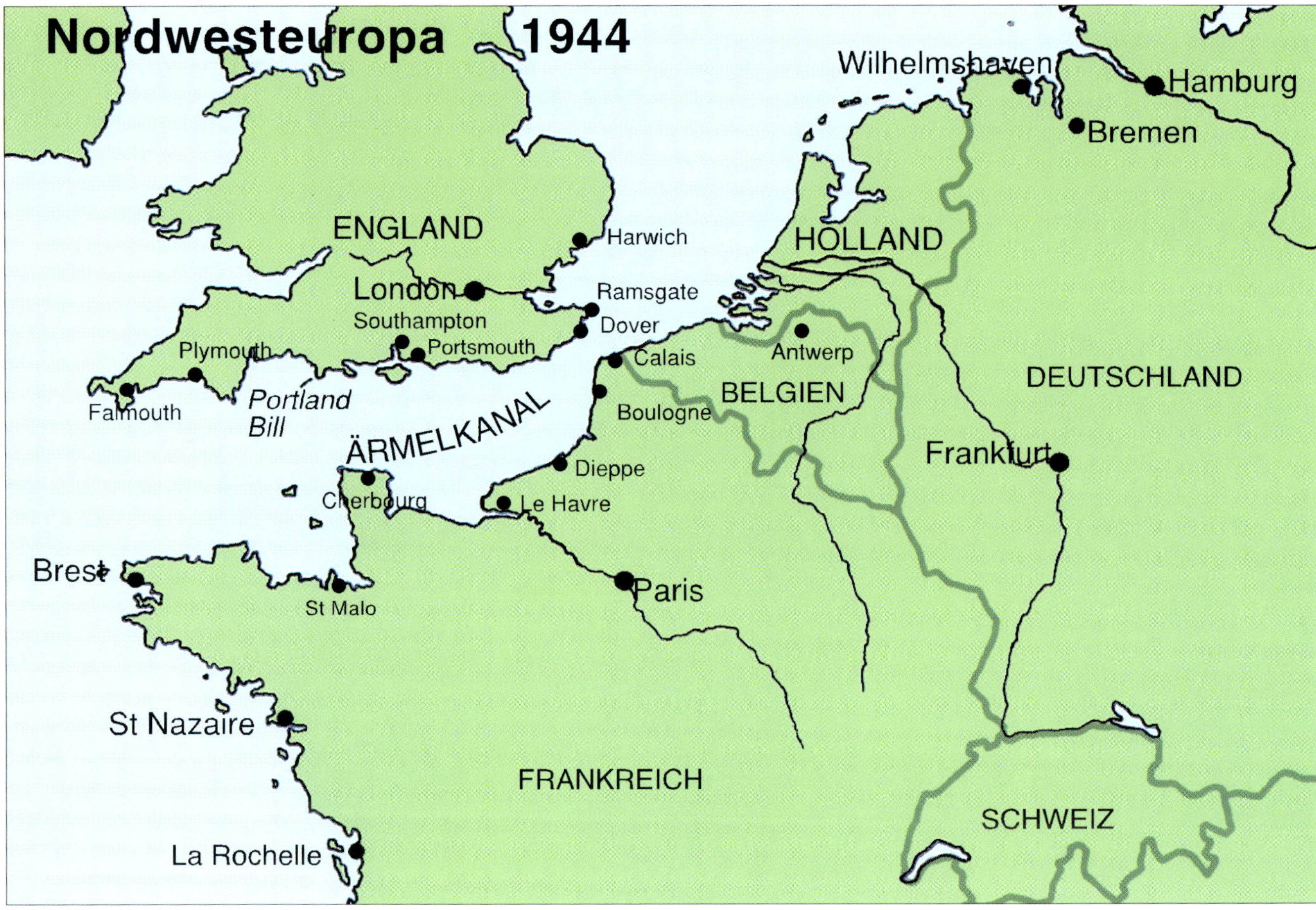

kombiniert. An der Niedrigwassergrenze wurden Pfosten aus Holz oder Beton in den Sand gesteckt, nach außen ausgerichtet und mit einem Sprengkörper versehen, der den Boden aus dem Landungsboot herausreißen sollte. Näher bei der Flutmarke benutzten Pioniere Reihen von Tetraedern aus fünf Stahlpfosten, die ursprünglich einen Teil der tschechischen Panzersperren im Sudetenland gebildet hatten. Noch näher der Wasserlinie stellten die Deutschen Hindernisse mit scharfen Enden auf, die ein Landungsboot versenken oder es am Platz halten konnten, während die Artillerie sich darauf einschoss.

Anti-Luftlande-Stellungen

Rommel war klar, dass die Alliierten nun große Luftlandeverbände hatten und jede Invasion Segler und Fallschirmjäger sowie Landungsboote einschließen würde. Während des Winters hatte ein Spezialbataillon aus Geologen und Geografen die Nordküste Frankreichs besichtigt, mit Hilfe von Pionieren und der Organisation Todt Flusstäler und -mündungen von der Somme bis zur Loire geflutet und dabei Wiesen in Sümpfe und Seen verwandelt, die an manchen Stellen, besonders im Südosten der Halbinsel Cotentin, tief genug waren, Fallschirmjäger zu ertränken. In den trockeneren Gebieten steckten deutsche Pioniere angespitzte Holzpfähle in die Felder und verbanden diese mit einem Gitternetz aus Drähten, sodass sie riesigen Vogelnetzen glichen. Anfang Juni gab es in Nordfrankreich fünf Millionen Pfosten, weitere 45 Millionen waren geplant. Am 5. Mai lehnte Rommel es ab, diese Hindernisse von der Luftwaffe prüfen zu lassen. Es war ihm nur zu bewusst, dass sie von zweifelhafter Wirksamkeit waren, und er gestand seinem Generalstabschef Speidel, dass der Effekt vor allem psychologischer Natur sei und die Moral stärke.

Der Atlantikwall war ohne Truppen als Besatzung von nur geringem Nutzen; daher hatten im Lauf des Jahres 1943 die Deutschen stehende Divisionen aus Männern, die zu alt für den Dienst in den Felddivisionen waren, zur Verteidigung der Küste aufgestellt. So war zum Beispiel die 711. Division, die an der Mündung der Orne in der Normandie aufgestellt war, vor allem mit Reservisten II. Klasse besetzt – Männer, die 1901 geboren waren und vor Kriegsausbruch keine militärische Ausbildung durchlaufen hatten. Als eine

Invasion wahrscheinlicher wurde, wurden die stehenden Divisionen mit sogenannten „Magenabteilungen" ergänzt – Männern, deren körperliche Behinderungen sie von anderen Formen des Dienstes ausschlossen. Die berühmteste von ihnen war die 70. Division. Sie bestand ausschließlich aus Männern, die unter Magengeschwüren litten. Im Winter 1943/44 wurden die Divisionen der Küstenbefestigungen durch Bataillone der Osttruppen, Freiwillige unter den sowjetischen Gefangenen, verstärkt. Die 709. Division, die am Ostufer der Halbinsel Cotentin stationiert war, erhielt acht georgische Bataillone, während die 275. Division Vertreter aus acht Nationen umfasste, vor allem aus dem Kaukasus und Zentralasien, aber auch eine Hand voll desorientierter Tibeter, die in die sowjetische Armee gepresst worden waren. Einige der Osttruppen waren eindeutig von mittelmäßiger Qualität, aber nicht alle. Am 18. Mai 1944, während einer Inspektion der 77. Division an der Südwestküste der Halbinsel Cotentin, war Rommel beeindruckt von einem Bataillon Tataren, die „auf vorbildliche Weise ausgebildet und befehligt wurden". Bis Mai 1944 waren 34 stehende Divisionen gebildet worden, die den Atlantikwall zwischen Calais und Biarritz bemannten.

Statt auf ein Invasionsgeschwader der Alliierten zu warten, hätte Rommel einen Angriff vom Meer und aus der Luft in der Mitte des Ärmelkanals vorgezogen. Bis Juni 1944 war die deutsche Kriegsmarine an der Atlantik- und Kanalküste auf nur vier Zerstörer, vier große Torpedoboote, 35 „E-Boote" (Motortorpedoboote), 50 U-Boote und ca. 450 kleinere Boote – Trawler, Küstenmotorschiffe u. Ä. – reduziert worden. Obwohl ihnen die alliierten Streitkräfte zahlenmäßig massiv überlegen waren, konnten sie noch immer eine ganze Menge anrichten. Im Winter 1943/44 legte die deutsche Marine 16 Minenfelder im Kanal zwischen Boulogne und Cherbourg und einige kleinere Minenfelder näher am Ufer. Die meisten Minen waren mit einem Zeitzünder versehen, der sie 80 Tage später deaktivierte, sodass sie im Juni längst schon wieder inaktiv waren. Sobald die Invasionsstreitmacht entdeckt wäre, wollte die deutsche Kriegsmarine ihre „E-Boote" dafür benützen, den Alliierten Blitzsperren aus

UNTEN:
Deutsche Artilleristen bauen Ende 1943 Verteidigungsschanzen um ihre Artilleriegeschütze herum, die zum Schutz vor Luftangriffen getarnt wurden.

OBEN:
Luftaufnahme der Strandbefestigungen an der Küste der Normandie, die die unterschiedlichen Arten der von den Deutschen eingesetzten Hindernisse zeigt. Am D-Day wurden viele davon von alliierten Pionieren beseitigt, ehe die Landungsboote heranrückten.

„Austern"-Minen in den Weg zu legen – Sprengkörper, die durch eine Änderung des Wasserdrucks durch ein über sie hinwegfahrendes Schiff gezündet wurden. U-Boote, Zerstörer und Torpedoboote sollten die Flanken der alliierten Begleitboote attackieren.

Die größte Schwäche der Deutschen war der Luftraum. Am 1. April 1944 hatte Hitler Generalfeldmarschall Hugo Sperrle, dem Befehlshaber der für Nordwesteuropa verantwortlichen Luftflotte 3, versprochen, die Ankunft der ersten von 1.000 neuen Messerschmitt-Me 262-Düsenjägern stehe kurz bevor. Im Juni wartete Sperrle noch immer. Seine nominelle Stärke lag bei 500 Flugzeugen, von denen nur 160 (90 Bomber und 70 Jäger) einsatzbereit waren. Trotz dieser stark reduzierten Kapazität kommandierte Sperrle nach wie vor 300.000 Mann, von denen 100.000 im durchschlagskräftigen III. Flakkorps der Luftwaffe dienten – für die feindliche Luftwaffe eine viel stärkere Bedrohung als die glücklosen Jagdstaffeln. Sperrle befehligte außerdem noch eine neue strategische Offensivwaffe, die unbemannten Flugzeuge der Vergeltungswaffen 1 (V 1), für die Abschussrampen zwischen Calais und Le Havre und auf der Halbinsel Cotentin gebaut worden waren. Ursprünglich plante man, sie am 20. April (Hitlers Geburtstag) einzusetzen, doch Verzögerungen in der Produktion verschoben die ersten Angriffe auf den 13. Juni.

Deutsche Zuversicht

Die deutschen Verteidigungspläne für den Westen kamen bis Frühsommer 1944 gut voran. Rommel war zuversichtlich, dass er jede Invasion der Strände zerschlagen konnte, wenn er seine Streitkräfte rasch konzentrieren konnte. Doch wusste niemand, wo die Invasion stattfinden würde. Rommel und die Kommandeure der Kriegsmarine dachten zuerst, dass die Alliierten an der Mündung der Somme landen würden. Doch von Rundstedt und Sperrle waren sicher, dass es im *Pas-de-Calais* sein würde – teils wegen der Konzentration von V-1-Rampen in dieser Region, teils weil es näher bei Deutschland war, vor allem aber, weil deutsche Agenten in England sagten, dass es dort zum Angriff kommen werde. Nach dem Krieg schrieben Bewunderer Rommels ihm fast prophetische Kräfte zu.

Am 9. Mai, während eines Besuchs des 1716. Artillerieregiments in Ouistreham/Normandie, rief Rommel angeblich die Offiziere zusammen und sagte: „Meine Herren, wenn sie kommen, werden sie hier kommen." Doch Rommel war zu diesem Zeitpunkt nicht der Einzige, der eine Landung in der Normandie vorhersagte, denn am nächsten Tag hielt ein Bericht des OKW-Nachrichtendienstes fest: „Sammelpunkt in erster Linie und vor allem: die Normandie; in zweiter Linie: die Bretagne." In den nächsten Wochen änderten Rommel und die anderen hohen Befehlshaber ihre Meinung wieder. In einem Gespräch mit Generalmajor Kramer am 3. Juni in von Rundstedts Hauptquartier war sich Rommel nun ziemlich sicher, dass die Landung an der Mündung der Somme erfolgen würde. Die Deutschen wussten einfach nicht, wo oder wann der Angriff stattfinden würde. Ihre Vorhersagen schwankten zwischen Plätzen an der Nordküste Frankreichs hin und her und waren nur gelegentlich richtig. Aber eines verstand Rommel: die Umstände, unter denen die Alliierten angreifen würden. Zur Mannschaft einer Geschützbatterie sagte Rommel am 17. Mai, dass „der Feind nicht bei gutem Wetter und während des Tages zu erwarten" sei. Sie sollten darauf gefasst sein, dass „der Feind mit den Wolken und dem Sturm und nach Mitternacht" käme. Merkwürdig, dass Rommel danach – am 4. Juni, als das Wetter von warmer, frühsommerlicher Windstille zu regnerischem, stürmischem Westwind umschlug – Frankreich verließ, um in Deutschland den 50. Geburtstag seiner Frau zu feiern.

Britischer Widerwille

Seit 1945 bemühen sich britische Historiker zu beweisen, dass Großbritannien eine Rückkehr nach Europa durch eine Invasion des Ärmelkanals vorbereitete, sobald die vollständige Evakuierung Dünkirchens erfolgt war. Die treibende Kraft dahinter, so die Historiker, sei

UNTEN:
Ein Maschinengewehrschütze mit seiner Waffe in einem Bunker des Atlantikwalls. Viele der Truppen in Rommels Befestigungen waren Angehöroge der Osttruppen – Soldaten, die nach Hitlers Invasion der Sowjetunion 1941 zu den Deutschen übergelaufen waren.

Premierminister Winston Churchill gewesen. Doch beruht diese These auf ein paar vereinzelten, aus dem Zusammenhang gerissenen Bemerkungen und ignoriert eine Menge gegenteiliger Beweise. Die simple Tatsache war, dass das Britische Oberkommando überhaupt nicht glücklich über eine Invasion über den Ärmelkanal war und fast jede andere Art von Angriff auf Deutschland vorgezogen hätte.

Für diesen Widerwillen gab es mehrere Gründe. Die Briten hatten erst relativ kurz zuvor erlebt, wie eine große Landungsoperation furchtbar gescheitert war. Am 25. April 1915 waren britische und Truppen der Dominions in der Hoffnung, Istanbul einnehmen und die Türkei besiegen zu können, in Gelibolu (Gallipoli) gelandet. Es kam zum Fiasko.

UNTEN:
Ein deutscher Artilleriebunker am Atlantikwall. Von den Franzosen gebaute Verteidigungsanlagen wurden oft von den Deutschen verstärkt und verbessert. So beherrschten z. B. in Saint-Malo 19,4-cm-Geschütze aus französischer Produktion den Hafen.

Die Türken hielten die Briten in engen Landeköpfen fest, fügten ihnen an die 250.000 Mann Verluste zu und erzwangen am Jahresende die Evakuierung. Als Erster Seelord war Churchill einer der Architekten der Landung gewesen. Er musste danach zurücktreten.

Zudem dachten Churchill, seine Kabinettsmitglieder und die älteren Offiziere an die Verluste Großbritanniens im Ersten Weltkrieg bei den verschiedenen Frontalangriffen gegen die Westfront – besonders im Juli 1916 an der Somme und im Oktober 1917 in Passchendaele. In *The World Crisis* (veröffentlicht 1928) machte Churchill bissige Bemerkungen über Sir Douglas Haig – den Kommandeur der britischen Streitkräfte an der Westfront –

und andere ältere Generäle, die nur daran dachten, den Feind an der offensichtlichsten Stelle anzugreifen.

Die indirekte Strategie

Nun führte Churchill seinen eigenen Krieg und sein Instinkt sagte ihm, dass Großbritannien eine indirekte Strategie verfolgen und dabei die Überlegenheit der Royal Navy zur See nutzen sollte, um Deutschland und dessen Verbündete an Randkriegsschauplätzen zu treffen, während das Bomberkommando der RAF die deutschen Städte direkt angriff. So wurden 1942, als die Deutschen ihre Arbeit am Atlantikwall begannen, vier der acht Panzerdivisionen Englands und 14 seiner 25 Infanteriedivisionen im Nahen oder Fernen Osten eingesetzt, um den Suezkanal gegen die Italiener und Indien gegen die Japaner zu verteidigen. 1940 wurde ein Kommando für kombinierte Operationen gebildet, das die amphibischen Operationen und Luftangriffe gegen die von den Deutschen besetzte Nordwestküste Europas planen sollte.

Hitlers und Mussolinis Kriegserklärung vom 11. Dezember 1941 zog die USA in den europäischen Konflikt hinein. Churchill und die britischen Stabschefs trafen am 22. Dezember in Washington ein und blieben bis zum 14. Januar 1942 (die „Arcadia"-Konferenz). Die Briten konnten die Zustimmung des amerikanischen Oberkommandos zur

OBEN:
Rommel inspiziert in der Normandie SS-Truppen.

OBEN:
Der britische Premierminister Winston S. Churchill vor amerikanischen Truppen irgendwo in England. Um die Deutschen in die Irre zu führen, schufen die Alliierten im Südosten eine „Phantomarmee", die die Aufmerksamkeit der Deutschen vom Hauptaufmarsch in Südengland ablenken sollte.

Priorität des Kriegs gegen Deutschland erhalten, obwohl dies Roosevelt Probleme brachte. Während der Angriff auf Pearl Harbor in den USA Zorn auf die Japaner ausgelöst hatte, waren die Gefühle gegenüber Deutschland und Italien ambivalenter – nicht nur, weil ein großer Teil der amerikanischen Bevölkerung deutscher oder italienischer Abstammung war, sondern wegen des Verdachts, dass die Briten versuchten, ihre eigenen Ziele mit Hilfe der Amerikaner voranzutreiben. Bis zu einem gewissen Grad wurde diese Befürchtung von Mitgliedern des Oberkommandos geteilt, vor allem vom Stabschef der US Navy, Admiral Ernest J. King, und dem Stabschef der US Army, General George C. Marshall. Für den restlichen Krieg führte King eine Fraktion an, die die Anstrengungen gegen Japan konzentrieren wollte, was Roosevelt in seinen Verhandlungen mit Churchill eine starke Position verschaffte. Marshall stimmte nicht mit King überein, meinte aber, der einzige legitime Einsatz von US-Streitkräften am europäischen Kriegsschauplatz wäre eine frühestmögliche Invasion des Ärmelkanals.

Während der Arcadia-Treffen saß hinter Marshall ein glatzköpfiger Offizier Anfang Fünfzig – General Dwight D. Eisenhower, der Chef der Abteilung für militärische Planung. Etwas mehr als zwei Jahre zuvor war er ein

„übergangener“ Major gewesen, der als Stabschef auf den Philippinen unter dem herrischen, zunehmend unberechenbaren General Douglas MacArthur diente. Gegen Ende 1939 hatte Eisenhower es geschafft, sich wieder in die USA und schließlich nach Washington versetzen zu lassen, wo Marshall seinen Rat im Umgang mit MacArthur, den er persönlich verabscheute, unschätzbar fand. Eisenhowers Aufstieg erfolgte rasch. Das Tagebuch, das er während der Arcadia-Konferenz führte, zeigt die Entwicklung des Majors zum globalen Strategen. Am 5. Januar schrieb er: „Die Gespräche mit den Briten sind ermüdend. Es ist schwierig, mit ihnen zu reden. Sie haben anscheinend Angst, jemand könnte ihnen sagen, was und wie sie es zu tun hätten. Ihre Kriegspraxis ist die der Verzögerung.“ Gegen Ende der Konferenz kam er zum Ergebnis: „Wir müssen in England Luft- und Bodenstreitkräfte aufbauen, und sobald wir stark genug sind, Deutschlands lebenswichtige Teile angreifen. Und wir müssen es tun, solange Russland noch am Krieg teilnimmt.“

Bis Ende März 1942 hatten Eisenhower und seine Leute einen Invasionsplan (Codename *Round Up*) ausgearbeitet. Bis 1. April 1943 wollte er so weit sein, sechs britische und amerikanische Divisionen an der französischen Küste zwischen Boulogne und Le Havre landen zu lassen. Verstärkung von etwa 100.000 Mann pro Woche würde folgen, bis eine Streitmacht von 30 amerikanischen und 18 britischen Divisionen in Europa wäre. Dazu wären 7.000 (noch zu bauende) Landungsboote sowie 3.000 amerikanische und 2.500 britische Flugzeuge (von denen erst wenige die Fabrik verlassen hatten) nötig.

Britische Zweifel

Diesen Plan nahm Marshall – begleitet von Roosevelts Berater Harry Hopkins – am 8. April 1942 nach London mit. Die Briten, die die amerikanische Hilfe dringend brauchten, stimmten äußerlich zu. Am Abend des 14. April drückte Marshall gegenüber Churchill seine Erleichterung darüber aus, dass „im Wesentlichen Übereinstimmung über einen

UNTEN:
General Dwight D. Eisenhower plaudert am Vorabend der Invasion mit amerikanischen Soldaten. Er hatte nie Truppen kommandiert, bis ihm im November 1942 die Verantwortung für die angloamerikanischen Torch-*Landungen in Nordafrika übertragen wurde. Es gab einigen Widerstand gegen seine Ernennung zum Oberbefehlshaber der alliierten Streitkräfte in Europa.*

Frontalangriff gegen den Feind in Nordfrankreich 1943" erzielt wurde. In Wahrheit mochten die Briten den Plan nicht. Der Premierminister war über den Codenamen entsetzt. Er notierte: „Ich fürchte, wenn wir den Namen *Round Up* ändern, werden die Amerikaner denken, wir hätten unsere Absichten geändert. Daher müssen wir an diesem prahlerischen, schlecht gewählten Namen festhalten und hoffen, dass er uns kein Unglück bringt." Der Generalstabschef, General Alan Brooke, vertraute seinem Tagebuch an: „Diese Pläne sind voller Gefahren. Die Erfolgsaussichten sind gering und hängen von vielen unbekannten Größen ab, während die Möglichkeiten einer Katastrophe groß sind und von einer ganzen Menge allgemein bekannter militärischer Fakten abhängen."

Sledgehammer

Der Planungsstab des britischen Oberkommandos hatte im Herbst 1941 eine Operation mit dem Codenamen *Sledgehammer* (Vorschlaghammer) entworfen. Danach sollten acht bis zehn britische Divisionen an der französischen Küste, vielleicht in der Bretagne oder auf der Halbinsel Cotentin, landen – falls ein Zusammenbruch der Sowjetunion drohte. Dies war nicht mehr als ein Notplan, der den fast sicheren Verlust der meisten involvierten Truppen gebracht hätte. Doch Eisenhower war von der Idee angetan und bot an, den Landungstruppen zwei US-Divisionen hinzuzufügen. Als geplanten Termin setzte er den 15. September 1942 fest. Wie die Briten betrachtete er es als ziemliches Himmelfahrtskommando. Trotzdem solle die Operation durchgeführt werden, weil „wir 8 Millionen Russen im Krieg halten wollen".

Als die Briten am 20. Juli Eisenhowers *Sledgehammer*-Version erhielten, waren sie entgeistert. Brooke behauptete, dass nicht die Ablenkung der wenigen deutschen Divisionen, die nötig wären, um *Sledgehammer* auszuschalten, sondern die Dutzender Divisionen den Russen helfen würde. Am 22. Juli informierte Churchill Roosevelt, dass „kein verantwortlicher britischer General, Admiral

UNTEN:
Schauen und warten: ein deutscher Artillerist in seiner Stellung am Atlantikwall. Die Täuschungstaktik der Alliierten ließ die Deutschen im Unklaren darüber, wo die Invasion stattfinden sollte.

LINKS:
Ein ausgeschalteter Churchill-Panzer nach dem desaströsen Angriff am Strand von Dieppe. Obwohl die Attacke ein furchtbarer Misserfolg war, erteilte er den Alliierten ein paar wertvolle Lektionen über amphibische Landungen.

oder Fliegergeneral bereit ist, *Sledgehammer* 1942 als durchführbare Operation zu empfehlen." Sie schlugen stattdessen Landungen im französischen Nordafrika vor, was von Roosevelt und Marshall als alles, was 1942 erreicht werden konnte, akzeptiert wurde. Ein zutiefst niedergeschlagener Eisenhower vertraute einem Freund an: „Ich weiß kaum, wo ich anfangen soll." In sein Tagebuch schrieb er, dass der 22. Juli 1942 gut als „der schwärzeste Tag in die Geschichte eingehen" könnte.

Die Briten meinten, das Problem der Amerikaner sei, dass sie zu enthusiastisch und seit 1898 – einer Landung gegen demoralisierte spanische Streitkräfte auf Kuba – an keiner amphibischen Operation mehr beteiligt gewesen waren. Die Amerikaner glaubten, dass durch moderne, gepanzerte, motorgetriebene Landungsboote viele der Probleme, die die Briten in Gelibolu gehabt hatten, nicht auftauchen würden. Die Briten wussten, dass das nicht stimmte. In den frühen Morgenstunden des 19. August 1942 gingen 5.000 kanadische und 1.100 britische Kommandosoldaten sowie 50 amerikanische Ranger bei Dieppe an Land. Die gut ausgebildeten, erfahrenen Kommandos, mit dem Angriff auf die deutschen Küstenbefestigungen östlich und westlich von Dieppe beauftragt, führten eine erfolgreiche Operation durch. Lieutenant-Colonel Lord Lovat führte das Kommando Nr. 4 bei einem heftigen Angriff gegen die Batterie bei Berneval, 6 km östlich von Dieppe, an und rieb die deutschen Verteidiger praktisch auf. Das Kommando Nr. 3 war inzwischen nach einem Kampf gegen die deutschen „E-Boote" im Ärmelkanal auf ein Landungsboot und 20 Männer reduziert worden und bei der Varengeville-Batterie, 6 km westlich der Stadt, an Land gegangen. Major Peter Young, der überlebende höhere Offizier, führte seine kleine Truppe in einen wütenden Angriff, der die deutschen Artilleristen für die nächsten drei Stunden festnagelte.

Der Hauptangriff auf Dieppe

Der Großteil der unerfahrenen Kanadier ging bei Dieppe an Land. Da die Stadt nur von 200 alten Reservisten verteidigt wurde, hätte die Attacke eine leichte Sache sein sollen – doch sie wurde zum Desaster. Das Feuer nach Osten und Westen warnte die Deutschen. Sie nahmen starke Stellungen ein und brachten ihre MGs in klippenseitigen Bunkern und in den oberen Stockwerken von Häusern mit einem guten Ausblick aufs Meer in Position. Diese Hand voll Soldaten feuerte auf die Landungsboote und erwischte die Kanadier, als diese sich aus dem Wasser kämpften.

Die Kanadier steckten am Strand fest und die Deutschen hetzten Reserven nach Dieppe. Das Ergebnis war ein Massaker. Bis zum späten Nachmittag konnte von Rundstedt Hitler mitteilen, dass „kein bewaffneter Engländer auf dem Kontinent übrig geblieben ist". Die Briten und Kanadier ließen 3.648

OBEN:
Leichte Douglas-Boston-(A-20)-Bomber auf ihrem Weg zu Angriffszielen an der Ärmelkanalküste. Bis zur ersten Juniwoche 1944 waren etwa 80 % des deutschen Küstenradars durch Luftangriffe zerstört worden. Diese Aufnahme zeigt deutlich die langen Sandstrände der Küste der Normandie, einer der Gründe für die Wahl dieses Gebietes als Invasionsziel.

Tote, Verwundete und Gefangene bei Dieppe zurück. Die etwa 500, die es zurück nach England schafften, waren schwer verwundet. Es gab keine Koordination zwischen Luft-, See- und Bodenstreitkräften, und als Unterstützung aus der Luft und von der Marine kam, erwies diese sich als unzureichend. Noch schlimmer war, dass die Churchill-Tanks mit den Bedingungen am Strand nicht zurechtkamen – entweder hatten sie sich in den Kies eingegraben oder beim Versuch, den Damm zu erklimmen, die Ketten verloren.

Churchills Reaktion

Zum Glück für den Kommandeur für Gemeinschaftsoperationen, Lord Louis Mountbatten, war Churchill am 19. August in Ägypten und freute sich über seinen allzu optimistischen Bericht über die Auswirkungen des Angriffs. Doch bei der Rückkehr nach Großbritannien las er die detaillierten Berichte und gab seinem Stabschef General „Pug“ Ismay zu Protokoll: „Ich muss genauer über die militärischen Pläne informiert werden. Wer hat sie gemacht? Wer hat sie genehmigt?“ Als Details über das Fiasko auftauchten, tröstete sich Churchill damit, dass Dieppe „ein Licht auf viele Fehler in unserer Einstellung geworfen hat.“ Es hatte sich wieder gezeigt, dass „Teamwork das Geheimnis des Erfolges ist. Dieses kann nur von ausgebildeten und organisierten amphibischen Einheiten geschaffen werden.“ Dieppe zeigte, wie schwierig große amphibische Operationen waren. Von jetzt an bestimmte eine düstere Stimmung die Diskussionen.

Im Januar 1943 trafen sich Roosevelt, Churchill und die Chefs der verbündeten Stäbe in Casablanca. Sie kamen überein, mit der Operation *Round Up* weiterzumachen und einen britisch-amerikanischen Planungsstab zu bilden. Acht Wochen später wurde der britische Logistik-Spezialist General Sir Frederick Morgan zum Stabschef des alliierten

Oberkommandos (COSSAC) ernannt und beauftragt, die Invasion zu planen. Morgans Büro in London war bald mit dem besten Mitarbeiterstab, über den die englische und die amerikanische Armee verfügten, gefüllt. Er wurde noch durch Transfers von Louis Mountbattens Stab für Gemeinschaftsoperationen verstärkt. Die Größe des Mitarbeiterstabs Morgans war beispiellos – aber das galt auch für die Komplexität der Operation, die er planen musste. Zwei Monate später erfuhr Morgan, dass Churchill und Roosevelt bei der Trident-Konferenz in Washington beschlossen hatten, dass die Landungen am 1. Mai 1944 (dem „D-Day") stattfinden sollten. Im Bewusstsein der gewaltigen historischen Tragweite dieser Operation hatten sie den Codenamen *Round Up* durch den neuen Codenamen *Overlord* ersetzt – ein Name, der an große Taten denken ließ.

Eines der ersten Probleme, mit denen sich das COSSAC befassen musste, war die Entscheidung über den Ort der Landungen. Die wichtigste Lektion aus Dieppe war, dass eine Landungstruppe nicht einmal einen schwach verteidigten Hafen ohne große Verluste nehmen konnte. Folglich mussten die Truppen an offenen, weit genug von befestigten Häfen entfernten Stränden an Land gehen. Der Stab für Gemeinschaftsoperationen hatte die französische Küste analysiert und die Möglichkeiten auf drei eingeschränkt: *Pas-de-Calais*, Bretagne und Normandie. Der *Pas-de-Calais* bot die kürzeste Route über den Kanal,sodass die Marine mehr Männer und Ausrüstung in kürzerer Zeit landen konnte. Und die Luftwaffe konnte ihre Jäger länger in der Luft halten und einer Invasionsflotte erhöhten Schutz geben. Auch bot der *Pas-de-Calais* Bodentruppen die direkteste Route ins industrielle Herz Deutschlands, das Ruhrgebiet, was Versorgunsgprobleme minimieren würde.

Doch die Vorteile, die der *Pas-de-Calais* den Invasoren bot, waren auch den Deutschen bewusst, die die Region stark befestigten. Dazu kam, dass die hohen Klippen und schmalen Kieselstrände mit begrenzten Ausgängen gewaltige Probleme für schwere Kettenfahrzeuge brachten. Deshalb musste jeder Landekopf entweder ostwärts, um belgische Häfen einzubeziehen, oder westwärts für die Häfen an der Seinemündung, die alle stark verteidigt waren, erweitert werden. Zudem waren die Häfen an der Küste von Kent zu klein, um für die Tausenden Schiffe der Invasionsflotte Platz zu haben. Der Hauptteil würde nach wie vor in den ausgedehnten Ankerplätzen des Portsmouth-Southampton-Komplexes stationiert sein. Ein großer Teil der Invasionsflotte würde daher mehr als 100 Meilen unter dem Feuer der deutschen Küstenbatterien den Ärmelkanal hinauffahren müssen, ehe er Truppen in Häfen, die nun stärker verteidigt wurden als Dieppe beim Angriff vom August 1942, ausladen konnte.

Bretagne

Doch vor allem die Amerikaner im COSSAC traten vehement für eine Landung in der Bretagne ein. Deren lange, stark zerklüftete Küste mit guten Stränden bot klare Vorteile. Eine Landung könnte auch zur Eroberung eines der großen bretonischen Häfen von der Landseite her führen. Allerdings würde die große Entfernung zwischen der Bretagne und Deutschland die Nachschubschwierigkeiten der Alliierten enorm vergrößern. Die Bretagne war auch zu weit von England entfernt, als dass die alliierten Jagdflugzeuge ständige und wirkungsvolle Unterstützung aus der Luft bieten könnten. Zudem waren die bretonischen Strände den südwestlichen Winden vom Atlantik her ausgesetzt. Die Stürme an dieser Küste waren unberechenbar, die Küste selbst mit gefährlichen Inselchen und Riffen übersät. Dem COSSAC zugeteilte Offiziere der Royal Navy waren von der Aussicht einer Landung in der Bretagne entsetzt. Sie

UNTEN:
Das Panzerlandungsboot (Raketen) war eine britische Adaption des Standard-Panzerlandungsboots (LCT), um den Truppen extra Feuerunterstützung zu geben, während sie an Land gingen. Es trug über tausend 127-mm-Raketen für 24 Salven. Zwar konnten sie keine Bunker durchschlagen, steigerten aber spektakulär die Moral.

Panzerlandungsboot (Raketen)
Großbritannien

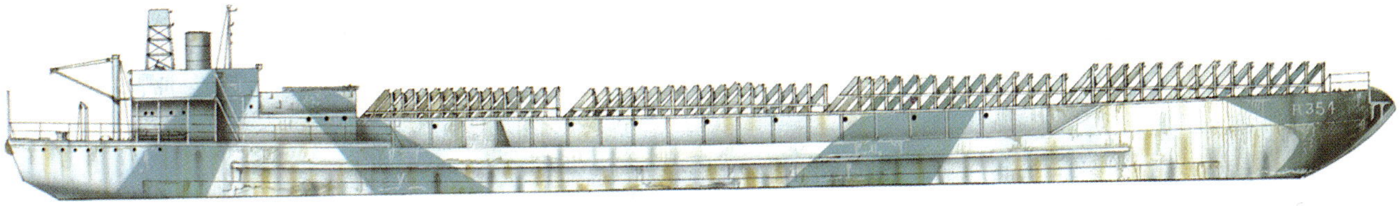

UNTEN:
US-Rekrutierungsplakat für die Handelsmarine. Die Rolle, die die Handelsmarine vor der Invasion beim Transport von Soldaten und Ausrüstung nach England unter oft extrem gefährlichen Bedingungen spielte, wird oft übersehen.

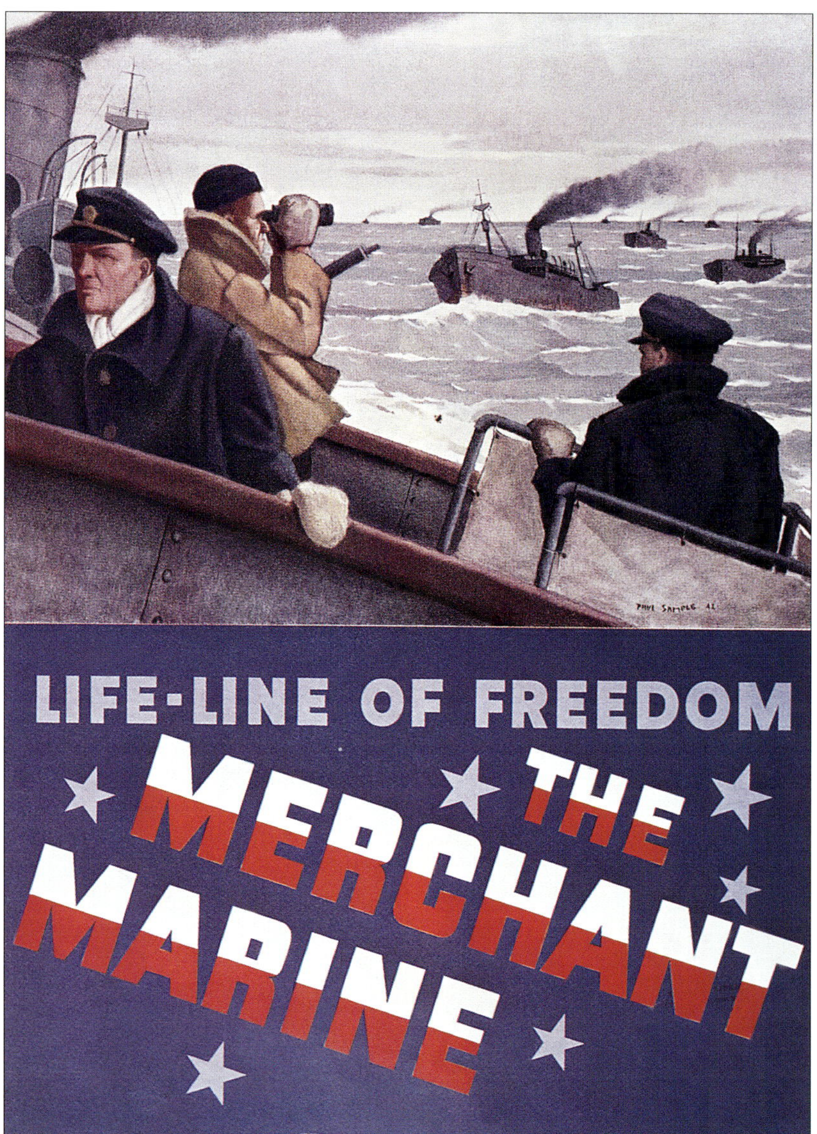

erinnerten die Amerikaner an die vielen Katastrophen britischer und französische Flotten in den vergangenen Jahrhunderten an dieser Küste.

Übrig blieben zwei Streifen an der atlantischen und der Kanalküste: von der Gironde bis zur spanischen Küste (was zu weit weg war), und von der Seinemündung zur Halbinsel Cotentin. Diese Küste hatte lange, breite Sandstrände, die von Dünen und niedrigen Klippen gesäumt wurden. Sie bot keine Probleme wie der *Pas-de-Calais* oder die Bretagne. Außerdem schützte die Halbinsel Cotentin die Strände vor den Stürmen aus Südwesten. Die Strände lagen zudem auf halbem Weg zwischen zwei stark verteidigten wichtigen Häfen: Le Havre und Cherbourg. Einmal an Land, konnten die alliierten Truppen entweder einen oder beide dieser Häfen von der Landseite her einnehmen. All dies wurde bei der Rattle-Konferenz, die in Schottland am 28. Juni 1943 von Mountbattens Stab für Gemeinschaftsoperationen einberufen wurde, erörtert. Die Normandie stellte sich als der einzig realistische Landeplatz heraus.

Die Verteidigungsanlagen

Das COSSAC besaß dank der französischen *Résistance* beachtliche Informationen über die deutschen Befestigungen in der Normandie. Der französische Filmregisseur Gilbert Renault-Roulier war 1940 einer der Ersten gewesen, die General Charles de Gaulles Truppen seine Dienste angeboten hatte. De Gaulle hatte den Namen Colonel Rémy angenommen, war nach Frankreich zurückgekehrt und hatte ein Nachrichtennetz, die *Confrérie Notre Dame*, gebildet, das bald den größten Teil der Nordküste abdeckte. Normannische und bretonische Fischer erwiesen sich als gute Quelle, weil sie die Küste gut kannten und den Standort vieler der deutschen Geschützstellungen herausfanden. Einige von Rémys Männern bereisten als Immobilienhändler die Städte der Normandie, wobei sie ganz offen reizvolle Wochenendhäuser mit Panoramablick fotografierten. Einen besonderen Coup lieferte René Duchez, ein Anstreicher aus Caen, der dort das Hauptquartier der Organisation Todt anstrich und dabei einfach mit einer sechs Quadratmeter großen Blaupause eines Teils des Atlantikwalls davonspazierte. Bis zum Sommer 1943 erhielt das COSSAC jeden Monat ca. 500 detaillierte Berichte vom Nachrichtendienst „Freies Frankreich". Da die Deutschen ihre Laxheit von 1942 zugunsten erhöhter Sicherheit 1943 aufgegeben hatten, wurde der Preis für diese Berichte immer höher. Agenten wurden verhaftet und exekutiert.

All diese Informationen wurden an die *Topographical Inter-Services* in Oxford weitergeleitet. Dort sichtete ein Mitarbeiterstab aus Universitätsdozenten für Geographie und Offizieren der Royal Navy alles: die Zusammensetzung der Strände, die Meeresströmungen und die Gezeiten. All dies ging in ein detailliertes, maßstabgetreues Modell der Küste der Normandie ein, das im Keller des Ashmolean-Museums aufgebaut war. Die *Topographical Inter-Services* bestanden darauf, dass die Fakten wieder und wieder überprüft wurden. Um die Arbeit der *Résistance* zu ergänzen, machten Aufklärungsflugzeuge Millionen Luft- und Bodenaufnahmen, während Boote und Kleinst-U-Boote Schwimmer bis

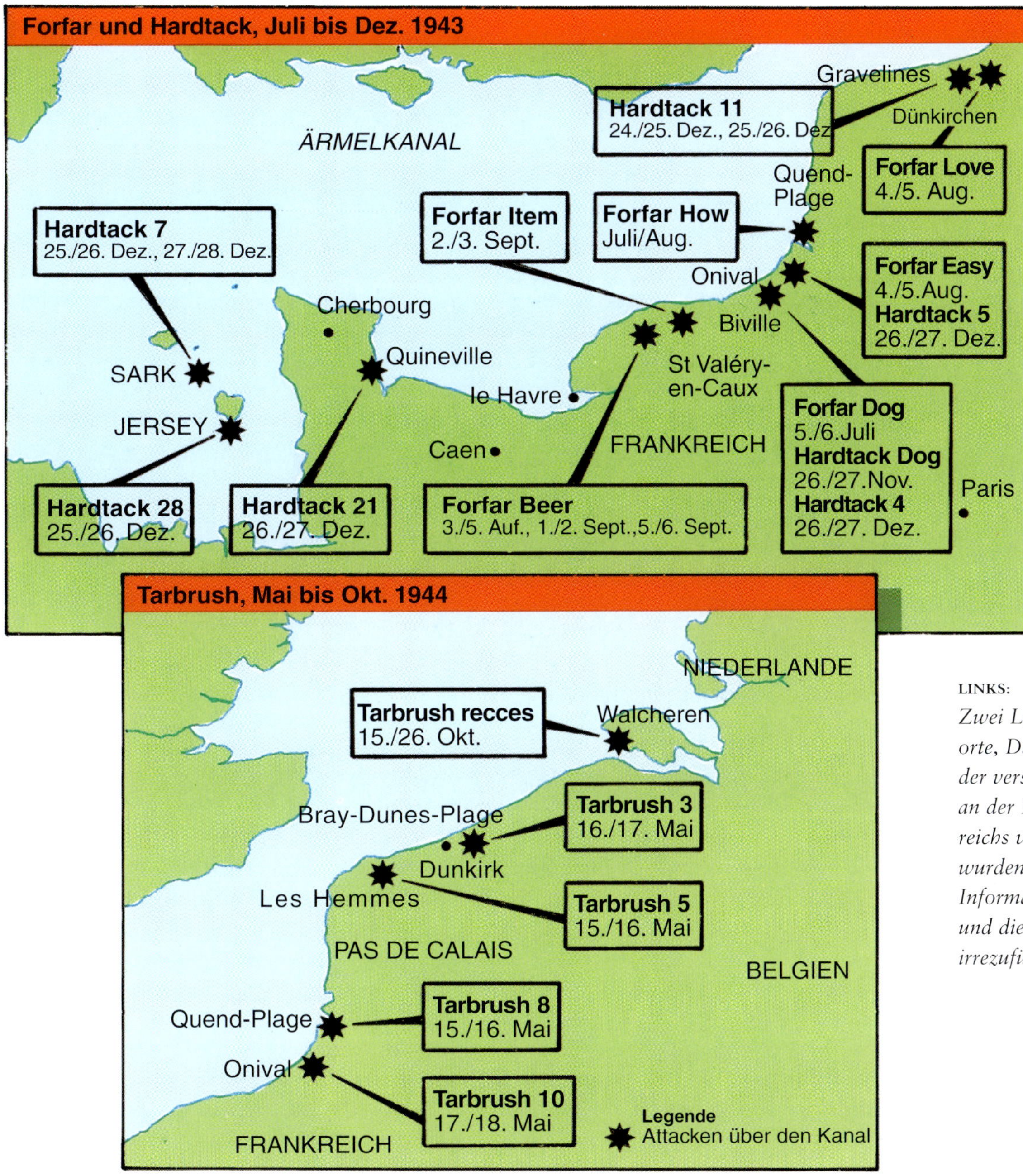

LINKS:
Zwei Landkarten der Standorte, Daten und Codenamen der verschiedenen Angriffe an der Nordküste Frankreichs vor der Invasion. Sie wurden dazu verwendet, um Informationen zu sammeln und die Deutschen irrezuführen.

auf wenige 100 Meter in Strandnähe brachten. Von da aus schwammen sie zu den Stränden, um mit Bohrern die Zusammensetzung des Sandes zu untersuchen. Diese Arbeit war extrem gefährlich, da die Wahrscheinlichkeit, gefangen genommen und als Terroristen exekutiert zu werden, groß war. (Zwei von jenen, die mehr Glück hatten und am 20. Mai 1944 gefangen genommen worden waren, wurden von Rommel persönlich verhört und danach direkt in ein Kriegsgefangenenlager gebracht – besser als zum Sicherheitsdienst der SS.) Aufgrund dieser Informationen konnten die *Topographical Inter-Services* detaillierte Landkarten der vom Feind besetzten Gebiete vorbereiten. Insgesamt wurden 170 Millionen einzelne Karten gedruckt, 40.000 davon *Top-Secret*-Karten der Strände, an denen die Invasion stattfinden sollte, mit genauen Details der deutschen Stellungen (bis zu Stacheldrahtsperren und Tetraedern).

Neuartige Landungsboote

Das COSSAC musste nicht nur den Ort der Invasion bestimmen. In Dieppe hatten die Kanadier und die Kommandotrupps Landungsboote von Andrew Higgins, einem Bootsbauer aus New Orleans, benützt. Higgins' Boote hatten für ihre Größe eine beachtliche Kraft und waren sehr manövrierfähig. Aber sie waren aus Holz mit leicht gepanzerten Wänden und boten praktisch keine

OBEN:
Ein Sherman-Minenräumpanzer bei einer Übung in Südwestengland. Ein anderer Panzer verlässt ein LST. Die rasch rotierenden Ketten brachten sämtliche Minen auf dem Weg des Tanks zur Explosion.

Deckung bei einem großen Landungsangriff. 1940 hatte die Royal Navy Stahlboote (Sturmlandungsboote – LCA) entworfen, die an Bord von Truppentransportern gebracht und von Davits heruntergelassen werden konnten. Die Navy hatte auf ihren Reißbrettern auch das Panzerlandungsboot (einen Stahlfrachtkahn, der drei bis fünf Panzer laden konnte) sowie Panzerlandungsschiffe (LST), große hochseetaugliche Schiffe, die einen geringen Tiefgang hatten, an leicht ansteigenden Stränden anlaufen und 60 Panzer ausladen konnten. Leider waren die Kapazitäten der britischen Schiffsbauer bereits am äußersten Limit und bis Ende 1942 hatten sie erst an die 900 Landungsboote fertig gestellt, von denen fast 650 nur kleine Panzerlandungsboote waren.

Bei der Arcadia-Konferenz im Januar 1942 hatten sich die Amerikaner bereit erklärt, den britischen Vorgaben entsprechende Schiffe und Boote sowohl für ihren eigenen Gebrauch als auch für ihre Verbündeten zu bauen. Allein im Jahr 1942 bauten die Amerikaner fast 7000 Amphibien-Kriegsschiffe, 62 davon große LST, und es sah eine Zeit so aus, als wäre eine Landung möglich. Doch bei der Casablanca-Konferenz 1943 entschied die britisch-amerikanische Führung, dass der Schiffsbau wegen der Atlantikschlacht, die in eine kritische Phase getreten war, auf Zerstörer und Geleitschiffe konzentriert werden sollte. Die Produktion amphibischer Schiffe ging eine Zeit lang zurück, nahm in den letzten Monaten des Jahres 1943 aber wieder zu. In diesem Zeitraum bauten die Briten erstaunliche 442 große Landungsboote – fast so viele wie die USA.

LCT mit Raketen

Die Briten hatten von Dieppe gelernt, dass Sturmtruppen Feuerunterstützung an den Stränden brauchten. Die Lösung der Royal Navy dafür war, die LCT mit 127-mm-Raketen zu bestücken. Ein einzelnes LCT konnte 1.080 Raketen in nur 30 Sekunden abfeuern. Die Propaganda jener Zeit behauptete, das wäre mehr als die gleichzeitig abgefeuerte gesammelte Feuerkraft aller Kreuzer der Royal Navy. Die Raketen konnten zwar keine Bunker durchdringen, doch die 36 solcherart ausgestatteten LCT machten einen schrecklichen Lärm, waren gut für die Moral und würden jeden deutschen Soldaten, der unklug genug war, sich im Freien erwischen zu lassen, töten.

An Land würden allerdings selbst diese Raketen feuernden LCT nicht mehr viel helfen. Das COSSAC sah sich die Pläne für eine dann abgesagte amphibische Operation gegen die von Deutschen besetzte belgische Küste aus dem Jahr 1917 an und entdeckte Entwürfe für eine Anzahl von Fahrzeugen für Panzerangriffe, die Dieppe zu einem ausgeglicheneren Kampf gemacht hätten. Im März 1943 befahl Brooke, die 79. Panzerdivision in einen Sturmverband umzuwandeln. Das Kommando erhielt der große Pionier der Panzerführung, Major-General Percy Hobart. Weniger als zwei Jahre zuvor hatte er als Gemeiner in der Home Guard gedient. Seine Karriere als Berufssoldat war 1939 vorzeitig von seinen eher in konventionellen Bahnen denkenden Vorgesetzten beendet worden.

Hobarts „Kuriositäten"

Binnen Wochen hatte Hobart einige der besten Ingenieure Großbritanniens um sich versammelt, die mit einer großen Vielfalt von Maschinen, die von der britischen Armee den Spitznamen „funnies" bekamen, aufwarten konnten. Die konventionellste war der „DD"-Panzer *(Duplex Drive)*, ein Amphibien-Shermanpanzer, der mit motorgetriebenen Propellern sowie Segeltuch-„Schürzen" und Airbags für den Auftrieb ausgestattet war. Diese Panzer sollten vor oder mit der Infanterie landen. Zur Zerstörung von Minenfeldern dienten „Crabs" – mit rotierenden Trommeln bestückte Panzer, die mit Stahlketten auf den Boden schlugen. Selbst stärkste Bunker sollten 18-kg-Bomben knacken, die von einer auf einem Churchill montier-

UNTEN:
Ein Kanonier sitzt rittlings auf dem Lauf einem Churchill-Mk III AVRE (Armoured Vehicle Royal Engineers), dessen Petardemörser eine „fliegende Mülltonne" (eine 11,3 kg schwere Mörsergranate) abfeuerte, die Bunker und Blockhäuser auf kurze Entfernung zerstören sollte.

UNTEN:
Vorgefertigte künstliche Häfen waren für den Erfolg der Invasion unerlässlich, da sie das reibungslose Entladen von Nachschub erlaubten. Sie bestanden aus Phoenix-Senkkästen. Einen davon zeigt die Abbildung unten. 146 davon mussten in den Ärmelkanal geschleppt und an der exakt richtigen Stelle versenkt werden.

ten Petarde abgefeuert wurden. Hatten die Geschosse dieser AVRE *(Armoured Vehicle Royal Engineers)* Mk III die Bunkermauern zerstört, würden Flammenwerfern von Mark-VII-Crocodile-Panzern flüssiges Feuer schießen. Um den AVRE zu helfen, Mauern und Schützengräben zu überwinden, wurden die Churchills mit 9-m-Trägerbrücken ausgestattet und schleppten 2,5 m große Bündel aus Holzpfählen oder langen Rohren, die in die Panzergräben gekippt werden sollten. In Wirklichkeit erfüllte die 79. Division die gleiche Aufgabe wie ein mittelalterlicher Belagerungszug. Die Division erhielt ihre ersten AVRE erst Anfang April 1944.

Die Mulberry-Häfen

Man brauchte Einfallsreichtum, um die Truppen an Land und danach über die offenen Strände zu bringen. Das Schicksal der Dieppe-Operation schloss einen frühen Anschlag auf einen Hafen aus. Die optimistische Schätzung ging von einem Zeitraum von zwei Wochen zwischen den ersten Landungen und der Einnahme Cherbourgs aus. Und es würde weitere zwei bis drei Monate brauchen, um Minen zu beseitigen und von den Deutschen verursachte Schäden auszubessern. Auch diesmal fand das COSSAC die Lösung in den Unterlagen der abgesagten Landung von 1917 – Pläne für einen vorgefertigten schwimmenden Hafen. Admiral John Hughes, der Marinekommandeur des COSSAC, brachte diese auf den neuesten Stand. Es sollte zwei künstliche Häfen mit den Codenamen Mulberry A und Mulberry B geben. Mulberry A, der die Amerikaner versorgen würde, sollte bis östlich von Pointe du Hoc geschleppt werden, während Mulberry B, der die Briten unterstützen würde, 15 km weiter östlich bei Arromanches in Position gebracht werden sollte. Für diese Operationen wurden 150 sehr starke Schlepper benötigt. Um die beiden Häfen zu schützen, plante COSSAC zwei große künstliche Riffe aus 74 alten, versenkten Frachtern und veralteten Kriegsschiffen. Sie würden durch extra konstruierte Stahl- und Betonsenkkästen ergänzt werden, die den Codenamen Phoenix erhielten.

Im Oktober 1943 wurden Aufträge an Werften von der Clyde bis zur Tyne für den Bau von mehr als 200 Stahl- und Betonsenkkästen, manche davon 60 m lang, 18 m hoch und mit einer Verdrängung von 6000 Tonnen, vergeben. Es sollte auch schwimmende Pierköpfe – eine 16 km lange Fahrbahn aus Stahl –, und 93 schwimmende Stahl- und Betonplattformen, jede 2000 Tonnen schwer, geben. Sobald die Werften die Bestandteile zu Wasser ließen, sollten diese umgehend in der Tyne, der Clyde und Hunderten anderen Flüssen, Flussmündungen und Meeresarmen versenkt werden. Dort konnten sie zunächst versteckt werden. Dann würde das Wasser herausgepumpt werden und die Senkkästen würden wieder aus den Tiefen auftauchen.

Aller Einfallsreichtum der Briten wäre ohne die Operation *Bolero* (der Codename für den amerikanische Aufmarsch) von wenig Nutzen gewesen. Die amerikanische Industrieproduktion hatte selbst die optimistischsten Vorhersagen von 1942 übertroffen. Ende 1942 waren 15 amerikanische Jäger- und Bombergruppen in England stationiert – bis Ende 1944 waren es 86, mehr als die halbe US-Luftwaffe. Große Gebiete East Anglias waren praktisch eine Domäne der amerikanischen Luftwaffenstützpunkte. Auch der Südwesten Englands hatte sich verwandelt. Im Mai 1942 waren dort 36.000 amerikanische Soldaten stationiert, im Mai 1944 bereits 1,5 Millionen. Die von den Amerikanern produzierte Menge an Ausrüstung für die Invasion war noch erstaunlicher. Von April 1942 bis April 1944 strömten 5 Millionen Tonnen militärischer Fracht durch britische Häfen. Das waren 10 Prozent der gesamten Tonnage aller in dieser Zeit nach Großbritannien importierten Güter.

Der US-Cheflogistiker, General Brehon B. Somervell, verwendete viel Energie darauf, Schiffe und Schiffsfracht zusammenzubringen, und es gab Zeiten – vor allem im Sommer 1943, als die Aufmerksamkeit auf das Mittelmeer gelenkt wurde –, in denen man dem Zeitplan stark hinterherhinkte. Anfang 1944 versuchte Somervell, riesige Frachtrückstände, die sich in New York angesammelt hatten, loszuwerden. Doch es gab ein-

fach keine Schiffe, um sie rechtzeitig für den geplanten Termin der Invasion zu verschiffen. Churchill ordnete an, die Importe für britischen Zivilverbrauch weiter einzuschränken, was zu zunehmend strengeren Rationierungen führte, für die Schiffe aber genügend Platz schuf, um *Overlord* zu ermöglichen. Bis Ende Mai 1944 hatte Somervell 50.000 Panzer und Panzerfahrzeuge, 450.000 Laster und 450.000 Tonnen Munition nach England gebracht und das Land – um mit Eisenhower zu sprechen – in „den größten Militärstützpunkt der Welt" verwandelt.

Der Aufmarsch geht weiter

Der US-Aufmarsch war beeindruckend, aber auch andere Länder schickten Männer und Ausrüstung: Bis Mai 1944 hatte die kanadische Armee fast 200.000 Mann in England stationiert und die *Royal Canadian Air Force* hatte 54.000 Mann, die in 37 kanadischen Staffeln flogen oder bei der RAF dienten. Es gab auch mehr als 40.000 Australier und Neuseeländer, die entweder in nationalen Luftstaffeln, bei der RAF oder bei der Royal Navy dienten. Auch die besetzten europäischen Länder leisteten ihren Beitrag. Polen und Freies Frankreich stellten gemeinsam 40.000 Mann und die Belgier, Holländer, Norweger und Tschechen noch etwa 10.000. Doch die britische Armee war, zumindest am Anfang, die größte. Bis Frühjahr 1944 umfasste sie 1,75 Millionen Mann innerhalb der Britischen Inseln. Die Alliierten hatten 3 Millionen Männer in Südengland, eine weitere Million Amerikaner würde direkt aus den USA kommen. Fast 100.000 Kanadier würden sowohl von Kanada als auch von den kanadischen Streitkräften in Italien eintreffen.

Bis zum Herbst 1943 hatte diese stetig wachsende Masse keinen Gesamtkommandeur. Churchill ging davon aus, dass es ein britischer General sein würde, und hatte den Job halb dem Generalstabschef, General Alan

OBEN:
Amerikanische Waco-Hadrian-Segelflugzeuge werden auf einem britischen Flugfeld gesammelt. Segelflugzeuge waren ein wichtiger Bestandteil des Invasionsplans. Sie transportierten schwere Waffen und Jeeps für die Fallschirmjäger.

OBEN:
Vor der Einschiffung marschieren Truppen über die Strandpromenade einer britischen Küstenstadt. Der Großteil Südenglands hatte sich etwa ein Jahr vor der Invasion in ein riesiges Armeelager verwandelt.

Brooke, versprochen. Doch Roosevelt fand, angesichts des steigenden Übergewichts von US-Ausrüstung und -Truppenstärke solle ein Amerikaner das Kommando führen. Er hatte dafür den Stabschef der US-Army, General Marshall, ausfindig gemacht. Hier lag ein Konfliktpotential und man ließ die Sache ruhen. Doch die Russen waren zunehmend unzufrieden mit dieser Situation und interpretierten den britisch-amerikanischen Unwillen, einen Gesamtkommandeur zu ernennen, als Widerwillen gegen eine zweite Front. Auf der Teheran-Konferenz im November 1943 forderte Stalin die westlichen Führer auf, als Zeichen guten Willens umgehend einen Gesamtkommandeur zu ernennen.

Eisenhower Kommandeur

Churchill tat sein Bestes, um Brooke durchzusetzen, doch Roosevelt machte klar, dass die amerikanische öffentliche Meinung auf die Ernennung eines britischen Befehlshabers sehr schlecht reagieren würde (1944 war ein Wahljahr). Die britisch-amerikanische Allianz funktionierte deshalb so glatt, weil Premierminister und Präsident sich persönlich gut verstanden. Um Roosevelt zu helfen, zog Churchill seinen favorisierten Kandidaten zurück. Roosevelt machte bis zum 7. Dezember Ausflüchte und entschied sich dann nicht für Marshall, auf den Washington nicht verzichten konnte, sondern für General Eisenhower. Seit er *Round Up* entworfen hatte, hatte dieser

im November 1942 das Kommando über die *Torch*-Landungen in Nordafrika und danach über den Kriegsschauplatz im Mittelmeerraum übertragen bekommen. Er hatte wenig Erfahrung darin, Männer in den Kampf zu führen, aber ausgezeichnete Fähigkeiten als Administrator bewiesen und einen zunehmend guten Ruf als Diplomat, der sich durch seinen Umgang mit den Franzosen in Nordafrika enorm verbessert hatte. Als er den Befehl über *Overlord* erhielt, sandte er seinen Stabschef, Major-General Walter Bedell Smith, nach London, um die *Supreme Headquarters Allied Expeditionary Force* (SHAEF) zu organisieren. Reizbar, ungeduldig und äußerst fordernd, war Smith vom gemeinen Soldaten des Ersten Weltkrieges aufgestiegen und ergänzte den umgänglichen Eisenhower perfekt. Als Eisenhower im Januar 1944 in London eintraf, hatte Smith die Einheit des SHAEF bereits in Gang gebracht. SHAEF nahm Mitarbeiter des COSSAC auf und war bis Mai 1944 auf 7.000 Mann angewachsen.

In den ersten Monaten 1944 bildete Eisenhower ein Team ihm untergeordneter Befehlshaber. Er machte General Arthur Tedder, den früheren Oberbefehlshaber der alliierten Luftwaffe im Mittelmeerraum, zu seinem Stellvertreter. Eisenhower hatte ihn im Dezember 1942 erstmals getroffen. Der gelehrte, introspektive, Pfeifen rauchende Cambridge-Absolvent Tedder wirkte eher wie ein Universitätsdozent als wie ein Mann der Tat. Churchill, der dazu neigte, Menschen zumindest anfangs nach ihrer äußerlichen Erscheinung zu beurteilen, tat ihn als jemanden ab, der nichts zu sagen hatte. Doch Eisenhower schätzte Tedders scharfen Verstand. Dieser trat entschlossen für eine Kooperation von Luft-, Boden- und Seestreitkräften ein – anders als viele Luftwaffenleute, die davon überzeugt waren, dass ihre Bomberflotten den Krieg allein gewinnen konnten. Er hielt die Kooperation von Luft- und Bodenstreitkräften für so

UNTEN:
Amerikanische Soldaten üben den Gebrauch eines „Bangalore Torpedos“. Dieses Gerät, ein einfaches, mit Sprengstoff gefülltes Rohr, war extrem wirkungsvoll beim Durchbrechen von Stacheldrahtverhauen.

wichtig, dass er Generalleutnant Trafford Leigh-Mallory zum Befehlshaber der neuen *Allied Tactical Air Force* ernannte, obwohl der als schwierig galt. Die Seestreitkräfte würden natürlich eine wichtige Rolle spielen, und Eisenhower stimmte Churchills Vorschlag zu, Admiral Bertram Ramsay zum Befehlshaber zu ernennen. Dessen Fähigkeiten, Streitkräfte sowohl an Land als auch zurück auf See zu bringen, waren unübertroffen. Er hatte sowohl die Evakuierung Dünkirchens als auch die Landung der Alliierten in Nordafrika 1942 befehligt. Möglich, dass Churchill auf Ramsays Ernennung drängte, weil der der ideale Admiral wäre, die Dinge unter Kontrolle zu bekommen, sollte der D-Day furchtbar schief laufen.

Montgomerys Ernennung

Schwieriger war die Wahl eines Generals für die Bodenstreitkräfte. General Harold Alexander – ein stocksteifer Offizier der *Irish Guards*, der wie das Hollywoodklischee eines britischen Generals aussah – hatte Eisenhower in Nordafrika sehr beeindruckt. Auch Churchill hatte von Alexander eine hohe Meinung, doch viele seiner britischen Kollegen teilten – obwohl sie seinen fast selbstmörderischen Mut und seine diplomatischen Fähigkeiten anerkannten – diese Meinung nicht. Der Generalstabschef, General Alan Brooke, setzte sich stark für die Ernennung seines Protegés, General Bernard Montgomery ein, der unter ihm eine Division in Dünkirchen befehligt hatte. Montgomery war Englands erfolgreichster General, doch egoistisch und hatte ein heftiges Temperament und in Nordafrika Eisenhower und andere US-Kommandeure gnadenlos von oben herab behandelt. Eisenhower akzeptierte seine Ernennung nur zögernd. Anders war es bei der Ernennung General Omar Bradleys zum Befehlshaber der 1. US-Armee. Dieser, ein alter, enger Freund, war die totale Antithese zu Montgomery – bescheiden und ruhig. Der Befehlshaber der 3. Armee, General George Patton, war ein anderer alter Freund, dessen extravagantes Verhalten Eisenhower hin und wieder so weit brachte, ihn entlassen zu wollen. Aber auch er hatte, wie Eisenhower, Montgomery gegenüber bereits eine tiefe Ambivalenz entwickelt.

Dieses Team verkörperte wahrscheinlich die bestmöglichen höherer Komandeure, die es Anfang 1944 gab – Eisenhower selbst erwies sich als hervorragender „Vorsitzender". Als ehemaliger Verwaltungsoffizier unter General Douglas MacArthur war er daran ge-

UNTEN:
General Dwight D. Eisenhower, Oberbefehlshaber der alliierten Invasionstruppen, mit seinen nachgeordneten Befehlshabern: Admiral Sir Bertram Ramsay, General Sir Trafford Leigh-Mallory, General Sir Arthur Tedder und General Sir Bernard Montgomery.

wöhnt, mit Primadonnen und Egozentrikern umzugehen. Eisenhowers Taktgefühl hielt in den nächsten Monaten bei vielen Gelegenheiten die komplizierte menschliche Maschinerie des SHAEF am Laufen. Er fand sich mit Montgomerys herablassendem Benehmen ab und reagierte seine Frustrationen privat, niemals in der Öffentlichkeit ab.

Eines der ersten großen Probleme Eisenhowers war, die Zustimmung der „Bomberbarone", General Arthur Harris vom RAF Bomber Command und General Carl Spaatz von der 8.US-Air Force, zur Umleitung ihrer Staffeln zu erhalten. Statt Deutschland zu bombardieren, sollten sie das Transportsystem Nordfrankreichs unterbrechen. Anfang 1944 legte Professor Solly Zuckerman, Tedders wissenschaftlicher Berater, einen Plan für die Zerstörung von mehr als 100 Eisenbahnknoten in Nordfrankreich vor, der die Bewegung deutscher Truppen und Versorgungsgüter praktisch zum Stillstand bringen sollte. Der *Transportation*-Plan, wie er genannt wurde, erhielt rasch die Unterstützung Tedders und Leigh-Mallorys, war für Harris und Spaatz aber ein Gräuel, da beide glaubten, der Krieg wäre durch ein strategisches Bombardement Deutschlands zu gewinnen. Auch Churchill, dem die drohenden Verluste unter der französischen Zivilbevölkerung Sorgen machten, zögerte, den *Transportation*-Plan zu unterstützen, bis de Gaulle ihm versicherte, die Franzosen wären entehrt, wenn nicht auch sie den Preis für ihre Befreiung zahlten.

Eisenhowers erster Sieg

Harris und Spaatz blieben unnachgiebig und schlugen indirekte Alternativen vor, etwa die Bombardierung von Raffinerien und Kraftfahrzeugfabriken – was eigentlich nur eine Fortsetzung der bereits bestehenden Stratgie war. Am 25. März errang Eisenhower seinen ersten große Sieg als Oberbefehlshaber. In einer konfrontationsreichen Besprechung mit den Bomberbaronen im Hauptquartier des SHAEF drohte Eisenhower mit Rücktritt, sollten die beiden seinen Plänen nicht zustimmen. Angesichts der Aussicht, als diejenigen dazustehen, die die britisch-amerikanische Allianz gestört und *Overlord* verzögert hätten, gaben Harris und Spaatz nach.

Das richtige Bombardement begann Anfang April. In den nächsten neun Wochen warfen alliierte Flugzeuge 71.000 Tonnen Bomben auf 80 Eisenbahnzentren. Mit Beginn des 10. Mai wurden die Ziele erweitert

OBEN:
General Montgomery, flankiert von General Omar Bradley (1. US-Army) und Lieutenant-General Miles Dempsey (Britische 2. Armee). Bradley und Dempsey befehligten die amerikanischen bzw. Commonwealth-Streitkräfte. Montgomery war für alle Bodenstreitkräfte in Frankreich verantwortlich. Eine Stellung, die er bis zum 1. September 1944 innehatte, als Eisenhower ihn ablöste.

OBEN:
Britische Infanterie trainiert den Sturmangriff von einem Infantrielandungsboot (LCI – Landing Craft Infantry*) aus. Das abgebildete Landungsboot wurde von Curtis of Looe, Cornwall, gebaut – einer von vielen Firmen, die am Bau dieser unerlässlichen Boote, ohne die die Invasion nicht stattfinden hätte können, beteiligt waren.*

und umfassten jetzt auch alle Hauptbrücken über die Flüsse Nordwestfrankreichs. Zehn Tage später begannen alliierte Kampfbomber, Züge in ganz Nordfrankreich zu bombardieren. Die Wirkung auf die Deutschen war entsprechend. So schrieb Admiral Friedrich Ruge, Rommels Marinekommandeur, am 9. Mai in sein Notizbuch, die Organisation Todt habe in der Gegend von Houlgate seit 1. Mai keine Zementlieferungen erhalten. Am 11. Mai schätzte die Organisation Todt, dass sie 65.000 Mann vom Bau der Verteidigungsanlagen zur Reparatur der Eisenbahnen umgeleitet hatte. Am Nachmittag des 30. Mai musste Rommel auf einer Inspektionstour über die Seinebrücke bei Gallion rasen, da um ihn herum Bomben fielen. Eine Stunde später war die Brücke zerstört. „Es waren zahlreiche Flugzeuge über uns – keines davon ein deutsches", war Ruges Kommentar. Bis 5. Juni hatte die alliierte Luftwaffe mehr als 200.000 Einsätze geflogen und hatte fast 200.000 Tonnen Bomben abgeworfen. Lancasters und B-17 hatten Bahnzentren pulverisiert und den Bahnverkehr in Nordfrankreich um 60 % reduziert. Danach wandten sie sich den Festungen des Atlantikwalls zu und zerstörten 74 der 92 deutschen Radarstationen, was den Deutschen die Überwachung von Truppenbewegungen am und über dem Ärmelkanal beträchtlich erschwerte. Doch die alliierten Verluste waren hoch gewesen: 2.000 Flugzeuge und 12.000 Besatzungsmitglieder.

Alliierte Vorkehrungen

Während der *Transportation*-Plan umgesetzt wurde, führten die alliierten Streitkräfte letzte Vorinvasionsübungen durch. Die Leistungsfähigkeit der Truppen hatte abgenommen und eine Art Übertrainiertsein begann einzusetzen – jene Abstumpfung, die dadurch entsteht, dass Übungen zu Ritualen werden, die keine offensichtliche Verbindung zur Realität mehr haben. Die meisten amerikanischen Divisionen waren Neuankömmlinge am Kriegsschauplatz und trotz ihrer Unerfahrenheit und Besorgnis begeisterte Soldaten. Andere hatten bereits zuviel gesehen. Berühmte britische Einheiten wie die 51. *Highland* und die 7. Panzerdivision hatten über Libyen, Tunesien und Sizilien von Ägypten bis Italien gekämpft. Sie erinnerten sich an Schlachten wie El Alamein, die Mareth-Linie und Salerno. Sie hatten hohe Verluste erlitten und wussten, was sie erwartete. Sie freuten sich nicht auf die Erstürmung des Atlantikwalls.

Churchills Sorgen

Der Premierminister teilte ihre Befürchtungen. Während einer Besprechung im Februar sagte er plötzlich zu seinen Mitarbeitern: „Warum versuchen wir das? Warum landen wir nicht stattdessen in einem befreundeten Territorium, dem unseres ältesten Alliierten? Warum landen wir nicht in Portugal?" Den Stabschefs wurde eine entsprechende Notiz gesandt und sie arbeiteten die ganze Nacht hindurch an einem Papier, das die Möglichkeiten eines Vorrückens über Spanien und die Pyrenäen skizzierte.

Alan Brooke explodierte vor Wut, als er den Plan am nächsten Morgen auf seinem Schreibtisch sah. Er hatte seine Kindheit in Frankreich verbracht, kannte die Pyrenäen gut und übte bei der anschließenden Besprechung mit Churchill beißende Kritik. Churchill sah die Dummheit seines Vorschlags ein, der wertvolle Zeit verschwendet hatte. Aber es zeigte auch, dass sich Churchill der *Overlord* innewohnenden Gefahren sehr bewusst war. Nur zwei Monate später wurden Offiziere und Mannschaften bei der Operation *Fabius* – amphibischen Übungen in verschiedenen Gebieten an der britischen Küste, die der Normandie ähnelten – von nicht richtig funktionierender Ausrüstung, Verkehrsstauungen, Zusammenstößen auf See und allgemeinem Durcheinander aufgerüttelt. In der Nacht des 27. April griffen neun deutsche „E-Boote" einen Konvoi amerikanischer Landungsboote bei Slapton Sands in Dorset an und versenkten drei von ihnen. Mehr als 750 Amerikaner verloren ihr Leben – eine lehrreiche Erinnerung an das militärische Potenzial des Feindes.

Am 15. Mai 1944 stellte Montgomery in Londons St. Pauls Schule *Overlord* in aller Komplexität einem ausgewählten Publikum vor, darunter dem Premierminister, dem König, dem Oberbefehlshaber der Alliierten,

UNTEN
Der Bahnhof von Caen nach Luftangriffen der Alliierten, die verhindern sollten, dass die Deutschen Männer und Ausrüstung in das Invasionsgebiet brachten. Im Falle Caens behinderten die durch das Bombardement entstandenen Trümmer das britisch-kanadische Vorrücken während der Invasion ernstlich.

UNTEN:
Ein Offizier des kanadischen Regiments de Levis während des Aufmarsches 1943. Seine Uniform ist außer der typischen (Winter)-Kopfbedeckung identisch mit der eines britischen Offiziers. Die Kanadier hatte zwei Jahre zuvor bei Dieppe schwere Verluste erlitten. In der Normandie kämpften sie sehr tapfer.

dem Generalstabschef sowie einer großen Zahl Admiräle, Generäle und Generalleutnants der Luftewaffe. Am D-Day, der nun für den 5. Juni angesetzt war, sollten acht Divisionen in der Normandie landen, drei davon aus der Luft und fünf von der See her. Zwei US-Luftlandedivisionen, die 82. und die 101., sollten nachts entlang der Küste der Halbinsel Cotentin abgesetzt werden, um die westliche Flanke des Landekopfes zu sichern. Unterdessen sollte die britische 6. Luftlandedivision östlich der Orne landen. Die restlichen fünf Divisionen sollten an fünf verschiedenen Stränden landen, die die Codenamen Utah, Omaha, Gold, Juno und Sword trugen und zwischen den von den Luftlandetruppen gesicherten Gebieten von West nach Ost verliefen. Die 4. US-Infanteriedivision sollte auf Utah landen, dem westlichsten Strand am Fuß der Halbinsel Cotentin; die 1. US-Infanteriedivision und Teile der 29. US-Division auf Omaha, dem Gebiet ungefähr zwischen dem stark verteidigten Pointe du Hoc und Port-en-Bessin; die britische 50. Division auf Gold, dem Gebiet zwischen Arromanches und La Rivière; die kanadische 3. Infanterie auf Juno, das zwischen La Rivière und Luc lag; und die britische 3. Infanteriedivision auf Sword.

Die Ziele des D-Days

Mit Ende des Tags D wollten die Alliierten einen 80 km langen und etwa 16 km breiten Abschnitt der Normandieküste kontrollieren. Die Briten würden Caen und Bayeux gesichert haben. Unterdessen sollten die Amerikaner nordwestwärts schwenken, um Cherbourg vom Land her einzunehmen. Einmal an Land, musste es einen raschen und massiven Aufbau geben, den die Ankunft der Mulberry-Häfen von D+3 an ermöglichen sollten. Die 17 Divisionen in der Normandie sollten bis D+90 rasch auf 39 anwachsen. Zu diesem Zeitpunkt sollte der Hauptteil der alliierten Truppen bereits über der Seine und in Richtung Beneluxstaaten und Siegfriedlinie unterwegs sein.

Als der D-Day näher rückte, mussten immer mehr Offiziere die Details der Invasion erfahren. Die Sicherheitsmaßnahmen wurden noch rigoroser. Es gab immer die Möglichkeit einer zufälligen Bemerkung bei einem Dinner – besonders unter den Londoner Diplomaten –, die an Deutschland weitergeleitet werden konnte. Die Briten verboten privilegierte diplomatische Korrespondenz, die das Vereinigte Königreich verließ, doch es gab zahlreiche Plaudereien. So nahm z. B. Major-General Henry J. Miller, ein Schulkollege von West Point und alter Freund Eisenhowers, im April an einer Cocktailparty im Claridge Hotel teil, trank zu viel, sprach offen über den D-Day – und erwähnte sogar das Datum. Eisenhower reagierte unbarmherzig, degradierte Miller zum Colonel und schickte ihn mit Schimpf und Schande in die USA zurück. Er schrieb an Marshall: „Ich bin dermaßen wütend über diese überflüssigen und zusätzlichen Gefahren, dass ich den Täter mit Wonne eigenhändig erschießen würde."

Sicherheitsmaßnahmen

Verschwiegenheit allein genügte nicht, um die Details des D-Days vor dem Feind zu hüten. Die Alliierten wandten sowohl aktive als auch passive Kriegslist an, die die Deutschen irreführen und sie dazu bringen sollte, ihre Streitkräfte vor dem D-Day in den falschen Gebieten zu konzentrieren. 1943 waren verschiedene Pläne geschmiedet worden – *Cockade, Jael, Bodyguard* – und am 23. Februar 1944 wurden sie in einem umfassenden Plan mit dem Codenamen *Fortitude* verschmolzen. Ein Teil der Operation, *Fortitude North,* sollte die Deutschen glauben lassen, die Alliierten würden am *Pas-de-Calais* landen. Die Landung in der Normandie, auch nachdem sie bereits stattgefunden hatte, musste wie eine bloße Ablenkung für die „wirkliche" Invasion aussehen. Dazu wurde in Kent eine Phantomarmee geschaffen. Der ganze Funkverkehr der 21. *Army Group* in Südzentral- und Südwest-England wurde über Landkabel in den Südwesten gesendet und wiederholt. Auf Essex' und Suffolks Feldern gab es unterdessen riesige, mit aufblasbaren Gummi panzern voll gestopfte Lager sowie Flugplätze, die mit Transportflugzeugmodellen in Originalgröße aus Sperrholz voll gepackt waren. Zum MI5 übergelaufene deutsche Agenten sandten überzeugend genaue Berichte über die riesige Größe dieser Lager.

Das Bombardement im Zuge des *Transportation*-Plans hatte das deutsche Telefon- und Telegrafennetz für lange Perioden ausgeschaltet, sodass das Heer wieder den Funk als Hauptkommunikationsmittel zu verwenden begann. Bald las der Ultra-Nachrichtendienst in Bletchley Park den feindlichen Funkverkehr, der zeigte, dass die Deutschen Anfang Mai glaubten, die Alliierten hätten 79 Divisionen (in Wirklichkeit waren es 52) und dass

LINKS:
In einem britischen Hafen wird schwere Ausrüstung verladen. Zugmaschinen und Bulldozer waren für die Invasion ebenso wichtig wie Panzer und Geschütze.

– während es Ablenkungslandungen in der Bretagne und der Normandie geben könnte – die Hauptlandung am *Pas-de-Calais* stattfinden würde. Ultra erfuhr auch, dass die Deutschen sogar den Namen des Kommandeurs der Invasionstruppe, General George Patton, kannten, den laut deutschem Funkverkehr das deutsche Oberkommando für den besten General der Alliierten hielt. Als Eisenhower den Bericht sah, meinte er ironisch, dass „George dem bestimmt zustimmen wird", und bestätigte dann die deutsche Ansicht, indem er Patton das Oberkommando über die Phantomarmee übertrug.

Letzte Vorbereitungen

Im Mai gab es die letzten Vorbereitungen. Zu Monatsbeginn warnte Admiral Ramsay vor einer Verzögerung: es waren noch nicht alle LST aus Amerika eingetroffen. Aber Eisenhowers Marinestab unterrichtet ihn davon, dass es in der Woche ab Montag, dem 5. Juni, die optimalen Gezeitenstände geben würde. Es war das für den D-Day festgesetzte Datum. Der Mai 1944 erwies sich in Südengland als wunderschön – der Himmel blau und wolkenlos und die Temperaturen über dem Durchschnitt.

In ganz England waren die Straßen zu den Häfen der Südküste von militärischen Konvois, manche davon über 160 km lang, verstopft. Die Küstenzone im Süden und Südwesten war nun für Zivilisten gesperrt. Wenn die Truppen diese Gebiete erreichten, hatten sie mit niemandem mehr Kontakt. Endlich war die gigantische Maschinerie in Bewegung gekommen.

Das englische Wetter ist wechselhaft. Als an der Südküste weiterhin eine fast tropische Sonne herrschte, wurden die Befehlshaber

UNTEN:
Ein amerikanischer Panzerführer trainiert während einer Übung an der Südküste Englands das Werfen von Granaten.

besorgt. Am 30. Mai fragte Churchill den Ersten Seelord: „Wie passt dieser heiße Fluch zu unseren Daten? Wird er eine heftige Reaktion verursachen oder wird alles glatt gehen? Eure Meteorologen sollen das Beste geben." Eisenhower entwickelte für die Wetterberichte nahezu eine Obsession, doch am Abend des 31. Mai begann er sich zu entspannen.

Wetterverschlechterung

Ein paar Stunden später schlug das Wetter um – Regen und Wind fegten über den Ärmelkanal. Das Wetter verschlechterte sich in den nächsten 72 Stunden weiter. Am Samstag, dem 3. Juni, wiederholte Eisenhower die Vorbereitungsorders für eine Landung am 5. Juni, aber um 4.15 Uhr am Sonntag, dem 4. Juni, meldete die Wettervorhersage für die nächsten 24 Stunden unruhige See, schlechte Sicht und tiefe Wolken für die Strände der Normandie. Der Oberbefehlshaber musste die riesige Invasionsmaschinerie stoppen.

Doch die für den Utah Beach bestimmten amerikanischen Konvois waren bereits auf See und das RAF *Coastal Command* musste, da Funkstille herrschte, Flugzeuge aussenden, um ihre Rückkehr sicherzustellen. Die Zustände auf den überfüllten Transportern waren entsetzlich. Sogar in den geschützten Gewässern von Solent rollten und schlingerten sie und verursachten bei den Truppen, die unter Deck gezwängt waren, heftige Seekrankheit. Eisenhower wusste, dass es bei der Absage von *Overlord* mindestens einen Monat dauern würde, ehe es wieder die richtigen Bedingungen geben würde. Inzwischen würde die Moral sinken und die Wirkung des Trainings der Männer nachlassen. Den Deutschen konnte es gelingen, die *Fortitude* zu durchschauen und ihre Streitkräfte umzuverlegen. Aber wenn er sich entschied weiterzumachen, könnte das Ergebnis die größte Katastrophe der Seefahrtsgeschichte werden.

Am 5. Juni um 4 Uhr sagten die Meteorologen ein 24-stündiges Nachlassen des Schlechtwetters ab den frühen Morgenstun-

UNTEN:
US-Ranger trainieren den unbewaffneten Kampf. Aufgabe der Ranger und ihrer britischen Pendants war es, die deutschen Bunker zu zerstören und danach rasch landwärts vorzustoßen, um sich für den Hauptvormarsch mit ihren jeweiligen Luftlandetruppen zusammenzuschließen.

den des 6. Juni voraus. Admiral Ramsay und General Montgomery wollten mit der Operation weitermachen. Nun gab Eisenhower den schwersten Befehl des Zweiten Weltkriegs. Er sagte einfach: „Okay, gehen wir."

Overlord beginnt

An diesem Abend fuhr Eisenhower von seinem Hauptquartier in Southwick House in der Nähe Southamptons nach Greenham Common nahe Newbury, wo die 101. Luftlandedivision sich für den Flug in die Normandie bereit machte. Eine Woche vorher hatte Leigh-Mallory – beunruhigt von den Berichten, dass die Deutschen ihre Einheiten in den Absprunggebieten verstärkt hätten –, Eisenhower gesagt, dass die Luftlandeoperationen ein nutzloses Abschlachten wertvoller Divisionen wären und gebeten, sie abzusagen. Eisenhower lehnte ab, doch als er sich jetzt von den Männern verabschiedete, war er sich sicher, sie in den Tod zu schicken. Fotos, die an diesem Abend gemacht wurden, zeigen den Druck, der auf ihm lastete. Als das letzte Flugzeug davonflog, ging er mit Tränen in den Augen zu seinem Auto zurück.

In derselben Nacht sagte Churchill, dem der König verboten hatte, mit den Landungstruppen zu fahren, zu seiner Frau, als sie zu Bett ging: „Ist dir klar, dass vielleicht 20.000 Männer getötet worden sind, wenn du in der Früh aufwachst?" Alliierte Befehlshaber setzten sich in Hauptquartieren in ganz England für ihre längste Nacht zusammen.

OBEN:
General Eisenhower spricht vor ihrem Abflug in die Normandie zu den Männern der 101. Luftlandedivision. Der Druck der Verantwortung, der auf ihm lastet, ist ihm deutlich anzusehen.

KAPITEL ZWEI

D-DAY

In den frühen Morgenstunden des 6. Juni 1944 wurden die Verteidiger der Normandieküste von massivem Bombardement geweckt. Die lang prophezeite Invasion hatte endlich begonnen.

Am Abend des 5. Juni 1944 sandte der französische Dienst von BBC nach den Nachrichten wie gewöhnlich persönliche Botschaften. An diesem Abend eine unüblich hohe Anzahl – 325. Es dauerte mehr als eine Stunde, sie alle zu bringen. Eine Botschaft, „Ich werde die Weinrose mitbringen", war besonders wichtig. Es war die Order für die *Résistance* in Nordfrankreich, die Operation *Vert* zu starten – den Sabotageplan für die Eisenbahn. Im Verlauf der Sendung wurden auch noch andere Operationen ausgelöst: Operation *Tortue*, die Zerstörung von Brücken und Autobahnen; Operation *Bleu*, die Unterbrechung des Stromversorgungssystems; und Operation *Violet*, das Durchtrennen von Telefon- und Telegrafenleitungen. Vor Mitternacht traten Teams der *Forces Françaises de l'Interieur* (FFI) in Aktion. Guillaume Mercader, Leiter des FFI-Nachrichtendienstes und ein berühmter Radfahrer, der beinahe die Tour de France gewonnen hätte, brachte Order von Team zu Team. In Caen begannen der Bahnhofsvorsteher Albert Auge und seine Männer damit, die Lokomotiven auf den Rangiergleisen unbrauchbar zu machen.

Weiter westlich durchtrennten Teams unter der Führung von André Farine, einem Cafébesitzer, die Telefonkabel, die aus Cherbourg hinausführten. Das Team von Yves Gresslin, einem Lebensmittelhändler aus Cherbourg, sprengte die Eisenbahnlinie, die Cherbourg, St. Lô und Paris miteinander verband. In der Bretagne sprangen kleine Teams des *Deuxième Régiment des Chasseurs Parachutistes* (RCP), das Pendant des Freien Frankreich zum britischen SAS, mit Fallschirmen ab, um sich mehr als 3.500 Aktivisten der *Résistance* anzuschließen. Ehe die Nacht zu Ende war, hatten sie eine Spur der Verwüstung durch die östliche Bretagne gezogen. Sie zerstörten Brücken und Eisenbahnstrecken, rissen Strommasten nieder und bildeten von Maschinengewehr- und Panzerfaustteams gesicherte Straßensperren. Sie unternahmen alles, um die 150.000 deutschen Soldaten in der Bretagne davon abzuhalten, den Landekopf rasch zu verstärken. Etwa 600 km entfernt gingen große Teile der von Dijon, dem Zentrum des ostfranzösischen Eisenbahnnetzes, ausgehenden Eisenbahnlinien in die Luft. Insgesamt wurde es an 37 Stellen unterbrochen. In ganz Frankreich gelang es den FFI in diesen Stunden, das Eisenbahnnetz an 950 Stellen zu durchtrennen. 180 Züge entgleisten.

Eine Flieger-Armada

Unterdessen hatten zahllose Transport- und Segelflugzeuge England verlassen. Gegen Mitternacht flogen etwa 1.270 Maschinen, C-47, alte umgebaute Bomber wie der Stirling und der Albermarle und etwa 850 britische Horsas

GEGENÜBER:
Ein amerikanischer Fallschirmjäger der 101. Luftlandedivision, behängt mit Ausrüstung, besteigt ein C-47 Transportflugzeug. An die 1.270 Flugzeuge und 850 Segelflugzeuge brachten 17.000 britische und amerikanische Luftlandesoldaten in die Normandie.

und Hamilcars sowie amerikanische Waco-Segelflugzeuge, die 17.000 Männer an Bord hatten, von der Südküste Englands bis zur Normandieküste. Die erste Phase der Luftlandungen, Operation *Titanic*, fand kurz nach Mitternacht statt: Kleine Gruppen des SAS sowie 500 Fallschirmjäger-Attrappen wurden hinter den Stränden Omaha, Gold und Juno abgesetzt – ein gutes Stück von den eigentlichen Landungszonen entfernt. Generalmajor Dietrich Kraiss, Kommandeur der 352. Division, bekam es in seinem Hauptquartier in Le Molay Littry, 10 km hinter Omaha, mit der Angst zu tun. Er schickte sein Reserveregiment aus, um die Wälder südöstlich von Isigny zu durchsuchen.

Etwa zur selben Zeit setzten amerikanische und britische Luftspäher, die von Besatzungen mit ausgeklügelter Navigationsausrüstung gelenkt wurden, mit Leuchtraketen und starken Lampen ausgestattete Fallschirmjäger ab. 20 Minuten später hielten die Flugzeuge und Segelflugzeuge des amerikanischen IX. *Troop Carrier Command* mit der 101. und 82. Luftlandedivision an Bord auf den Südosten genau nördlich der Kanalinseln zu und überflogen die Westküste der Halbinsel Cotentin, wobei sie von 150 m auf 450 m stiegen. Das Radar des 243. Artillerieregiments entdeckte sie. Ein Flakfeuerstrom traf die Transporter und holte mehrere C-47 herunter. Die Piloten tauchten in Wolkenbänken unter. Binnen Minuten hatten sich die Formationen aufgelöst. Die Piloten gaben den Fallschirmjägern trotzdem Befehl, abzuspringen. Manche landeten direkt in einem Strom von Leuchtspurgeschossen. Andere fielen mit Ausrüstung überladen in überflutete Felder und ertranken. Wer es unversehrt nach unten schaffte, tappte bei dem Versuch, wieder Einheiten zu bilden, im Dunkeln herum. Brigadier-General Maxwell Taylor, Kommandeur der 101. Division, landete allein in einem Feld und erkundete es, ehe er einige Soldaten fand. Am Ende dieses Tages hatten sich nur etwa 2.500 der 6.000 abgesprungenen Männer in den Absprunggebieten gesammelt. Einige von der 101. Division waren am Stadtrand von Cherbourg gelandet, drei Mann in Pointe du Hoc, genau westlich von Omaha.

Auch die 82. Division, die genau nördlich der 101. gelandet war, erlitt beim Absprung

UNTEN:
Ins Unbekannte: Offiziere der britischen 6. Luftlandedivision stimmen ihre Uhren ab, ehe sie sich auf den Weg zu ihrer Absprungzone in der Normandie machen. Die Maschine im Hintergrund ist ein Armstrong-Whitworth-Albemarle-Truppentransporter.

LINKS:
US-Fallschirmjäger in ihrer C-47 auf dem Weg in die Normandie. Zwei US-Luftlandedivisionen – die 82. und die 101. – waren an der Invasion in der Normandie beteiligt. In beiden Fällen waren die Absprünge sehr weit verstreut, was das Sichern der geplanten Angriffsziele schwierig machte.

schwere Verluste. 272 Männer wurden getötet oder schwer verletzt und einige waren mehr als 32 km von der Absprungzone entfernt heruntergekommen. Etwa 30 Fallschirmjäger waren genau am Ziel, in der Stadt Ste.-Mère-Eglise, gelandet. Ein Teil der Stadt war früher an diesem Tag durch einen Bombenangriff in Brand gesteckt worden, und die deutsche Garnison hatte wenig Mühe, die meisten niedergehenden Fallschirmjäger, deren Silhouetten sich gegen die Flammen abzeichneten, abzuschießen. Ein Fallschirm verfing sich am Kirchturm. Der Soldat hing dort, taub durch die Glocken, zwei Stunden, ehe er gefangen genommen wurde. Etwa 100 andere landeten am Stadtrand und wurden von Lieutenant-Colonel Edward Krause rasch formiert. Sie kämpften sich in die Stadt, töteten oder nahmen die Garnison rasch gefangen und verbrachten den Rest des Tages damit, deutsche Gegenangriffe abzuwehren.

Chaos am Boden

Der Divisionskommandeur, Major-General Matthew B. Ridgeway, konnte etwa 2.000 der 6.396 Männer, die bis zum Ende des Tages abgesprungen waren, unter Kontrolle bekommen. Wie Maxwell Taylor von der 101. Division hatte er das Gefühl, ein Chaos zu leiten. Doch obwohl nichts nach Plan verlaufen war, waren die verstreuten Trupps hochtrainierter, gut bewaffneter Fallschirmjäger für die deutschen Verteidiger, die 709. und 91. Division, ein echtes Problem. Sie bildeten kein geschlossenes Ziel, auf das sie sich konzentrieren konnten. Kurz vor Morgengrauen kehrte der erfahrene Kommandeur der 91. Division, Generalmajor Wilhelm Falley, der zu einem Manöver nach Rennes abberufen worden war, in sein Hauptquartier bei Picauvilles zurück, geriet dabei in einen Hinterhalt und wurde von US-Fallschirmjägern getötet. Die 91. war eine ausgezeichnete Division, doch ohne ih-

UNTEN:
Zwei Männer der 101. Luftlandedivision (der Screaming Eagles*) mit Furcht erregendem Irokesenhaarschnitt, tragen sich gegenseitig Kriegsbemalung auf.*

OBEN:
Hamilcar-Segler beim Landeanflug. Die britischen Hamilcars wurden bei den Landungen in der Normandie mit großem Erfolg eingesetzt. Sie waren die ersten Segelflugzeuge der Alliierten, die einen 7-Tonnen-Leichtpanzer transportieren konnten. Es wurden mehr als 400 Hamilcars gebaut.

ren Kommandeur war sie am D-Day unbeweglich und weitgehend ineffektiv.

Während die Amerikaner auf Cotentin landeten, näherte sich die Angriffsspitze der britischen 6. Luftlandedivision ihrer Landungszone. Am 6. Juni um 0.15 Uhr ließen sechs Halifaxbomber 1500 m über Cabourg sechs Horsa-Segler von ihren Schleppseilen. Fünf Minuten später machten drei der Segelflugzeuge eine Bruchlandung innerhalb von 45 m von ihrem Angriffsziel – den Brücken über den Kanal von Caen und die Orne in Bénouville, der Ostgrenze des britischen Landekopfes. Ein Sturmtrupp der *Oxford and Bucks* leichten Infanterie unter Major John Howard stürmte über die Brücken und schlug die überraschten Deutschen in die Flucht.

Andere Teile der 6. Luftlandedivision waren weiter östlich gelandet – 68 Segler der 5. Fallschirmbrigade landeten in Ranville, das ca. 1,5 km von den Brücken von Bénouville entfernt war. 18 Segler wurden komplett zerstört, als sie in die großen Netze aus Holzpfählen und Drähten („Vogelfallen") der Deutschen gerieten. Chester Wilmot, ein australischer Kriegsberichtserstatter, landete mit der 5. Brigade und hielt fest, dass er „die Silhouetten anderer Segelflugzeuge sehen konnte, die – verbogen und zerstört – groteske Muster gegen den Himmel zeichneten. Einige hatten ihre Nasen in die Erde gebohrt, andere ein Rad oder einen Flügel verloren. Eines war in eine Haus gekracht, zwei weitere aufeinander geprallt." Der Divisionskommandeur, Major-General Richard (Windy) Gale, landete um 3 Uhr früh in der Nähe von Wilmot, beschlagnahmte ein Pferd und ritt in Richtung Ranville. Auf dem Weg dorthin sammelte er verstreute Trupps der 6. Luftlandedivision ein. Bis 6 Uhr hatte er ein Divisionshauptquartier im Château de Heaume in Ranville eingerichtet, und Truppen von der Stärke einiger Bataillone hatten sich im Osten eingegraben. Gerade rechtzeitig, um sich auf deutsche Gegenangriffe vorzubereiten, die den ganzen Tag andauern sollten.

Nahkampf

Unterdessen war die wichtigste Mission der 6. Luftlandedivision in dieser Nacht in Schwierigkeiten geraten. Das 9. Fallschirmjägerbataillon Lieutnant-Colonel Terrance Otways sollte eine deutsche Batterie in Merville, ca. 6,5 kam nordöstlich von Ranville zerstören, die die gesamte Länge von Sword treffen konnte. Zehn Minuten, bevor Otways Männer über dem Absprunggebiet waren, versuchten 100 RAF-Lancasters, 1814-kg-Bomben auf die Batterie abzuwerfen, doch die meisten landeten südlich in Varaville. Ein paar Minuten später wurden die Dakotas der 9. Division, die Varaville überflogen, von schwerer Flak getroffen. Die Piloten machten Sturzflüge, die Formationen lösten sich auf. Die Fallschirmjäger kamen weit verstreut herunter. Viele ertranken bei der Landung in den Sümpfen der Dives. Bis 6 Uhr konnte Otway statt der erwarteten 600 Männer mit Mörsern, Paks und Jeeps bloß 155 antreten lassen, und die nur mit leichten Waffen. Um 4.30 Uhr tauchten zwei von drei Horsa-Seglern, die zwischen den Fenstern der Batterie bruchlanden sollten, auf. Einer schoss über das Ziel hinaus, der andere krachte, vom Flakfeuer der Batterie getroffen, hinter Otway und seinen Männern in die Bäume.

Otway wusste, dass die britischen Landungstruppen bei einer Verspätung seinerseits unter schweren Beschuss geraten würden, und führte seine Männern in einen heftigen Angriff. Um 6 Uhr war die Batterie nach heftigem Nahkampf in den Händen der Briten. 110 tote und verletzte Deutsche lagen neben 65 bretischen Fallschirmjägern in den Bunkern. Otway entdeckte nun, dass er die Geschütze nicht zerstören konnte. Granaten in die Rohre zu stecken hatte keine Wirkung, obwohl sie durch die zerschmetterten Visiere zeitweilig nicht einsatzfähig waren. Otway und seine 80 Männer brachen schließlich zu ihrer nächsten Aufgabe auf – der Räumung von Le Plein. Das ermöglichte es den Deutschen, die Batterie wieder zu besetzen und einsatzfähig zu machen.

Die Angriffe der Luftlandedivisionen waren im Gang. Motorbarkassen, die riesige Mengen Rauch von speziellen Generatoren pumpten und Ballons mit Reflektoren zogen, führten Scheinangriffe gegen die Strände in der Nähe von Boulogne durch und Bomberstaffeln warfen Aluminiumstreifen ab, um das deutschen Radar zu stören. Gegen 3 Uhr glitten die Strahlen deutscher Suchscheinwerfer über den Pas-de-Calais und Küstenbatterien schossen auf Punkte auf Radarschirmen, während deutsche Nachtjäger die Pseudo-Luftwaffe jagten. Inzwischen flogen zwischen 3 und 5 Uhr 160 km südwestlich 1.056 Lancaster, Halifax und Mosquitos des Bomberkommandos in zehn Gruppen zu etwa 100 Maschinen, um die zehn größten deutschen Stellungen an den eigentlichen Landungsstränden anzugreifen. Insgesamt wurden dabei etwa 5.000 Tonnen Bomben abgeworfen.

Im Schutz dieser Aktivitäten waren Konvois der Invasionsstreitkraft in Richtung „Area Z", einem Treffpunkt südöstlich der Isle of Wight, unterwegs. Von hier aus fuhren sie eine Reihe minengeräumter Kanäle weiter. Die Amerikaner steuerten südwestlich auf Utah und Omaha zu, während die Briten und Kanadier südöstlich auf Gold, Juno und Sword zuhielten. Positionslichter an den Türmen zweier Kleinst-U-Boote, die nur ein paar 100 m vom Strand entfernt lagen, halfen bei ihrer Navigation. Trotz Schlechtwetters war die Invasionsflotte bis 5 Uhr in Position und deckte einen Bereich von 80 km von West nach Ost und 42 km von Nord nach Süd ab. Auf diesen 2.600 km² hatten sich mehr Schiffe versammelt als je zuvor zur selben Zeit an einem Ort – 5.726 Transport- und Landungsboote sowie 1.213 Kriegsschiffe und Kanonenboote, die 287.000 Mann an Bord hatten. Zu den Kriegsschiffen, deren Größe von Schlachtschiffen bis zu Torpedobooten reichte, gehörten auch drei amerikanische und vier britische Schlachtschiffe sowie 23 britische, amerikanische, französische und polnische Kreuzer ein.

Heftiger Beschuss

Als das letzte Flugzeug des Bomberkommandos nach Norden zog, eröffneten um 5 Uhr die 152-mm-Geschütze des Kreuzers HMS *Orion* das Feuer auf die Batterie in Mont Fleury, ca. 1,5 km südlich Omahas. In den nächsten 20 Minuten begannen die Kriegsschiffe weitere 29 Stellungen 80 km entlang der Normandieküste zu beschießen. Ihr Feuer wurden von 160 Feuerleitflugzeugen gelenkt. Einige der deutschen Batterien erwiesen sich als hartnäckig. Vier Kanonen, die sich in massiv verstärkten Betonbunkern in Longues am Gold-Strand befanden, feuerten mehr als zwei Stunden lang zurück und schwiegen erst, als die britischen Kreuzer *Ajax* und *Argonaut* 179 Granaten auf sie abgefeuert und zwei von ihnen durch die Schießscharten der Batterie getroffen hatten. Einige Batterien, wie die in Bénerville, schwiegen nach den ersten 16-Zoll-Granaten, wurden dann aber wieder lebendig.

Die Antwort der deutschen Marine war auf drei in Le Havre stationierte Torpedoboote (*Möwe*, *Jaguar* und *Falke*) beschränkt. Sie versuchten die von einem Rauchschirm gedeckten britischen Schlachtschiffe *Warspite*

UNTEN:
Ein Mitglied des britischen Seglerpiloten-Regiments in typischer Montur. Anders als die amerikanischen waren die britische Seglerpiloten voll ausgebildete Kampfsoldaten, die nach ihrer Landung am Boden kämpften. Das Seglerpiloten-Regiment würde drei Monate nach dem D-Day in Arnheim praktisch vernichtet werden.

UNTEN:
Die Armada auf dem Weg in die Normandie. Geschützt wurde sie dabei von Sperrballonen. Beide Enden des Ärmelkanals wurden mit Minenfeldern, Marine- und Luftpatrouillen abgesperrt, um die deutsche Marine daran zu hindern, die Invasionskonvois anzugreifen.

und *Ramillies* anzugreifen, trafen stattdessen aber den norwegischen Zerstörer *Svenner*, der rasch sank. Die deutsche Luftwaffe war nirgends zu sehen. Am Morgen flogen 36 britische und 16 US-Jagdstaffeln über den Stränden Patrouille. Vier Staffeln von P-38-Lightnings kreisten über dem Ärmelkanal, während 30 Jagdstaffeln als Reserve in Südengland zurückblieben.

Als sich die Landungsboote dem Strand näherten, verband sich das Feuer der schweren Marinegeschütze mit dem der Zerstörer sowie mit Raketen, die von speziell adaptierten Landungsbooten abgeschossen wurden, und mit direktem Beschuss von an den Landungsbooten montierten 119-mm- und 6-Pfünder-Geschützen. Insgesamt feuerten die Streitkräfte 50.000 Granaten und Raketen, ca. 10.000 an jedem Landungsstrand, ab. Nur wenige Minuten, ehe die Truppen an den Stränden landen sollten, überflog eine letzte Welle von 1.600 Bombern der amerikanischen 8. und 9. Luftflotte das Gebiet und griff das unmittelbare Hinterland an.

Die Stunde X für Utah und Omaha, die westlichsten Strände, war für 6 Uhr, eine Stunde nach Ebbe, festgesetzt. Weiter östlich an den britischen Stränden, wo die Ebbe später kam, für 7.30 Uhr. Beim ersten Tageslicht kletterten Truppen der 4. US-Division vor Utah für ihren 11-km-Trip bis zum Strand über Landungsnetze in ihre LCT. Um 6 Uhr, als sie noch immer 6,5 km von der Küste entfernt waren, bekamen die deutschen Artilleristen die Invasionstruppe ins Visier und versenkten das Patrouillenboot 1261, das die Sturmtruppen zum Strand lenkte. Die restlichen Truppen fuhren weiter, doch 4.400 m vor der Küste gerieten die Boote in eine starke seitliche Strömung. Der Beschuss hatte

auch die für die Navigation unerlässlichen Landungsmarkierungen beeinträchtigt. All das führte dazu, dass die US-Truppen um 6.31 Uhr etwa 2 km südlich von ihrem beabsichtigten Landungsplatz an Land wateten. Der stellvertretende Divisionskommandeur der 4. Division, Brigadegeneral Theodore Roosevelt Jr., der Sohn des berühmten Präsidenten, hatte drei amphibische Angriffe in Nordafrika und dem Mittelmeer mitgemacht. Als er mit der ersten Welle an Land kam, sah er, dass der Abschnitt, auf dem sie gelandet waren, praktisch unverteidigt war. Er entdeckte einen Damm und hatte die Landungselemente um 9.30 Uhr bis auf ca. 2,5 km an Ste-Mère-Eglise herangeführt. Die Verluste waren erstaunlich niedrig – 197 Mann, von denen 60 beim Sinken ihrer Landungsboote auf See ertranken.

Gleich jenseits der Mündung der Vire fanden die amerikanischen Truppen eine ganz andere Situation vor. 10 km lang – von Grandcamp-les-Bains bis zum Pointe de la Percée – bestand die Küste aus einer Reihe von Klippen und kleinen Kaps. Etwa auf halber Strecke lag Pointe du Hoc, dessen 90-m-Klippen es zu einer hervorragenden Stellung machten. Die Deutschen hatten hier eine der stärksten Batterien des gesamten Atlantikwalls gebaut – sechs 155-mm-Geschütze in massiven Bunkern aus Stahlbeton. Mit einer maximalen Reichweite von ca. 16,5 km konnten diese Geschütze leicht den Invasionssammelbereich nördlich, die Utah-Landungen westlich und die Omaha-Landungen östlich erreichen. Die alliierte Luftwaffe hatte wiederholt die Landspitze bombardiert und seit 5 Uhr hatten auch die 406-mm-Geschütze des Schlachtschiffs *Texas* sie ununterbrochen beschossen. Aber das war keine Garantie dafür, dass die Batterien auch tatsächlich zerstört waren. Das war Aufgabe dreier Kompanien des 2. Ranger-Bataillons, die von Oberst James E. Rudder befehligt wurden. Nachdem sie von DUKW (Amphibienlastern) bis zum Fuß der Klippen gebracht worden waren, sollten sie diese erklettern und zerstören, was von den deutschen Stellungen noch übrig war.

Rudders Kommando sollte um 6.30 Uhr landen. Raue See und schlechte Navigation verzögerten die Ankunft bis 7.10 Uhr. Die Zerstörer USS *Satterlee* und HMS *Tarlybant* kamen bis auf 3,2 km an den Strand heran, eröffneten das Feuer und zwangen damit die Deutschen in Deckung. Von ihren DUKW aus feuerten die Ranger mit Haken und Strickleitern verbundene Raketen ab. Als das Marinegeschützfeuer aufhörte, kletterten sie die Leitern hoch. Die Deutschen kamen aus ihren Bunkern und ließen Granaten auf sie niedergehen. Einige explodierten und warfen die Ranger von den Leitern. Doch die Ranger fingen auch viele Granaten auf und warfen sie über die Klippenspitze zurück.

OBEN:
Ein amerikanischer Soldat lenkt seine Kameraden mit einer kleinen Musikeinlage von ihrer Seekrankheit ab. Die Überquerung des Ärmelkanals erwies sich als unangenehm – viele Soldaten litten an Seekrankheit.

Deutsche Geschütze zerstört

Die Ranger waren stark und wendig und hatten nur leichte Ausrüstung bei sich. Trotzdem brauchten sie zehn Minuten, um die 30 m hochzuklettern. Sie erkämpften sich ihren Weg durch eine Mondlandschaft aus Kratern und Trümmern, griffen jeden deutschen Bunker an und zerstörten ihn mit Sprengladungen. Aber keiner beherbergte die 155-mm-Geschütze. Rudder vermutete, dass die Deutschen – wohl wissend, dass Pointe du Hoc schwer bombardiert werden würde – ihre Geschütze anderswo positioniert hatten. Da die Geschütze den Feuerleitmechanismus im Kommandobunker ganz an der Spitze von

Pointe du Hoc brauchten, konnten sie nicht sehr weit weg sein. Kurz nach 8 Uhr sandte er einen Spähtrupp ins Landesinnere, um nach ihnen zu suchen. Nachdem er die Küstenstraße ca. 1,5 km südlich von Pointe du Hoc überquert hatte, entdeckte der Trupp die getarnten Geschütze. Die Artilleristen kauerten neben Hecken in einem nahe gelegenen Feld. Die Rangers verscheuchten die Deutschen, zerstörten die Verschlüsse der Geschütze mit Sprengladungen und steckten die daneben liegenden Treibladungen in Brand.

Ranger zurückgetrieben

Bis jetzt war die Operation ein Erfolg gewesen, aber nun begann es schief zu laufen. Ein Zusammenbruch des Kommunikationssystems hatte zur Folge, dass das Stabsschiff 16 km nördlich erst spätnachts erfuhr, dass die Ranger Pointe du Hoc eingenommen hatten. Da keine Nachricht von Rudder kam, nahm der Stab an, die Mission sei fehlgeschlagen, und leitete das Verstärkungsbataillon nach Omaha um. Die Deutschen erholten sich und schnitten den Trupp südlich der Straße ab und drängten Rudder an die Spitze von Pointe du Hoc zurück. Die Ranger mussten drei Tage durchhalten, bis eine Entsatztruppe sich ihren Weg von Omaha her erkämpft hatte. Zu diesem Zeitpunkt waren nur mehr 90 von Rudders 250 Männern einsatzfähig.

Die 6,5 km weiter östlich auf Omaha gelandeten US-Truppen sahen sich mit einer Reihe anderer Schwierigkeiten konfrontiert. Der Sandstrand war bei Ebbe 275 m breit und erstreckte sich östlich von Pointe de la Percée über 6,4 km bis zu den Klippen und Felsen von Côte du Rage nördlich von Ste.-Honorine. Er war so offensichtlich für eine Landung geeignet, dass er stark befestigt war. Die Deutschen hatten an der Niedrigwassermarke drei Gürtel von Hindernissen platziert und danach die Spitze eines 2 m hohen Holz- und Mauerwerkdeichs, der, mit Stacheldraht umwickelt, über die gesamte Länge des Strandes reichte. Jenseits des Deiches gab es eine Strandpromenade und danach eine Sumpfwiese, die zwischen 90 und 365 m breit war und dann steil zu 60 m hohen, von Adlerfarn bedeckten Felsvorsprüngen anstieg. Die Pioniere der Wehrmacht hatten die gesamte Länge der Promenade mit Minen bestückt, an ihrer Binnenseite einen 2-m-Panzergraben ausgehoben und an der Spitze der Felsvorsprünge MG- und Mörserstellungen gegraben. Aber die stärksten Befestigungen waren in vier Rinnen positioniert, die die Felsvorsprünge durchschnitten und nach den in ihnen liegenden kleinen Dörfern – Vierville, Moulins, St.-Laurent und Colleville – benannt waren. Die Deutschen wussten, dass die einzige praktikable Möglichkeit, den Strand zu

UNTEN:
Die HMS Holme *beschießt während der Landungen die Küste der Normandie. Die Marinegeschütze der Alliierten waren bei den Deutschen sehr gefürchtet und blieben während des ganzen Normandie-Feldzuges eine starke Macht.*

verlassen, durch die Rinnen führte, und hatten an jeder von ihnen Bunker mit MGs, Mörsern sowie 20-mm-, 75-mm- und 88-mm-Geschützen mit überlappenden Feuerbereichen gebaut. Bei der Rinne von Vierville, durch die eine Asphaltstraße ins Landesinnere führte, hatten sie eine 9 m hohe und 3 m dicke Mauer aus Stahlbeton errichtet. Insgesamt wurde der Strand von ca. 100 Kanonen und Mörsern sowie etwa 200 MGs, die mit drei Bataillonen von Oberst Ernst Goths 916. Grenadierregiment (352. Division) bemannt waren, verteidigt. Die meisten Soldaten waren Veteranen der Ostfront, doch waren auch 18-jährige Wehrpflichtige darunter.

Kurz vor Tagesanbruch überflogen B-17 die Rinnen. Doch die Luftspäher warfen ihre Markierungsleuchtkugeln zu weit landeinwärts ab. Daher kamen alle Bomben südlich der Strände herunter – manche mehr als 3 km

OBEN:
Eine B-17 Flying Fortress über den Stränden der Normandie. Die schweren Bomber wurden von der strategischen Luftoffensive zum Angriff auf Ziele in der Normandie und den umliegenden Gebieten umgeleitet.

LINKS:
Eine Republic P-47 Thunderbolt des 353. Jagdgeschwaders der 8. US-Luftflotte, Raydon, Essex, mit den schwarz-weißen Invasionsstreifen. Die Thunderbolt erwies sich als ein effizienter Jagdbomber.

RECHTS:
US-Ranger bereiten sich auf den Angriff auf den Utah-Strand vor. Einige sind mit speziellem Gerät bewaffnet, so zum Beispiel mit Bangalore-Torpedos (gestreckte Ladung) zur Beseitigung des Stacheldrahtes und Greifhaken zum Erklettern der steilen Klippen.

von der Küste entfernt. Die Transportschiffe waren 20 km draußen auf See, halb so weit wie vor Utah. Dazu kam, dass Nordwestwind diesen Meeresabschnitt viel rauer als den vor Utah machte. Schwer beladene Truppen des 116. Infanterieregiments der 29. US-Division und des 16. Regiments der 1. US-Infanteriedivision kletterten über Netze in die rollenden, stampfenden Landungsboote. Als diese randvoll beladen ablegten, schlugen die Wellen über sie und überschwemmten zehn von ihnen völlig. Die meisten der 300 Männer an Bord ertranken. Einige Boote schafften es weiterzufahren. Die Männer schöpften mit ihren Helmen die Boote leer. Die größeren LCT mit ihrer Fracht von DD-Panzern sahen die Schwierigkeiten der Landungsboote und gingen bis auf 6,5 km an den Strand heran, ehe sie ihre Shermans zu Wasser ließen. Die DD-Panzer hatten eine Freibordhöhe von weniger als einem Meter, doch manche Wellen waren über zwei Meter hoch und 27 von 29 Panzern waren bald überschwemmt. Als sie sanken, kippten sie um und beförderten ihre Besatzungen auf den Meeresgrund.

Leichte Beute

Für die Landung auf Omaha waren etwa 30 verschiedene Angriffswellen vorgesehen, die im Abstand von fünf bis zehn Minuten stattfinden sollten. Doch dieselbe Strömung, die die Amerikaner vor Utah von ihren Zielen abgetrieben hatte, zog nun die Landungsboote ostwärts. Die Angriffswellen kamen durcheinander. Ernest Hemingway war als Kriegsberichterstatter auf einem der Boote. Er berichtete über Truppen, die „vor Seekrankheit

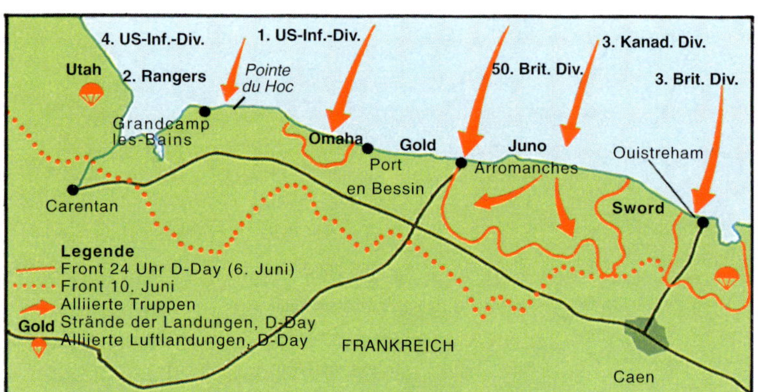

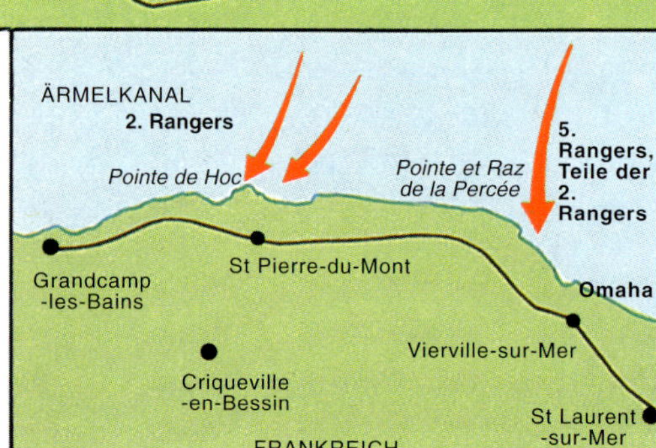

wachsbleich waren und sich aneinander festzuhalten versuchten". Über ihnen donnerten die schweren Marinegranaten landwärts, „die Erschütterung und das Knallen ... rüttelten die Helme der Männer durch". Hemingway hörte einen GI über das Dröhnen des Motors hinweg sagen: „Sieh mal, was sie mit den Deutschen machen. Ich schätze, keiner dort wird noch am Leben sein."

Doch aufgrund von Rauch und niedrigen Wolken verfehlte ein Großteil des Marinegeschützfeuers sein Ziel. Etwa 900 m vom Strand entfernt begannen Maschinengewehrkugeln um die Landungsboote herumzuspritzen und Mörsergranaten zogen über sie hinweg. Das Landungsboot einer Kompanie der 116. Division setzte – 275 m vor der Vierville-Rinne – als erstes am Strand auf. Als die Rampen heruntergelassen wurden, feuerten die Verteidiger direkt auf das Landungsboot, töteten die meisten Männer. Die Überlebenden gingen in der Brandung in Deckung. Dasselbe passierte auch den Männern der 1. Division, die bei Les Moulins (1,65 km östlich) an Land gingen. Als nachfolgende Angriffswellen herankamen, setzten die Boote weiter vom Strande entfernt auf Grund. Den mit schwerer Ausrüstung beladenen Truppen reichte bei ihrer Landung das Wasser bis zum Nacken. Manche gingen hinter Betonhindernissen in Deckung, manche lagen halb untergetaucht am Ufer und konnten nicht zum relativ sicheren Deich gelangen. Frank Capa vom *Life Magazine*, der mit der ersten Angriffswelle an Land gekommen war, lag im seichten Wasser und verschoss den ganzen Film in seiner Kamera, doch blieb es bei dieser eine Filmrolle – seine Hände zitterten so stark, dass er keine neue einlegen konnte. Als die Flut einsetzte, ertranken viele der Verwundeten um Capa herum.

Ein deutscher Offizier in Vierville berichtete Kraiss am Telefon, die Invasion auf Omaha sei gestoppt und er erwarte, dass die Amerikaner sich zurückzuziehen versuchen würden. Der Stabskommandeur der Vorhut, Colonel Benjamin B. Talley, stellvertretender Stabschef des V. Korps, verfolgte das Desaster von einem DUKW etwa 900 m vom Strand entfernt aus und hatte dieselbe Idee. Er funkte

UNTEN:
Amerikanische Soldaten vor Utah. Der dortige Angriff war relativ unkompliziert. Anders war es auf Omaha, wo der heftige Widerstand der Deutschen und andere Widrigkeiten mehr als die Hälfte der gesamten alliierten Verluste des D-Day verursachten.

RECHTS:
Der von den Briten gebaute DD-Panzer war mit aufblasbaren „Schürzen“ und einer Schraube ausgestattet. Viele der Exemplare, die die Landung am Omaha-Strand unterstützen sollten, wurden zu früh ins Wasser gelassen und versanken, ehe sie das Land erreichten.

zurück, dass die Landungen ausgesetzt werden sollten. Diese Nachricht wurde an General Omar Bradley auf dem Kommandoschiff USS *Augusta* weitergeleitet, der um 9 Uhr das SHAEF dringend um Erlaubnis bat, den Landekopf verlassen zu dürfen. Durch einen Übertragungsfehler erhielt Eisenhower diese Nachricht erst viel später an diesem Tag – als die Lage sich bereits geändert hatte.

Der Adlerfarn auf den Felsvorsprüngen stand in Flammen und Rauch bedeckte Teile des Strandes. Das Feuer der Deutschen war um die heftig verteidigten Rinnen herum am stärksten, und als die Sichtweite immer mehr abnahm, schafften es jene Amerikaner, die zwischen den Rinnen gelandet waren, in die relative Sicherheit des Deiches. Um 7.30 Uhr landete der stellvertretende Divisionskommandeur der 29. Division, Brigadegeneral Cota, mit seinem Stab fast genau zwischen der Vierville- und der Les-Moulins-Rinne. Cota sah sich das Durcheinander an. Dann ging er von einer zur anderen der hinter dem Deich kauernden Gruppen und fand Pioniere und Ranger sowie Infanteristen der 29. und der 1. Division. Rasch organisierte er eine Truppe von Kompaniegröße und ließ die Pioniere mit gestreckten Ladungen den Stacheldraht entfernen. Dann trieb er seine Truppe über die Strandpromenade und durch eine Falte in den Felsvorsprüngen hinauf, wo sie vor MG-Feuer geschützt war. Hier stellte er ein Funkgerät auf, das um 10 Uhr endlich eine Verbindung zu den Schiffen herstellen konnte. Cota hatte 600 Mann gesammelt und sandte die Ranger nach Westen hinter die Felsvorsprünge, um die Vierville-Rinne vom Land her anzugreifen. Gleichzeitig machte sich die Infanterie der 116. Division auf der Seeseite der Felsvorsprünge auf den Weg nach Vierville. Bis 11 Uhr hatte der vereinte Angriff – nun unterstützt von gut gelenktem Marinegeschützfeuer – die Deutschen aus Vierville vertrieben.

Auf den andern Strandabschnitten wendete sich das Kampfgeschick allmählich zu Gunsten der Amerikaner. Lieutenant John M. Spalding von der Kompanie E, 2. Bataillon der 16. Infanterie, war zwischen der Colleville- und der St.-Laurent-Rinne gelandet. Er sammelte 23 Männer und führte sie 365 m

UNTEN:
Die US-Soldaten erleiden bei ihrem Sturm an Land Verluste. Insgesamt starben am D-Day an die 2.500 Männer der Alliierten, weit weniger als erwartet.

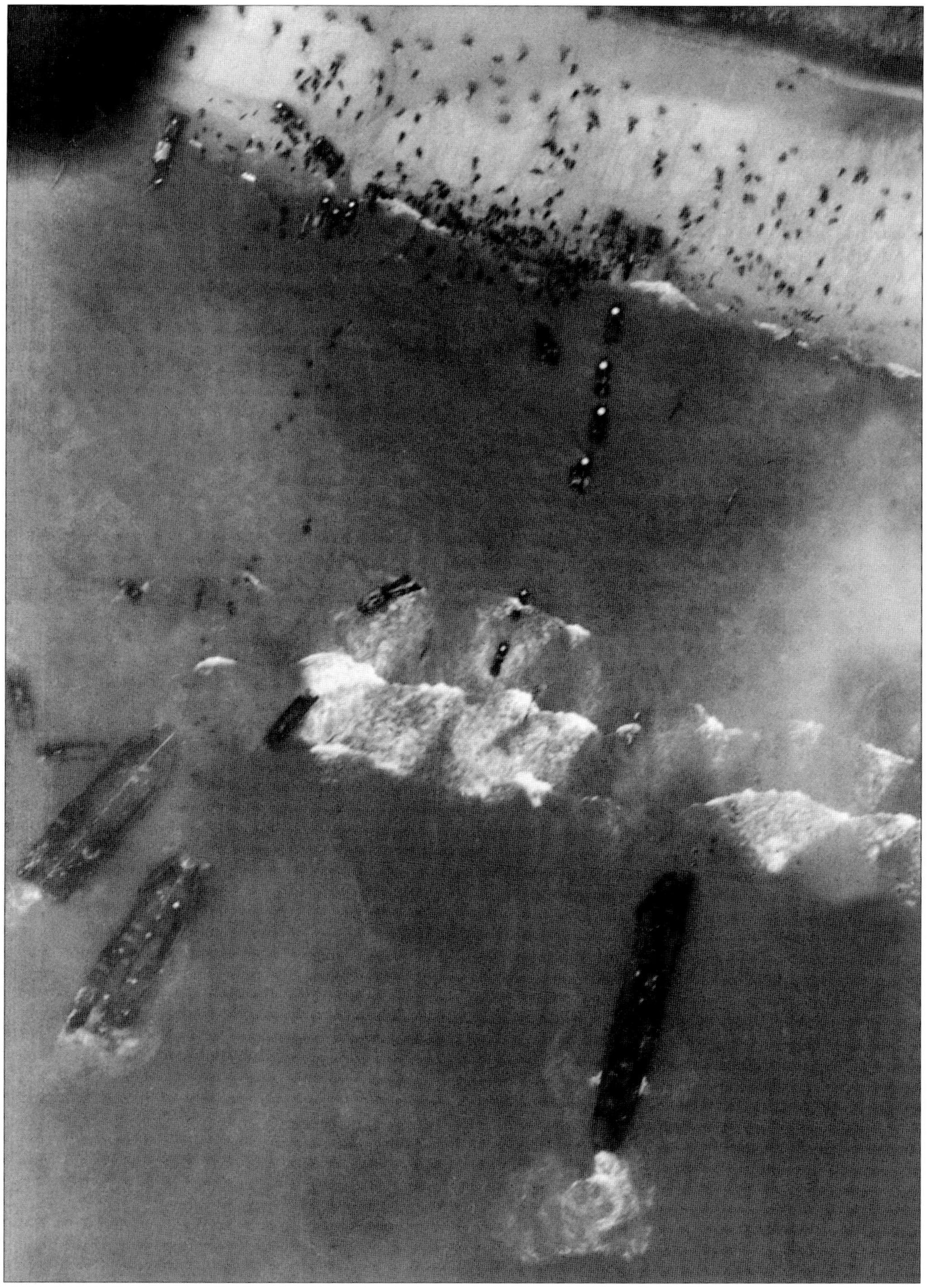

LINKS:
Utah-Beach aus der Luft. Die Soldaten schwärmen über den Sand. Beachten Sie die Amphibienpanzer, die sich zur Unterstützung der Infanterie auf den Weg machen. Utah wurde relativ schwach verteidigt, und die Amerikaner drangen rasch landwärts vor.

durch das hohe Schilf eines Küstensumpfes und eine Falte in den Felsvorsprüngen hinauf zum Kamm, wo heute der amerikanische Friedhof liegt. Spalding wandte sich dann nach Westen und griff die Ostseite des Ausgangs der St.-Laurent-Rinne an. Um 8.15 Uhr kam George A. Taylor, Befehlshaber der 16. Infanteriedivision, an Land und rief kleine Gruppen von Überlebenden zusammen, die in Hörweite waren. „Zwei Arten von Männern bleiben an diesem Strand: Tote und Sterbende. Lasst uns verdammt noch mal von hier verschwinden!" Der Großteil der zwei Bataillone machte sich nun auf den Weg die Felsvorsprünge hinauf. Einige folgten dem später so genannten Spalding-Pfad und griffen dann St.-Laurent und Collville von hinten an. Gegen 10.30 Uhr fuhren zwei Boote, LCT 30 und LCI (L) 544, mit voller Kraft durch die Hindernisse in Strandnähe auf der östlichen Seite gegenüber von Colleville und feuerten auf die feindlichen Stützpunkte. Gleichzeitig kamen zwei Zerstörer mit ihrer Breitseite bis auf einen Kilometer an den

RECHTS:
General Omar Bradley befehligte das amerikanische II. Korps in Tunesien und Sizilien, bevor er zum Kommandeur der 1. US-Armee bei der Invasion in der Normandie ernannt wurde. Nach dem Krieg wurde er Vorsitzender der Joint Chiefs of Staff. *Er starb 1981.*

UNTEN:
Als der D-Day seinem Ende zugeht, werden die ersten Opfer vom „blutigen Omaha" evakuiert.

Strand gegenüber von Les Moulins heran. Ihre Kiele schrammten über den Meeresboden. Sie schossen 133-mm-Granaten auf die feindlichen Stellungen im Osten. In ihrem Schutz lenkten Pioniere Bulldozer durch die Dünen bei der St.-Laurent-Rinne und besetzten den Panzergraben und das Minenfeld. Da Spaldings Männer und andere Elemente des 16. Regiments schon von hinten angriffen, ergaben sich die deutschen Verteidiger in St.-Laurent kurz nach 11 Uhr.

Der Landekopf ist errichtet

Bis 11.30 Uhr hatten die Amerikaner die Ausgänge der Vierville- und der St.-Laurent-Rinne erobert und begannen mit einem starken Aufgebot den Strand zu verlassen. Das deutsche Feuer an den anderen Stützpunkten ließ deutlich nach, da den Verteidigern die Munition ausging. Der Kommandeur der 352. Division, Generalmajor Dietrich Kraiss, hatte bis etwa nach Mittag den Eindruck, dass seine Streitkräfte standhalten würden. Als klar wurde, dass die Amerikaner Vierville eingenommen hatten und aus der St.-Laurent-Rinne vorrückten, hatte er keine Reserven zur Hand, da er sie nach Südwesten geschickt hatte, um sich dort um einen fingierten Fallschirmabsprung zu kümmern. Am frühen Nachmittag schickte Kraiss eine Truppe in Bataillonsgröße mit zwölf 75-mm-Selbstfahrlafetten ins Gebiet von Colleville. Doch ihr Gegenangriff wurde von Marinegeschützfeuer gestoppt. Bis zum Abend hielten die Amerikaner einen flachen Landekopf von Vierville bis Colleville und es kamen noch mehr Truppen an Land. Der Preis dafür war hoch. Etwa 300 der 566 Ranger waren gefallen, ebenso hunderte Seeleute auf den Booten und Pioniere, die versucht hatten, die Hindernisse am Strand zu beseitigen. Doch die größten Verluste hatten die Infanteriedivisionen erlitten: die 29. hatte 2.440 Opfer zu beklagen, die 1. Division 1.744. Von der 352. Division wurden 2.500 Mann (viele davon verwundet) gefangen genommen und fast 1.000 getötet.

Panzerangriff

Das Gemetzel auf Omaha dauerte schon über eine Stunde, als Landungsboote mit dem 1. Bataillon des *Royal Hampshire*-Regiments einige 100 m östlich von Le Hamel an Gold Beach, etwa 10 km östlich von Colleville, auf Grund setzten. Die Verteidiger, ebenfalls von der 352. Division, eröffneten das Feuer und trafen die meisten Landungsboote. Anders als die Amerikaner hatten die Briten entschieden, dass die See zu rau war, um die DD-Panzer zu Wasser zu lassen. Die *Hampshires* waren also auf sich allein gestellt. Schon bald waren der befehlshabende Offizier, der zweite Kommandeur, die Artillerie-Reserveoffiziere und die Mitglieder des vorwärtigen Stabs tot oder verwundet und alle Funkgeräte zerstört. Es schien, als würde sich die amerikanische Erfahrung von Omaha wiederholen, als der Korpskommandeur, Lieutenant General Bucknell, den LCT befahl, den Hindernissen zu trotzen und die Panzer direkt am Strand abzusetzen. Die Deutschen in Le Hamel trafen mindestens 20 der großen Boote, doch der Großteil schaffte es zum Strand und ließ die Rampen herunter. Die wartenden deutschen MG-Schützen waren fassungslos, als statt der erwarteten Infanteriegruppen riesige Tanks auftauchten. Dreschflegel-Panzer („Crabs") bahnten sich durch die Minenfelder den Weg den Strand hinauf und kümmerten sich nicht um das metallische Kreischen der MG-Kugeln. Der Crab-Panzer Sergeant Lindsays, der östlich von Le Hamel gelandet war, wälzte sich durch das Zentrum des stark verteidigten Orts, feuerte und drosch abwechselnd, bis er die Hauptstellung der Deutschen erreicht hatte. Lindsay wendete den Panzer und – im Jargon der 79. Division – „schickte einen Brief": er schwenkte seine Kanone in die Schießscharte und jagte das 88-mm-Geschütz mitsamt seiner Besatzung in die Luft.

UNTEN:
Die zweite Welle von Horsa-Segelflugzeugen, die von Dakotas (C-47) des RAF-Transporterkommandos geschleppt werden, quert die Küste der Normandie, um die 6. Luftlandedivision zu verstärken. Insgesamt wurden 3.655 Horsas produziert. 400 davon benützten die Amerikaner.

Im Zentrum von Gold war das 1. Dorset-Sturmbataillon östlich von Les Roquettes an Land gekommen und stieß rasch landeinwärts vor. Das 2. Devon-Bataillon landete bei Le Hamel, dicht gefolgt von fünf Landungsbooten mit dem 47. *(Royal Marine)* Kommando an Bord. Seit die *Hampshires* an Land gegangen waren, war die Flut gestiegen und bedeckte die Hindernisse am Strand. Drei Landungsboote liefen auf Minen. 43 Männer wurden getötet, der Rest gezwungen, Gerät zurückzulassen und zum Strand zu schwimmen. In drastisch verringerter Stärke machten sich jene Kommandos, die noch ihre ganze Ausrüstung hatten, auf den Weg landeinwärts, um Port-en-Bessin, das an der Grenze zwischen den britischen und amerikanischen Stränden lag, von hinten anzugreifen.

Die 6. *Green Howards* und die 5. *East Yorks* gingen an der östlichen Grenze von Gold westlich bzw. östlich von La Rivière an Land. Dieses Gebiet wurde vom 441. Ost-Bataillon (716. Division) verteidigt, das die Flucht ergriff, als die 5. *East Yorks* und die *Green Howards* seine Hauptstellungen um ca. 10 Uhr überrannten. Der für diesen Sektor zuständige deutsche Kommandeur befahl das 915. Regiment – die Reserve der 352. Division –, das in der Nacht nach Südwesten geschickt worden war, um sich um einen fingierten Fallschirmjägerabsprung zu kümmern, schleunigst nach La Rivière. Das war leichter gesagt als getan. Das Regiment musste fast 32 km – zu Fuß, auf Fahrrädern und mit französischen Kfz, die immer wieder Pannen hatten – zurücklegen. Die Straße nach Bayeux war den ganzen Tag offen, was die Briten aber nicht wussten. Sie konzentrierten sich darauf, ihre Truppen an Land zu bekommen und den Landekopf zu festigen.

UNTEN:
Die Trümmer eines furchtbaren Tages: Die Strände sind geräumt und die Sturmtruppen werden von anderen abgelöst, die landwärts vorstoßen und sich konsolidieren sollen, bevor die deutschen Gegenangriffe ernsthaft beginnen würden.

Die kanadische 3. Division, die weiter östlich auf Juno landete, hatte es schwerer. Als sie bei hohem Seegang abgesetzt wurde, stießen die Landungsboote auf Hindernisse, und Minen detonierten. Bei der Landung eines einzigen Bataillons gingen 20 der 24 Boote verloren. Insgesamt wurden an diesem Morgen 90 der 306 Landungsboote versenkt oder kampfunfähig gemacht. Nur 14 DD-Panzer der kanadischen 1. *Hussars*, die 3,3 km vom Strand entfernt bei sehr rauer See zu Wasser gelassen wurden, schafften es an Land. Eine der Sturmeinheiten, die *Regina Rifles,* sollte östlich der stark verteidigten Stadt Courseulles ankommen, doch eine Kompanie landete zu weit westlich – genau gegenüber der Stadt. Ein wahnsinniger Lauf den Strand hinauf zur Hafenmauer endete mit 15 Toten, die auf einem Minenfeld umkamen. Der Rest der *Regina Rifles*, unterstützt von Centaur-Tanks der *Royal Marines* und AVRE der 79. Division, griff Courselles vom Osten her an und säuberte die Stadt systematisch Haus für Haus. Bis zum späten Nachmittag war sie in kanadischer Hand.

Etwa 3 km östlich klappte die Landung des *North-Shore-(New Brunswick-)*Regiments vorzüglich. Die Amphibienpanzer der *Fort*

OBEN:
Endlich an Land: Männer der 13./18. Hussars, *einige von ihnen verwundet, auf Sword. Ihre DD-Panzer hatten schwer unter dem Beschuss der in Ouistreham aufgestellten deutschen 88-mm-Geschütze gelitten. Die Unterstützung im Kampf durch die Panzer wurde dadurch stark eingeschränkt.*

OBEN:
Nach dem anfänglichen Schock durch die Invasion sammelten die Deutschen rasch ihre Truppen und starteten Gegenangriffe. Die Verteidigung der Strände wurde durch Mangel an Munition und an Männern in der Reserve behindert.

Garry Horse wurden nur 1,7 km vom Strand entfernt ausgesetzt und erreichten zugleich mit der Infanterie den Strand. Sie querten gemeinsam den Deich und reduzierten die deutschen Befestigungen. Etwa 1,5 km östlich bei Bernières-sur-Mer war es weniger gut gelaufen. Landungsboote mit den *Queen's Own Rifles* an Bord setzten gegenüber einer Stellung in der Stadt auf Grund. Als die Rampen heruntergelassen wurden, trafen deutsche MG-Salven die voll besetzten Boote. Auch die Hilfseinheit, das *Régiment de la Chaudière* (in ganz Kanada als die „Chauds" bezeichnet), erlitt schwere Verluste, als vier ihrer fünf Landungsboote getroffen wurden und der Großteil des Regiments an Land schwimmen oder waten musste. Inzwischen erkämpften sich die *Queens* ihren Weg durch Bernières-sur-Mer und die *Chauds* kamen ihnen zu Hilfe. Bis 10.30 Uhr hatten sie alles bis auf gelegentliche Heckenschützen ausgeschaltet.

Den ganzen Morgen setzte der Rest der kanadischen 3. Division seine Landung fort, was zwischen Bernières und Saint-Aubin zu einem beachtlichen Gedränge führte. Sturmpionieren gelang es, drei Routen durch die Strandhindernisse zu bahnen, und ab 14 Uhr stießen Einheiten landwärts vor. Nachdem Elemente der kanadischen 7. Brigade 10 km südwestwärts vorgestoßen waren, trafen sie bei Creully auf die britische 50. Division, die die Straße von Caen nach Arromanches sperrte. Unterdessen waren die *North Nova Scotia Highlanders* und die 27. Panzerbrigade entlang der Straße von Courseulles nach Caen südwärts vorgedrungen und erreichten Villons-les-Buissons, das 8 km nördlich vom Ziel des D-Days entfernt lag – dem Flughafen von Carpiquet, 3 km östlich Caens.

Deutscher Widerstand

Sword Beach, das Ziel der britischen 3. Division, lag 5 km östlich von Saint-Aubin-sur-Mer und reichte etwa 5 km weit bis an die Mündung des Kanals von Caen und der Orne. Den alliierten Planern machte die Lücke zwischen Juno und Sword bei der Hauptlandung der Kanadier und Briten Sorgen. Um diese Lücke rasch schließen zu können, sollten das 48. und das 41. *Royal-Marine*-Kommando auf beiden Seiten der Gewässer landen. Als sich das 48. Kommando gegen 9 Uhr der Küste vor St.-Aubins näherte, fuhren fünf Boote auf Minen, eines wurde von Granaten

getroffen. Als es den Strand erreichte, besaß das 48. Kommando nur mehr 200 Mann. Sie stießen landeinwärts vor und nahmen das Dorf Langrune ein. Doch alle Versuche, weiter ostwärts vorzustoßen, scheiterten am starken deutschen Widerstand. Das 41. Kommando war etwa 5 km weiter östlich ohne derartige Probleme an Land gekommen. Doch es blieb angesichts heftigen deutschen Beschusses bald stecken.

Am östlichsten Rand von Sword, gegenüber von Ouistreham, landete die 1. Kommandobrigade Lord Lovats zur selben Zeit wie die ersten DD- und Crab-Panzer. Die ersten Truppen, die an Land gingen, gehörten zu Kommandeur Jean Kieffers Kommando-Bataillon des Freien Frankreich. Eine Mörsergranate fiel mitten in einen Zug, als die Männer von ihren Booten an Land stürmten. Die meisten wurden getötet oder verwundet. Kieffer führte seine Männer ostwärts bis Ouistreham, das sie systematisch säuberten. Das Zentrum des Widerstands befand sich im Kasino von Ouistreham, einem stabil gebauten Gebäude auf der Promenade mit freiem Schussfeld entlang den Stränden. Die Deutschen hatten es in eine Festung verwandelt, doch die Petarden der AVRE der 79. Division zertrümmerten die Mauern. Kommandotrupps erstürmten das Gebäude und nahmen die Überlebenden gefangen.

Während Kieffers Männer in den Straßen Ouistrehams kämpften, stieß der Großteil der Kommandos unter Lord Lovat landeinwärts, mit um sich mit den mittlerweile hart bedrängten Fallschirmjägern zu verbinden. Die Männer vermieden bei ihrem Vorrücken nach Südwesten Hauptstraßen und größere

OBEN:
Der Churchill Mk VIII Crocodile *mit Flammenwerfer. Komprimierter Stickstoff trieb den Brennstoff vom Anhänger zum Flammenwerfer, der an der normalen Maschinengewehrpositon montiert war. Die Waffe besaß eine Reichweite von etwa 110 Metern.*

LINKS:
Trümmer bedecken nach der Invasion den Sword-Strand. Sword wurde von Kommandotruppen der 4. Special Service-Brigade, gefolgt von der britischen 3. Infanteriedivision und der 27. Panzerbrigade gesichert.

UNTEN:
Ein Oberfeldwebel des 916. Infanterieregiments, 352. Division, mit einem Mauser-7,9-mm-Gewehr. Die 352. Division war stark an den Kämpfen des D-Day beteiligt und fügte den Amerikanern an Omaha Beach schwere Verluste zu.

Befestigungen und hielten sich an Hecken und Feldwege. Von Süden drang Kampflärm zu ihnen – zuerst von weit weg, dann lauter. Das Stakkato der MGs der Luftlandetruppen vermischte sich mit dem Bellen der deutschen MG 42. Lord Lovat befahl seinem Dudelsackpfeifer – in einer Anspielung auf einen historischen Kampf –, *„Blue Bonnets over the Border"* zu spielen. Kurz vor 13 Uhr verbanden sich die Kommandos mit den Luftlandetruppen.

Die Angriffe der Kommandos auf Sword waren außerordentlich erfolgreich, doch der Großteil der 3. Division hatte es erheblich schwerer. Das schmale Gelände von Sword hatte zur Folge, dass die 3. Division nur eine Brigade auf einmal an Land bringen konnte. Und trotzdem hatte sie das schwierigste Angriffsziel des D-Day – die Einnahme von Caen, einer mittelgroßen Stadt mit etwa 100.000 Einwohnern. Die 8. Brigade, die das 1. Bataillon des *South Lancashire*-Regiments, das 2. Bataillon des *East Yorkshire*-Regiments und die Panzertruppen der 13./18. *Royal Hussars* und der 79. Division umfasste, bildete die erste Angriffswelle. Der Wind peitschte die See in langen Brechern landwärts und machte es schwierig, die Richtung der Landungsboote zu steuern. Dieses Erlebnis, sich durch die eisernen Umzäunungen und Rampen und mit Tellerminen bestückten Pfähle zu schlängeln, ließ Major A. D. Rouse vom *South Lancashire* an einen Weg „durch einen grotesken, versteinerten Wald" denken. BBC-Korrespondent Howard Marshall, der die 8. Brigade begleitete, erinnerte sich: „Als wir versuchten, zwischen zweien dieser deutschen Befestigungssysteme durchzukommen, schwang unser Boot plötzlich herum, wir berührten eine Mine, es gab eine laute Explosion, das ganze Boot wurde erschüttert und Wasser begann einzudringen." Die DD-Panzer der 13./18. *Hussars* und der 79. Division waren schon an Land, doch die deutschen 88-mm-Kanonen von Ouistreham und drei Kanonen von La Breche, gleich östlich vom Landungsplatz, beschossen und trafen Panzer um Panzer, bis der ganze Strand eine Masse brennender Panzer zu sein schien. Das South Lancashire griff im Osten an, doch es dauerte fast drei Stunden, La Breche zu besiegen, und kostete das Regiment 107 Mann, darunter seinen Kommandeur.

Bis zum Vormittag hatte das *South Lancashire* Hermanville eingenommen, das ca. 1,5 km landeinwärts von La Breche lag. Das *East Yorkshire* säuberte die Befestigungen südlich von Ouistreham, und die Bataillone des *Suffolk*-Regiments, die später und zwischen dem *South Lancashire* und dem *East Yorkshire* gelandet waren, rückten auf den steil ansteigenden Hängen der Périers-Klippen vor. Hier stießen sie auf zwei deutsche Stellungen, denen die Briten die Codenamen *Morris* und *Hillman* gegeben hatten. *Morris* war eine relativ kleine Stellung mit vier Geschützen und 67 Männern. Sie ergaben sich rasch. Doch *Hillman* war viel schwerer zu knacken. Es war eine ca. 365 x 550 m große, von Stacheldraht und Minen gut geschützte Festung und das Hauptquartier des 736. Regiments. Die Deutschen wehrten den ersten Angriff leicht ab, und der Regimentskommandeur wollte seine Männer nicht in einem neuerlichen Frontalangriff opfern. Am späten Nachmittag fand ein Angriff mit Unterstützung durch Artillerie und aus der Luft mit Panzertruppen und Infanterie statt. Die letzten Verteidiger ergaben sich um 20 Uhr.

Bei Beginn der Nacht war die gesamte britische 3. Division an Land, aber nicht über den Périers-Grat 5 km außerhalb von Caen hinausgekommen. Es sollten viele Wochen vergehen, ehe sie weiter vorrücken würden.

Rommel wird alarmiert

Die Ereignisse des 6. Juni waren für die Deutschen verwirrend. Am Tag zuvor war das Wetter so schlecht gewesen, dass Rommel sein Hauptquartier in La Roche-Guyon verlassen hatte, um seine Frau in Herrlingen zu besuchen, ehe er Hitler auf dem Obersalzberg traf. Auch der Befehlshaber der 7. Armee, General Friedrich Dollmann, war sicher, dass es keine Invasion geben würde, und hatte am 5. Juni den Großteil seiner Stabsoffiziere zu einem Manöver nach Rennes in der Bretagne gesandt. Der erste Hinweis auf drohendes Unheil kam von der 15. Armee im Pas-de-Calais. Deren Kommandeur, General Hans von Salmuth, hatte – alarmiert vom geschäftigen Treiben der Alliierten im Ärmelkanal – seine Truppen in volle Gefechtsbereitschaft versetzt. Von Rundstedt in Paris entschied angesichts des Wetters aber, dass dies bei den Streitkräften anderswo nicht nötig sei.

Gegen 2.15 Uhr wurde Speidel von Berichten über Fallschirmjägerlandungen geweckt, doch er hatte keine Informationen über ihre Stärke oder ihr Ausmaß. Als er endlich per Telefon zu von Rundstedt durchkam, der auch keine genaueren Informationen hatte, überzeugten die beiden einander davon, dass die Landungen bloß Abwürfe für die *Résistance* wären. Bis 4.30 Uhr zeichnete sich ein anderes Bild ab. Funknachrichten und Meldefahrer brachten Berichte, dass eine große Anzahl von Schiffen zwischen der Halbinsel Cotentin und der Seinemündung gesichtet worden war. Von Rundstedt glaubte noch immer an ein Ablenkungsmanöver und dass die wirkliche Landung im Pas-de-Calais stattfinden würde. Doch er befahl vorsichtshalber, die SS-Division *Hitlerjugend* und die Panzerlehrdivision für den Zug an die Normandieküste bereitzumachen.

Als um 5.30 Uhr die ersten Granaten des alliierten Marinegeschützfeuers die Küste trafen, wurde die Bedeutung des geschäftigen Treibens jedem Blinden klar. Doch es gab eine große Verzögerung bei der Übermittlung dieser Nachrichten an die viele Kilometer landwärts stationierten Hauptquartiere. Als Speidel um 6.30 Uhr endlich eine Telefonverbindung mit Rommel erhielt, war er sich über das Bombardement noch immer im Unklaren. Er gab nur die Berichte über die Fallschirmjägerabsprünge weiter. Er erhielt

OBEN:
Britische Truppen der zweiten Angriffswelle gehen an Land. Sie hatten die unangenehme Aufgabe, sich einen Weg durch extrem schwieriges Terrain vorwärts zu erkämpfen.

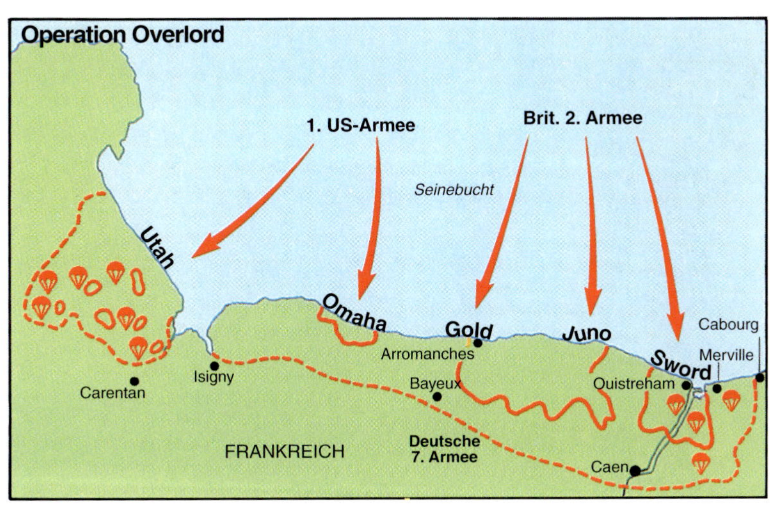

RECHTS:
Beim Angriff: Ein Churchill-Panzer rumpelt durch die engen Straßen eines französischen Dorfes. Die Normandie war, wie die Alliierten leidvoll herausfanden, ein ideales Terrain für die deutschen Verteidiger.

bald genauere Informationen, doch es dauerte bis 10 Uhr, ehe er wieder zu Rommel durchkam und ihm berichten konnte, dass die Landung der Alliierten an der Normandieküste in Gang war. Nun wurde Rommel sofort aktiv. Doch er brauchte fast den ganzen Tag, um in sein Hauptquartier zurückzufahren. Hitler hatte zuvor einen Erlass ausgegeben, der den höheren Offizieren wegen der Abschussgefahr das Fliegen verbot.

General Dollmanns Stab in Le Mans erfuhr erst um 8.45 Uhr von den Landungen – er erfuhr, dass britische Truppen gegenüber von Caen an Land kamen. Von den amerikanischen Landungen im Westen erfuhr er erst um 11 Uhr. Dollmann hielt diese für Ablenkungsmanöver und die britischen Landungen für die Hauptinvasion, eine Meinung, die von Rundstedt nicht teilte. Selbst nachdem er die eindeutige Bestätigung der Landungen erhalten hatte, hielt er sie nach wie vor allesamt für Finten. Er glaubte noch immer, die tatsächliche Invasion würde bald im Pas-de-Calais stattfinden.

Hitlers Reaktion

Dies dachte auch Hitler. Als ihn um 10 Uhr in Berchtesgaden die Nachricht von den Landungen erreichte, schien er beinahe erleichtert. „Jetzt sind sie doch noch gekommen!", sagte er. In den vorigen beiden Jahren waren immer mehr große deutsche Truppenkontingente entlang der Atlantikküste gebunden gewesen, während die Armeen der Alliierten in Südengland blieben. Nun, da die Alliierten sich zur Aktion entschlossen hatten, konnte das deutsche Herr sie vernichten. Albert Speer, Reichsminister für Bewaffnung und Munition, war am 6. Juni bei Hitler. Seine Memoiren halten dessen Argumentationskette an diesem Tag fest: „Erinnern Sie sich? Unter allen Berichten, die wir erhalten haben, war einer, der den Landungsplatz, den Tag und die Stunde exakt vorhersagte. Das bestätigt nur meine Ansicht, dass das noch nicht die wirkliche Invasion ist."

Hitler zögerte zuerst, die Panzerreserve einzusetzen. Unterdessen kämpften deutsche Einheiten verzweifelt entlang der gesamten Küste. Doch das waren Bataillone und Kompanien, die wenig bis keinen Kontakt mit den höheren Stäben hatten. Am östlichsten Ende des Landekopfes schickte Generalmajor Edgar Feuchtinger, Kommandeur der 21. Panzerdi-

UNTEN:
Gegenangriff: Tiger-Panzer der deutschen 21. Panzerdivision beim Vorrücken an die Front. Der Tiger wurde von den Alliierten zu Recht gefürchtet, da er vorzüglich gepanzert und bewaffnet war.

vision, seine Panzer vor Tagesanbruch gegen die Fallschirmjäger auf den Orne-Brücken aus, obwohl er keinen Befehl dafür hatte. Bis 10 Uhr war die 21. in einen heftigen Kampf mit den Fallschirmjägern verwickelt und begann Oberhand zu gewinnen, als Feuchtinger eine erste Nachricht vom Oberkommando erhielt: Er sollte den Kampf abbrechen und sich auf den Weg machen, Caen zu verteidigen. Die 21. brauchte den restlichen Morgen und den frühen Nachmittag dazu. Bis zum Nachmittag hatten viele von Feuchtingers Panzern nur noch sehr wenig Benzin, doch es gelang seinen Versorgungsoffizieren nicht, Depots in Caen zu kontaktieren, um sich mehr schicken zu lassen. Trotzdem sondierte eine Kampfgruppe der 21. Panzerdivision die rechte Flanke der britischen 3. Division, entdeckte die offene Lücke zwischen Sword und Juno und sechs Panzer und eine Schützenkompanie konnten die Küste erreichen. Zu diesem Zeitpunkt zogen Transporter und Segler, die für Landungen der 6. Luftlandedivision östlich der Orne bestimmt waren, über sie hinweg. Der Kommandeur der Kampfgruppe meinte, er würde durch eine weitere Landung abgeschnitten werden, und zog sich zurück. Dadurch konnten Sword und Juno ein paar Stunden später verbunden werden.

Bis zum Abend des 6. Juni wurde die deutsche Reaktion koordinierter. Die Panzerreserven (12. SS-, 2. SS-, Panzerlehr- und 17. Panzergrenadierdivision) hatten den Befehl erhalten, zu den Landeköpfen zu ziehen. Aber es war zu spät. Es war ein schlechter Tag für die Deutschen. Sie hatten die wahre Absicht der Landungen falsch interpretiert – zum Teil als Folge der Operation *Fortitude* und der katastrophal mangelhaften Kommunikation zwischen den verschiedenen Kommandoebenen. Die Truppen hatten im Großen und Ganzen gut gekämpft. Doch wenn keine Verstärkung eintraf und die Munition ausging, mussten sie sich ergeben oder sie wurden überwältigt. 130.000 alliierte Soldaten waren von der See her und noch einmal 22.500 aus der Luft gelandet. Es hatte 10.000 Opfer gegeben, die Hälfte davon auf Omaha. zwar hätte die britische 50. Division Bayeux einnehmen können, hatte dies aber versäumt. Die kanadische 3. Division hatte kurz vor Carpiquet gehalten, die britische 3. Division es nicht bis Caen geschafft. Trotzdem war es für die Alliierten ein guter Tag gewesen.

UNTEN:
Die Nachrichten vom D-Day erreichen die Welt. Reisende auf einem Londoner Bahnhof studieren gespannt die Abendblätter. Die Berichte über die Normandie waren optimistisch und sorgfältig zensiert.

KAPITEL DREI

Blutbad in der Bocage

Eine Ausgangsposition an der französischen Küste zu sichern, war für die Alliierten nur der erste Schritt. Danach erwartete sie eine viel schwierigere Aufgabe: der Ausbruch aus den dichten Hecken der Normandie.

Die Stabschefs der Alliierten hatten so viel Zeit auf das Problem der Landung der Truppen verwandt, dass sie die Probleme, die folgen würden, wenn die Truppen vom Strand weg waren, praktisch vernachlässigt hatten. Die Alliierten hatten in großen Panzereinheiten auf den Ebenen von Salisbury, Dartmoor, Exmoor und dem North Yorkshire-Moor trainiert und sich auf einen mobilen Krieg wie in Nordafrika vorbereitet. Die 6. Luftlandedivision hatte ganz am linken Ende des Landekopfes einen kleinen Brückenkopf über die Orne gebildet, der ein Gebiet ähnlich der Ebene von Salisbury überblickte. Doch er schien zu klein, um die Konzentration von Panzerdivisionen zu erlauben, vor allem nicht heimlich. Unmittelbar westlich davon war die Lage noch schlechter. Die britische 3. Division lag hier gegenüber den von den Deutschen verteidigten Industrievororten von Caen. Keine Armee griff gerne in Städten an. Es war blutig und dauerte lange. Unmittelbar westlich von Caen war offenes Land – zu offenes Land. Hier verhinderte das Flugfeld von Capriquet, das sich von Osten nach Westen erstreckte, ein Vorrücken der kanadischen 3. Division nach Süden. Und die Deutschen verteidigten eifrig die Südseite der Start- und Landebahn. Weiter westlich standen die Briten am Gold-Beach und die Amerikaner am Omaha- und Utah-Beach vor ganz anderen Problemen. Von Capriquet bis zu den Sümpfen der Halbinsel Cotentin erstreckte sich die Bocage – ein Gewirr aus kleinen Feldern, alten Hecken und vertieften Feldwegen. Diese Hecken waren unten mehr als 2,75 m dick und konnten mehr als 4,5 m hoch werden. Bauernhäuser und kleine Dörfer übersäten das Land in Abständen von etwa 900 m. Die Bauernhäuser hatten dicke Wände und tiefe Keller, Überbleibsel aus einer Zeit, als die Normandie ein Schlachtfeld des Hundertjährigen Krieges war. Zu allem Übel ging das Land etwa 16 km weiter in ein Gewirr von Hügeln über, deren höchster – der Mont Pincon mit 425 m – im Zentrum jenes Gebietes lag, das die Normannen „Normandie Suisse" nannten, weil es den Ausläufern der Alpen ähnelte. Die ländlichen Gebiete der Normandie waren der Albtraum eines jeden Angreifers – und das Paradies eines jeden Verteidigers. Ein kompliziertes Netz natürlicher und von Menschen geschaffener Hindernisse, mit tausenden solide gebauten Häusern, von denen viele allem, außer einem direkten Bombentreffer oder einer großkalibrigen Granate, standhalten konnten.

Rommel wusste: Um den Brückenkopf zu zerstören, musste er rasch und massiv angreifen. Er befahl der 21. Panzerdivision und der 12. SS-Panzerdivision, sich für einen koordinierten Schlag zu sammeln, doch beide

GEGENÜBER: *Getarnte Wehrmachtssoldaten in der Bocage bereiten sich auf das Abfeuern ihrer Mörser vor. Deutsche Soldaten konnten mit Mörsern gut umgehen und rasch jeden ohne Unterstützung ablaufenden Angriff der Alliierten beenden. Ohne jede Deckung aus der Luft waren die Mörser oft die einzige den Deutschen zur Verfügung stehende Feuer-Unterstützung.*

Divisionen kämpften bereits mit den Alliierten und konnten nicht abziehen. Am 7. Juni im Morgengrauen unterstützten Teile der 21. Panzerdivision die Angriffe der 346. und 711. Division der 15. Armee gegen die Fallschirmjäger und Kommandotruppen des Brückenkopfes östlich der Orne. Sie konnten durch Gegenangriffe Boden zurückerobern, wurden aber von Geschützen der Royal Navy gestoppt, während die 51. Highland-Division die Orne überquerte, um die Luftlandedivisionen und Kommandotruppen zu unterstützen. Im Zentrum griff die Vorhut der 12. SS-Panzerdivision bereits die Kanadier nördlich von Capriquet an und eine deutsche Kampftruppe schnitt die Regina Rifles ab.

Da nun Tempo zählte, versuchte die Panzerlehrdivision links von der 12. SS-Panzerdivision am helllichten Tage gegen die britische 50. Division zu ziehen, wurde aber massiv aus der Luft attackiert. Ihr Kommandeur, Generalmajor Fritz Bayerlein, der unter Rommel als Stabschef in Nordafrika gedient hatte, beschrieb die Luftangriffe als die schlimmsten, die er je erlebt hatte. Die Straße aus Vire heraus war „eine Jagdbomber-Rennbahn". Das Vorrücken kostete die Panzerlehrdivision 80 ihrer Halbkettenlastwagen, Selbstfahrlafetten und Zugmaschinen. Die Luftangriffe stoppten den Einmarsch weiterer deutscher Einheiten in die Normandie, darunter auch eine Kampfgruppe der in St.-Nazaire stationierten 275. Division, die am 7. Juni im Zug nach Bayeux unterwegs war, als sie bei Avranches von mittleren Bombern, gefolgt von Thunderbolts, vernichtet wurde.

Auch die *Résistance* spielte beim Verhindern des deutschen Vorrückens in die Normandie eine wichtige Rolle. Wäre es der berüchtigten 2. SS-Panzerdivision *Das Reich* gelungen, in den ersten Tagen nach der Invasion in die Normandie zu gelangen, wäre die Schlacht vielleicht anders verlaufen. *Das Reich* bestand aus 20.000 hervorragend ausgebildeten, kampferprobten Soldaten mit 240 Panzern und Selbstfahrlafetten, darunter Tiger- und Pantherpanzer. Doch am D-Day stand *Das Reich* in Montauban nördlich von Toulouse – ca. 650 km vom Landekopf entfernt.

Das Reich wird aufgehalten

Am Nachmittag des 6. Juni erhielt ihr Kommandeur, Brigadeführer Heinz Lammerding, den Befehl, in die Normandie vorzurücken. Normalerweise wäre diese Akton am 9. Juni abgeschlossen gewesen, doch da war die Vorhut erst bis Limoges 320 km südlich der Normandie gekommen. Die restliche Division war bis Montauban über 290 km der kurvenreichen RN 20 verteilt. Alles war schief gelaufen. Obwohl die Division auf der Hut war (sie hatte in den letzten drei Mona-

UNTEN:
Eine amerikanische Patrouille rückt durch die typische Vegetation der Bocage vor. Kämpfe fanden auf sehr kurze Entfernung statt. Es war unmöglich zu sagen, was im angrenzenden Feld vor sich ging – und schon gar nicht ein paar Kilometer entfernt.

LINKS:
Ein Mitglied der Résistance *wirft sich stolz mit seinem leichten Maschinengewehr in Pose, das von den Alliierten für die Invasion zur Verfügung gestellt worden war. Kämpfer der* Résistance *behinderten den Fluss von deutschem Nachschub an die Front.*

UNTEN:
Eine *Typhoon der* Royal Air Force *beim Raketenangriff auf Gleisanlagen in Nordfrankreich. Das Aufhalten des deutschen Nachschubs half den alliierten Truppen am Landekopf sehr.*

ten bei Zusammenstößen mit der *Résistance* 200 Mann verloren), war es der *Résistance* am 7. Juni gelungen, den Großteil ihrer Treibstoffreserven und einen Teil ihrer Fahrzeuge in die Luft zu jagen. Panzergrenadiere beschlagnahmten eiligst alles Benzin und alle Zivilfahrzeuge, derer sie habhaft werden konnten – doch der Vormarsch war um Stunden verzögert. In den nächsten 48 Stunden verschlechterte sich die Lage, als die Vorhut auf einer Brücke vor Souillic, wo die RN 20 die Dordogne kreuzte, von der *Résistance* überfallen wurde. Auch die Flanken der aufgehaltenen Kolonne wurden an einem Dutzend Stellen getroffen. Die SS – wütend und frustriert über die Verluste und Verzögerungen, die ihr ein verborgener Feind zufügte, der rasch wieder verschwand – schlug mit der gleichen brutalen Taktik zurück, die sie auch bei der Niederschlagung der Partisanentätigkeit an der Ostfront angewandt hatte: Am 9. Juni führte Lammerding ein Panzergrenadierbataillon nach Tulle, eine 80 km von Limoges entfernte Stadt, und nahm die Bewohner mitten in ihrer Befreiungsfeier gefangen. Die SS-Truppen erhängten 99 Männer, Frauen und Kinder an den Balkonen von Häusern an der Hauptstraße und zwangen deren Familien, zuzusehen. Am nächsten Tag besetzte die Vorhut Oradour-sur-Glane, 14,5 km nordwestlich von Limoges. Die SS trennte die

OBEN:
Die für den Landekopf verantwortlichen Männer; von links nach rechts: Hodges, Crerar, Montgomery, Bradley und Dempsey. Zu diesem Zeitpunkt trug „Monty" die Gesamtverantwortung. Eisenhower übernahm sie am 1. September 1944 – praktisch eine Degradierung Montgomerys, obwohl das bereits vor den Landungen so geplant worden war.

Männer von den Frauen und Kindern und erschoss sie mit Maschinengewehren. Danach trieben sie die Frauen und Kinder in die Kirche, warfen Sprengstoff und Handgranaten hinein und erschossen alle Überlebenden, als diese den Flammen zu entkommen versuchten. Insgesamt starben dabei 642 Menschen – 190 Männer, 245 Frauen und 207 Kinder.

Die Vorhut stieß nach Norden vor. Als sie am 11. Juni die Loire erreichten, hatte nur eine einspurige Brücke Sabotage und Luftangriffe überstanden. Die nachfolgende Division, ständigen Angriffen der *Résistance* ausgesetzt, zwängte sich durch einen Engpass – leichte Beute für die Luftangriffe der mittleren Bomber, die von anglofranzösischen SOE-Teams herbeigerufen worden waren, die mit der *Résistance* kooperierten. Am 14. Juni erreichten die ersten Einheiten das Aufmarschgebiet der Division in Domfront, 80 km südlich der Landeköpfe. Nun feuerten von der SOE geleitete Typhoons Raketen auf *Das Reich* ab und zerstörten im ersten Angriff 16 Fahrzeuge. Die Division hinkte schließlich am 23. Juni in die Normandie – zu spät, um die Kämpfe am Landekopf zu beeinflussen.

Montgomery war am Morgen des 8. Juni an Land gekommen und hatte seine Stabs-Caravans auf dem Grundstück eines Schlosses bei Cruely vorgefunden. Als ihn zwei Tage später hier Churchill, Brooke und Smuts besuchten, umriss Montgomery seinen Plan für die Landschlacht. Nach anfänglichen Rückschlägen kam der amerikanische Aufbau in Gang und Montgomery hielt es für dringend geboten, dass US-Streitkräfte nach Westen

North American P-51 Mustang
USA

RECHTS:
Mustangs wie diese mit ihren schwarzen und weißen Invasionsstreifen sorgten für die Luftüberlegenheit der Alliierten am Landekopf und dahinter, indem sie die Bomber schützten, die das Hinterland angriffen.

vorstießen, um die Halbinsel Cotentin und den Hafen von Cherbourg einzunehmen. Er beabsichtigte, möglichst viele deutsche Streitkräfte in den britischen Sektor zu ziehen, wo – laut Nachrichtendienst – gute Aussichten auf einen spektakulären Erfolg bestanden. Die Deutschen haten offenbar größte Schwierigkeiten, Reserven in die Normandie zu bringen und ihre Gegenangriffe zu koordinieren, und bei Villers-Bocage südwestlich von Caen klaffte zwischen der 12. SS-Panzerdivision und der Panzerlehrdivision eine Lücke. Während die 51. Highland-Division im Süden östlich von Caen angriff, sollte die gerade gelandete 7. Panzerdivision – die berühmten *Desert Rats* – direkt im Süden durch Villers-Bocage angreifen, dann nach Westen ziehen, sich dort mit der 51. Highland-Division verbinden und Caen einkreisen.

„Looney" Hinde

Das war ein kühner Plan, der kühne Männer erforderte. Leider gab es auf den niedrigeren Rängen Offiziere, die nicht über Einzelschlachten hinausdenken konnten, und andere, die nach Kämpfen in Nordafrika, Sizilien und Italien müde waren. Am 12. Juni besuchte Lieutenant-General Miles Dempsey, Kommandeur der britischen 2. Armee und Montgomerys direkter Untergebener, das Hauptquartier Lieutenant-General Gerard Bucknells, Kommandeur des XXX. Korps, zu dem auch die 7. Panzerdivision gehörte. Er stellte entsetzt fest, dass noch keine Vorbereitungen für den Angriff getroffen worden waren. Als die Panzer der 7. Division am 13. Juni südwärts rollten, bedauerte Divisionskommandeur George Erskine, dass der Befehl dazu nicht einen Tag früher gekommen war. Er war sicher, die Deutschen würden die Lücke füllen. Da es nun auf Tempo ankam, stellte Erskine die 22. Panzerbrigade unter Brigadier Robert Hinde als Angriffsspitze auf. Hinde, dessen Tollkühnheit ihm in Nordafrika den Spitznamen „Looney" (der Verrückte) eingetragen hatte, stürmte am 13. Juni um 8 Uhr in Villers-Bocage ein und schickte dann die 4. *County of London Yeomanry* und eine Kompanie der *Rifle Brigade* an der Straße nach Caen 1,5 km nordostwärts zu einem Hügel, der auf den alliierten Karten Punkt 213 hieß. Der Kommandeur der *Yeomanry*, Lieutenant Colonel Viscount Arthur Cranley, wandte ein,

OBEN:
Tigerpanzer von Michael Wittmanns Einheit, der schweren SS-Panzerabteilung 101, etwa am 10. Juni 1944 auf dem Weg an die Front beim Dorf Morgny.

LINKS:
Ein britischer Cromwell-Panzer nach einem fatalen Zusammenstoß mit einem Tiger. Britische und amerikanische Panzer wurden von deutschen Panthern und Tigern in den Schatten gestellt. Doch die Luftüberlegenheit der Alliierten verschaffte ihnen in diesem Feldzug den Vorteil.

RECHTS UND UNTEN: *Während des großen Sturms, der einen Hafen zerstörte und die anderen schwer in Mitleidenschaft zog und umfassende Reparaturen nötig machte, brechen Wellen über die Senkkästen eines der Mulberry-Häfen herein. Der Sturm brach am 19. Juni aus und dauerte drei Tage, womit er den Zeitplan der Invasion ernsthaft durcheinander brachte. Der Sturm kostete die Alliierten 105.000 Tonnen Nachschub und 20.000 Fahrzeuge.*

dass die Straße schmal und beiderseits von Gräben und von dicken Hecken gesäumt sei. Er wollte einige Zeit mit Aufklärung verbringen, doch Hinde sagte ihm, er solle losziehen. Um 11 Uhr waren die Briten auf dem Hügel und sahen in der Ferne die Schlote von Colombelles, dem Industrievorort von Caen. Einige hundert Meter südlich von Punkt 213 konnte Obersturmführer Michael Wittman, Veteran zahlreicher Panzerschlachten an der Ostfront, durch den Sehschlitz seines gut getarnten Tigers die Türme der britischen Panzer wie Enten in einer Schießbude über den Hecken entlang ziehen sehen.

Wittmann befehligte die 2. Kompanie des 501. schweren Panzerbataillons, das in der Nacht Villers-Bocage erreicht hatte, war im Moment aber allein. Er jagte über einen parallel zur Straße verlaufenden Feldweg, feuerte und traf einen Bren-Kampfwagen, der über die Straße torkelte und dabei dichte schwarze Rauchwolken ausstieß. Der Tiger donnerte auf Villers-Bocage zu und Wittman feuerte noch 22 Ladungen auf die britische Kolonne ab, wobei er jedesmal einen Panzer oder einen leichteren Kampfwagen zerstörte, während die britischen Granaten an der Panzerung des Tigers abprallten. Wittmann fuhr in die Stadt hinein, zerstörte Viscount Cranleys Panzer und danach die des zweiten Kommandeurs und des Sergeant Major des Regiments. Am Stadtplatz wurde er vom britischen Panzerabwehrfeuer getroffen und zog sich zurück, zerstörte dabei aber noch einen weiteren britischen Panzer. Nachdem er nachgeladen und getankt hatte, tat er sich mit vier anderen Tiger-Panzern und einem aufgerüsteten LPzKpfw IV zusammen und kehrte zum Punkt 213 zurück, um das Massaker an der *County of London Yeomanry* zu vollenden. Dann griff er – verstärkt durch einige Panzer der 2. Panzerdivision – erneut Villers-Bocage an. Diesmal waren die Briten vorbereitet und der Panzer IV und drei Tiger – darunter auch Wittmanns – wurden von 6- und 17-Pfünder-Panzerabwehrgeschützen zerstört. Doch Wittman und die meisten anderen entkamen zu Fuß. Da die 2. Panzerdivision am Abend und dem folgenden Tag in voller Stärke eintraf, befahl Bucknall der 7. Division, Villers-Bocage in der Nacht vom 14. auf den 15. Juni im Schutz schweren amerikanischen Artilleriesperrfeuers zu verlassen. Insgesamt hatten die Deutschen vier Panzer verloren und 53 britische Panzer und andere Fahrzeuge zerstört. Das Debakel von Villers-Bocage beendete Montgomerys ersten Versuch, westlich von Caen durchzubrechen. Es demoralisierte auch die 7. Panzerdivision und verbreitete Besorgnis und Niedergeschlagenheit in den alliierten Armeen.

Doch Villers-Bocage hatte als Sieg für die Deutschen bloß taktische Bedeutung, da diese Aktion und alle Einsätze der alliierten Luftwaffe und der *Résistance* entscheidende Tage erkauft hatten, in denen der Landekopf ausgebaut wurde. In den Monaten vor der Landung waren buchstäblich Millionen Arbeitsstunden für die Ausarbeitung komplexer Landeverfahren für Männer und Ausrüstung aufgewendet worden. Diese Pläne überlebten die ersten Minuten an den Stränden der Normandie nicht: Alles war Chaos. Logistik-Truppen an den Stränden bildeten ad-hoc-Teams und sorgten dafür, dass die Ausrüstung in improvisierte Depots kam. Am Ende des ersten Tages kamen allein an den Stränden der britischen Truppen 8.900 Fahrzeuge und 1.900 Tonnen Nachschub an Land. Die Arbeit wurde von deutschen Batterien in Le Havre erschwert, die Sword Beach beschossen. Doch der größte Schlag kam nicht von den Deutschen, sondern vom RAF-Bomberkommando: Am 7. Juni schätzte ein Lancaster-Bomber sein Ziel falsch ein und warf seine Bombenlast auf das britische Hauptlager am Strand. Das Ergebnis war spektakulär: 26.000 Liter Benzin und 400 Tonnen Munition explodierten.

Der große Sturm

Die Logistiker wussten, dass die Landung von Männern und Nachschub an offenen Stränden unberechenbar und gefährlich war und nicht die zur Sicherung des Landekopfes nötige Militärmacht aufbauen konnte – von einem Ausbruch ganz zu schweigen. Der Erfolg der Landungen in der Normandie hing davon ab, wie schnell die Mulberry-Häfen aufgebaut wurden. Die ersten der 600 Senkkästen und Blockschiffe wurden am 7. Juni im britischen Sektor vor Arromanches und im amerikanischen Sektor vor Omaha Beach deponiert. Elf Tage später erhielt der amerikanische Hafen seine erste Fracht. Bis 18. Juni waren 24.412 Tonnen Nachschub und Munition von den beiden Mulberrys an Land gerollt.

In der Nacht auf den 19. Juni drehte der Wind auf Nordost und wuchs im Morgengrauen zu einem Sturm an, der die Seine-Mün-

UNTEN:
Die amerikanische Flagge weht trotzig über Utah Beach, während die sehnlichst erwartete Infanterie-Verstärkung und Ausrüstung an Land kommen.

dung in einen tosenden Hexenkessel verwandelte. Lieutenant Commander Taylor, der einen Schlepperkonvoi befehligte, der 22 Senkkästen schleppte, hatte noch nie einen Sturm von so unerwarteter Heftigkeit erlebt. „Er kam aus dem Nichts. Flüsterte erst übers Wasser und wurde schließlich zu einem triumphierenden Schrei voll Bösartigkeit. Er traf die nicht seetüchtigen Schlepper und beutelte sie bösartig, bis von den 22 riesigen Senkkästen, die in Solent bei schönem Wetter in See gestochen waren, keiner mehr schwamm.“ Der Sturm traf Omaha Beach mit voller Wucht. Taylor: „Rasch erschienen Lücken in den Wellenbrechern. Die Rücken der Blockschiffe brachen und Phoenix-Senkkästen brachen auseinander. Zusätzlich traf der Sturm die Fahrbahnen und Piers, die bald versanken. Auf den halb versunkenen Fahrbahnen stießen treibende Landungsboote und Ausrüstung aneinander, bis ein unentwirrbares Durcheinander von Wrackteilen aus den Verankerungen gerissen und auf die Strände geworfen war. Den Strand entlang zog sich eine lange Bahn von Fahrbahnteilen und Schiffswracks. Die Zerstörung war vollständig.“

Vor einem der Ausgänge von Omaha verzeichnete ein Offizier der Pioniere eine chaotische Anhäufung von 35 LCMs, 11 LCTs, 9 Rhino-Fähren, 3 LCIs und mehr als 20 anderen Booten. Mulberry B schien in keinem besseren Zustand zu sein. Taylor erinnerte sich, dass sich entlang des Strandes bei Arromanches „verstreute Wrackteile hoch türmten und an der Flutgrenze ein chaotisches Durcheinander aus Stahl bildeten.“ Doch obwohl es nicht so aussah, war Mulberry B bald wieder benutzbar. Das Calvados-Riff jenseits des Hafens hatte die Wucht des Sturms gebrochen. Die Reste des amerikanischen Mulberry-Hafens wurden nach Osten geschleppt,

RECHTS:
Fremde in einem fremden Land: ein amerikanischer Soldat studiert im Schatten eines Browning-12,7-mm-Fliegerabwehrgeschützes ein Buch mit französischen Redewendungen.

UNTEN:
Ein deutscher Infanterist in Verteidigungsstellung auf der überfluteten Halbinsel Cotentin. Er trägt eine Tarnplane, die als Poncho verwendet oder – gemeinsam mit anderen – in ein Zelt verwandelt werden konnte. Seine Waffe ist das ausgezeichnete MG-42-Maschinengewehr.

LINKS:
Das Terrain hinter den Landeköpfen begünstigte die deutschen Verteidiger. Hier suchen amerikanische Truppen zwischen hohen Hecken Deckung.

UNTEN:
Fallschirmjäger der 101. US-Luftlandedivision in Kampfkleidung. Der schreiende Adler, sein Divisionsabzeichen ist Old Abe, das Maskottchen eines Regiments der Iron Brigade *im Amerikanischen Bürgerkrieg.*

um den britischen Hafen zu reparieren. Bis Monatsende erhielt er täglich 4.000 Tonnen Nachschub. Doch viel mehr Ausrüstung wurde weiterhin an offenen Stränden abgesetzt.

Das Hauptproblem der Logistiker nach dem Sturm war nicht, Nachschub an Land zu bekommen, sondern ihn an einem Landekopf zu verstauen. Der große Sturm zeigte einmal mehr die Notwendigkeit, einen Hafen zu erobern. Das war die Aufgabe von Collins VII. Korps, das an Utah Beach an Land gegangen war. Doch zuerst mussten die amerikanischen Landeköpfe verbunden werden. Das Terrain hinter den Stränden war schwierig und bevorzugte die Verteidiger. Truppen, die von Omaha fort wollten, kamen über die Klippen und standen vor dem überfluteten Aure-Tal. Einheiten des 26. US-Regiments, eines Teils der 1.US-Division, nahmen erst am Morgen des 8. Juni das Dorf Formigny ein, das nur 1,5 km hinter dem Landekopf von Vierville lag. Und das 116. Regiment, verstärkt durch die Rangers, benötigte bis zum 9. Juni, um Rudders Männer zu befreien, die an der Spitze von Pointe du Hoc isoliert waren. Im Südwesten waren Einheiten der 29. Division, der 175. Infanterie und des 747. Panzerbataillons hinter Marinesperrfeuer vorgerückt und hatten etwa gleichzeitig die brennenden Ruinen von Isigny erreicht.

Langsames Vorrücken

Auf der Halbinsel Cotentin rückte die 101. Luftlandedivision von ihrem Absprunggebiet südwärts nach Carentan vor, eine Stadt an der Bahnlinie Cherbourg–Caen, die sie einnehmen musste, um die amerikanischen Landeköpfe zu verbinden. Am 9. Juni führte Colonel Robert Sink, Kommandeur des 506. Fallschirmjägerbataillons der 101. Luftlandedivision, einen Spähtrupp durch die Sümpfe hinter den Stränden, bis er den Damm erreichte, der zwei bis drei Meter hoch war und durch den Fluss Douve südwestlich nach Carentan führte. Als sie auf dem Damm vorrückten, gerieten die Fallschirmjäger rasch unter Beschuss. Doch Sinks Bericht wurde von seinem Divisionsstab falsch interpretiert – man dachte, der Damm werde nur wenig verteidigt. Der Kommandeur der 101. Luftlandedivision, Brigadier General Maxwell Taylor, befahl dem 502. Fallschirmjägerbataillon, über den Damm anzugreifen. Aber die Soldaten stellten fest, dass sie nur im Gänsemarsch in geduckter Haltung oder überhaupt nur kriechend vorrücken konnten. Sie brauchten mehr als drei Stunden, um weniger als 800 m über eine Reihe von Brücken über die Douve und ihre Seitenarme vorzurücken. Ihren Vormarsch stoppte vollends der Beschuss aus einem großen, steinernen Bauernhaus, das westlich des Dammes auf einem steil aus dem Sumpfland aufragenden Hügel lag. Als Artilleriefeuer die Stellung nicht zerstören konnte, befahl der Kommandeur des 502. Bataillons, Lieutenant Colonel Robert G. Cole, seinen Männern, den Bauernhof zu stürmen. Cole und sein Stellvertreter, Lieutenant Colonel John P. Stopka, stürmten durch den Sumpf auf die Deutschen zu – anfangs nur gefolgt von etwa 60 Männern ihres Bataillons. Angesichts dieses Vorbilds schlossen sich immer mehr Männer dem Angriff an, bis die Deutschen in ihren Stellungen von Granaten und Seitengewehren getötet waren.

Als das 502. Bataillon und andere Einheiten der Stadt näher kamen, forderte ihr Kommandant, Major Friedrich von der Heydte, dringend Verstärkung an, doch die Luftwaffe der Alliierten und die *Résistance* verhinderten deren Eintreffen. Hilfe kam erst in der Nacht auf den 12. Juni, als Transportflugzeuge 18 Tonnen Infanteriemunition und 88-mm-Granaten abwerfen konnten. Die Verteilung hatte kaum begonnen, als konzentriertes Marinegeschützfeuer, Artillerie, Mörser und Panzergranaten in Carentan einschlugen und viele Gebäude in Brand setzten. Am 12. Juni um 2 Uhr griff das 506. Fallschirmjägerbataillon, das das 502. abgelöst hatte, den Nordosten von Carentan an. Zugleich griff das 327. Segler-Infanteriebataillon von Nordwesten her an. Um 7.30 Uhr am 12. Juni trafen sich Teile dieser beiden Einheiten im Stadtzentrum.

Unterdessen waren die amerikanischen Angriffe nördlich des Utah-Brückenkopfes auf heftige Gegenwehr gestoßen und zu einem Halt gekommen. Unmittelbar westlich war die Situation ernster. Dort ging ein Brückenkopf über den Meredet bei Le Motey am 8. Juni fast verloren, als Teile des 507. Bataillons bei einem deutschen Gegenangriff in Panik fielen und flohen. Der Kommandeur des VII. Korps, General Joe Lawton Collins, zwang die 90. Division über den Fluss und befahl ihrem Kommandeur, Brigadegeneral Jay W. MacKelvie, sich zur Westküste der Halbinsel Cotentin durchzuschlagen. Früh am 10. Juni versuchte zuerst das 2. Bataillon des 375. Infanterieregiments als Vorhut unter Artilleriesperrfeuer vorzurücken, verlor in dem Gewirr aus Hecken und kleinen Feldern bald den Zusammenhalt und ging nach ein paar hundert Metern zu Boden. Das 1. Bataillon wollte am Nachmittag das 2. ablösen, kam aber auch nicht weiter. Am nächsten Tag ging der Vormarsch im Schneckentempo weiter, und unter immensem Sperrfeuer wurde am 13. Juni Pont-l'Abbé, 3 km westlich von der Ausgangsposition, erreicht. Die Stadt war dem Erdboden gleich – ein amerikanischer Offizier behauptete, nur zwei Kaninchen seien lebend aufgefunden worden.

Alarmiert vom stockenden Vorrücken entließ Collins MacKelvie und zwei seiner Regimentskommandeure und organisierte den Angriffsplan völlig neu. Collins hatte im Januar 1943 auf der von Dschungel bedeckten

UNTEN:
Anfangs erfolgte das Vorrücken der Alliierten langsamer als geplant, was für die Einwohner einiger Städte und Dörfer ein qualvolles Warten auf ihre Befreier bedeutete. Die Alliierten wurden bei ihrem Eintreffen überschwänglich begrüßt – in den meisten Fällen. Hier feiern amerikanische GIs mit Zivilisten in Cherbourg.

LINKS:
Ein Fallschirmjäger der 101. Division belädt in Carentan ein erbeutetes Sd Kfz2-Kleines Kettenkraftrad mit Blechkanistern. Diese kleinen, vielseitigen Fahrzeuge wurden für die deutschen Luftlandetruppen zum Transport von Nachschub und Munition und als Schlepper für leichte Haubitzen und Panzerabwehrkanonen entwickelt.

Insel Guadalcanal gekämpft, wo er die 25. Division gegen die Japaner führte. Ihm wurde bewusst, dass die Halbinsel Cotentin mit den südwestpazifischen Inseln mehr gemein hatte als mit Dartmoor und Exmoor, wo die Amerikaner in England trainiert hatten. Sich durch die Hecken zu kämpfen erforderte viel mehr Infanterie, als er bis jetzt eingesetzt hatte. Also teilte Collins der 90. Division die 9. Division und die Respekt gebietende 82. Luftlandedivision zu. Der Erfolg folgte auf dem Fuße. Bis zum 16. Juni war die 82. Luftlandedivision 8 km nach Westen vorgestoßen und hatte St. Sauveur-le-Vicomte eingenommen; zwei Tage später überblickte die 9. Division in Barneville-sur-Mer die Westküste von Cotentin und ihre Artillerie zerstörte methodisch eine feindliche Kolonne, die bei ihrem Rückzug nach Süden auf der Straße gefangen wurde.

Machtdemonstration aus der Luft

Collins gruppierte um und sandte die 4., 9. und 29. Infanteriedivision nach Norden. Bis zum 20. Juni erkämpften sich die Amerikaner ihren Weg durch die deutschen Befestigungen, ein Netz aus Stahl- und Betonbunkern in einem Halbkreis von 10 km südlich von Cherbourg. Wären sie der Wehrmacht oder der SS gegenübergestanden, hätten Collins' Truppen hier wahrscheinlich keinen Erfolg gehabt; aber der größte Teil der 25.000 Mann starken Garnison bestand aus Verwaltungspersonal mittleren Alters und mehr als ein Fünftel waren Einheiten polnischer und russischer Gefangener. Collins wollte die Deutschen demoralisieren und eine Kapitulation erzwingen und forderte eine Machtdemonstration: eine Fläche von 50 km² am Rand von Cherbourg wurde am 21. Juni zu Mittag erst von Hunderten Kampfbombern im Sturzflug bombardiert und aus nur 90 m Höhe beschossen. Die Luftwaffe war nicht zu sehen, doch 24 Maschinen schoss die Flak ab. Auf die Kampfbomber folgten Welle um Welle schwere Bomber, die 1.100 Tonnen Bomben auf Cherbourgs äußere Befestigungen abwarfen. Innerhalb von 24 Stunden hatten die drei

OBEN:
Sherman-Panzer rücken durch das schwierige und gefährliche Terrain der Bocage vor. Der Vormarsch erfolgte quälend langsam, da sich hinter jeder Hecke ein Maschinengewehrnest, eine Panzerfaust oder eine 88-mm-Pak verbergen konnten.

OBEN: *Obergruppenführer Paul Hausser, der frühere Kommandeur des 1. SS-Panzerkorps an der Ostfront, löste Dollmann als Befehlshaber der 7. Armee ab.*

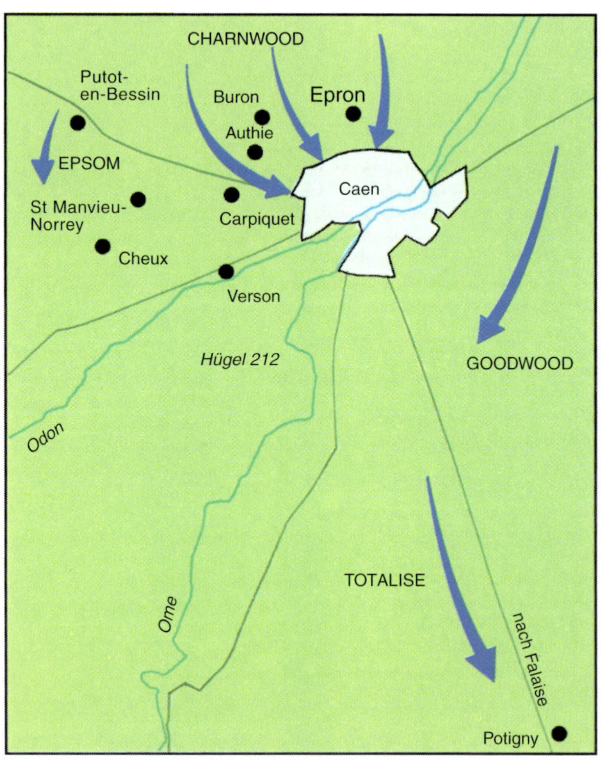

amerikanischen Divisionen die Befestigungslinie mehrfach durchbrochen und am 25. Juni erhielten die Amerikaner Verstärkung von drei Schlachtschiffen, vier Kreuzern und einigen Zerstörern. Der Beschuss der Amerikaner war so heftig, dass Cherbourgs Kommandant, Generalleutnant Karl-Wilhelm von Schlieben, in einen tiefen Bunker gebracht wurde und die Kontrolle über seine Streitkräfte verlor. Am Nachmittag des 26. Juni, als die Amerikaner in den Vororten der Stadt kämpften, kapitulierte von Schlieben. Deutsche Pioniere hatten den Hafen bereits in ein Trümmerfeld verwandelt: Er war blockiert von gesunkenen Schiffen, verbogenen Kränen und voll mit Minen. Es dauerte acht Wochen, ehe die Trümmer beseitigt waren, und erst im November konnte der Hafen voll in Betrieb gehen. Die Deutschen hatten gründlich gearbeitet; die Verwüstung war so perfekt, dass die Amerikaner auf Nachschub von offenen Stränden angewiesen waren.

Hitler tobt

Während die Amerikaner um die Sicherung Cherbourgs kämpften, spielten sich bei Caen dramatische Dinge ab. Hitler war am 17. Juni zu einer Konferenz mit Rommel und von Rundstedt nach Frankreich geflogen, in deren Verlauf er wütend gebellt hatte: „Nennt es nicht einen Landekopf, sondern das letzte vom Feind besetzte Stück französischer Erde!" Speidel, Rommels Stabschef, hielt fest, dass Rommel wieder optimistisch zu werden begann und sich über den „unheimlichen Magnetismus" des Führers äußerte. Doch Hitler bot mehr als die Macht seiner Persönlichkeit. Er ließ zwei Elitedivisionen von der Ostfront in die Normandie verlegen. Mit ihnen – und den bereits in der Normandie befindlichen – besäße Rommel Ende Juni eine kurzfristige, jedoch qualitativ erhebliche Überlegenheit. Am 20. Juni befahl Hitler für den 1. Juli den Vorstoß von sechs Divisionen auf Bayeux, um den Landekopf zu spalten, worauf sie die Briten und Amerikaner einzeln schlagen sollten.

Zu exakt der gleichen Zeit, als der Führer seine Pläne ausbrütete, plante Montgomery einen weiteren Versuch zur Einnahme Caens – diesmal aus viel größerer Nähe. Statt eine Panzerdivision durch die Bocage eindringen zu lassen, wollte Montgomery die drei Divisionen des VIII. Korps in einem „massiven Blitzangriff" am 25. Juni, dem Derby-Tag, in Gang setzen – daher der Name für den Angriff: Operation *Epsom*. Am 22. Juni rief er alle Korps- und Divisionskommandeure der 2. Armee zu einer Konferenz in seinem taktischen Hauptquartier in Creully zusammen und umriss seine Pläne: „Wir sind nun im show-down-Stadium. Der erste Sturm landeinwärts, um uns gute Stellungen zu sichern, ist vorbei. Der Feind versucht uns einzuschließen ... Wir kommen nun in das Stadium der sorgfältigen Operationen. Wir können uns keine Rückschläge erlauben. Was wir erobern, muss halten ... die ganze Front muss aufstehen und den Feind zum Stillstand bringen." Der Angriff hatte zwei Phasen. Am 25. Juni um 4 Uhr 15 rückten die Bataillone der 49. (West Riding) Division durch dichten Morgennebel auf die Dörfer Fontenay und Rauray vor, um eine Ausgangsposition für die zweite und hauptsächliche Phase der Operation zu sichern. Der Nebel war so dicht, dass er nicht nur Deckung bot, sondern auch die Geschlossenheit der angreifenden Einheiten unterbrach. Bis zum Vormittag hatte sich der Nebel aufgelöst und der von der Bocage südwestlich von Fontenay kommende Beschuss der Deutschen stoppte die 49. Division.

Bei Tagesanbruch des 26. Juni kündigte ein gewaltiges Sperrfeuer – mehr als 700 Artilleriegeschütze, ergänzt mit Marinegeschützen – den Beginn der zweiten Phase an. Die 15. (schottische), 43. (Wessex) und 11. Panzerdivision – insgesamt 60.000 Mann und 600 Tanks – rückten in einer schmalen 3 km-Front östlich von Fontenay auf der Hauptstraße des Dorfes Cheux vor, die steil in eine tiefe Schlucht abfiel, an deren Grund eine kleine steinerne Brücke über den Fluss Odon führte. Nach deren Überquerung sollte das VIII. Korps südöstlich von Caen herumschwenken und sich dort mit der 51. *Highland*-Division zusammenschließen, das von der Ostseite Caens aus vorrücken würde. Die Division an der Spitze des VIII. Korps, die 15. schottische, fiel in Cheux ein – und saß in der Falle. Pioniere der SS-Division *Hitlerjugend* hatten die Straßen vermint und jedes Haus mit Schießscharten und versteckten Bomben versehen. Die Schotten mussten Cheux im Nahkampf von Haus zu Haus säubern. Das Bataillon an der Spitze, die 2. *Glasgow Highlanders*, verlor dabei zwölf Offiziere und 200 Soldaten. Am frühen Nachmittag kämpfte sich der Spähtrupp der 11. Panzerdivision, die *Northamptonshire Yeomanry*, durch die Straßen von Cheux und erreichte die Odon-Schlucht, wo sie von der Division *Hitlerjugend* aus dem dichten Unterholz mit Panzerfäusten und Panzerabwehrgranaten angegriffen wurde.

UNTEN:
Deutsche SS-Truppen in Cheux. Die 15. schottische Division ging dort in eine sorgfältig aufgestellte Falle und erlitt schwere Verluste. Es gab in diesem Dorf schwere Kämpfe von Haus zu Haus.

UNTEN:
In der Morgendämmerung stoßen Churchill-Panzer am Beginn einer weiteren Offensive zur Einnahme von Caen vor.

GANZ UNTEN:
Villers-Bocage wurde von den Alliierten dem Erdboden gleichgemacht. Viele der 300.000 gefallenen französischen Zivilisten verloren ihr Leben bei der Invasion der Alliierten in der Normandie.

Etwa 1,5 km östlich erkämpfte sich das 2. Bataillon der *Argyll and Sutherland Highlanders* einen Weg zum Odon und besetzte unversehrt die Brücke im Dorf Tourmauville, die die Panzer der 23. *Hussars* im Gänsemarsch überquerten. In den nächsten 48 Stunden stießen die *Hussars* südwärts über eine 245 m hohe Anhöhe vor, die den südwestlichen Zugang zu Caen beherrschte, der Hügel 112 auf den Landkarten der Alliierten.

Die Deutschen hatten sich auf ihre zweifach verwendbaren 88-mm-Geschütze verlassen, um die britischen Panzer in Schach zu halten. Doch die alliierten Kampfbomber machten den *Hussars* den Weg frei. Ein deutscher Überlebender der ersten Schlacht auf Hügel 112 erinnert sich: „Das Ende kam am frühen Nachmittag. Zwölf Panzer rollten auf uns zu, als zweimotorige Lightnings angriffen. Wohin zuerst feuern? Auf die Flugzeuge oder auf die Panzer? In der Verwirrung eröffneten die Panzer das Feuer. Geschütz um Geschütz wurde zerstört und mit ihnen die Besatzung. Es gab nur eins – abziehen!"

In einer Nachricht an Brooke vom 27. Juni zeigte sich Montgomery über die Entwicklung der Schlacht sehr zufrieden und glaubte, dass Dempsey bald die gesamte 11. Panzerdivision auf Hügel 112 haben würde. Die Briten standen nun kurz vor einem wichtigen Sieg, da die Einnahme von Hügel 112 ihnen erlauben würde, die südlichen Zugänge nach Caen abzuriegeln. Diese Gefahr für die deutsche Stellung war dem Befehlshaber der 7. Armee, General Dollmann, nur zu klar. Er hatte gerade vom Fall Cherbourgs erfahren und konnte den Verlust von Hügel 112 nicht ertragen. Am Morgen des 29. Juni war er tot. Eine schwere Herzattacke, behauptete die deutsche Presse. Doch Gerüchte besagen, dass es Selbstmord gewesen sei – getrieben vom Wissen, dass er abgelöst werden und sich einer Reihe nicht genau genannter Anklagen wegen der von ihm geleiteten Kämpfe in der Normandie zu stellen hätte. In Wirklichkeit war die Situation viel weniger ernst, als Doll-

LINKS:
Feldmarschall Günther von Kluge (hier an der Ostfront) löste auf Hitlers Befehl hin am 3. Juli von Rundstedt als Oberbefehlshaber West ab. Er war in das Attentat auf Hitler nur wenige Wochen später verwickelt und beging am 18. August Selbstmord.

mann dachte. Die *Hussars* auf Hügel 112 waren mit anderen Teilen der 29. Panzerbrigade, welche der 11. Panzerdivision angehörte, verstärkt worden, doch der Großteil der britischen Streitkräfte lag weiter nördlich des Odon. Es wurden zu viele Panzer, Trucks und Männer an einer zu schmalen Front nach Süden geschickt. In Cheux war ein riesiger Verkehrsstau entstanden, der bis zur Ausgangsposition zurückreichte. Da die 49. Division nicht vorrücken konnte, war die Westflanke des Staus offen und kleine Gruppen von Soldaten der SS-Division *Hitlerjugend* krochen durch die Weizenfelder, attackierten die Kolonnen und steigerten die Verwirrung.

In den frühen Morgenstunden des 29. Juni begann Dollmanns Nachfolger, Obergruppenführer Paul Hausser, der das 1. SS-Panzerkorps an der Ostfront befehligt hatte, die Lage wiederherzustellen. Hausser befahl den Panzerdivisionen, die sich für die Bayeux-Offensive versammelt hatten, sich auf den Weg nach Cheux zu machen. Aber es war keine sehr gut koordinierte oder rasche Aktion, da Hausser die Divisionen nur scheibchenweise einsetzen konnte, als sie den Odon erreichten. Montgomerys Ultra-Nachrichtenoffizier, Colonel J. Ewart, hatte am 29. Juni Meldungen entziffert, denen zufolge sich die Lage des VIII. Korps zunehmend verschärfte: Die 15. und 43. Infanteriedivision und die 11. Panzerdivision besetzten einen fast 10 km langen und 3 km breiten Korridor nördlich von Hügel 112. Ultra zufolge rückten die 2., 9. und 10. SS-Panzerdivision mit der Panzerlehrdivision von Westen und die 1. und 12. SS-Panzerdivision – gemeinsam mit der übel zugerichteten, aber noch immer kampffähigen 21. Panzerdivision – von Osten her vor.

Die Befürchtungen der Alliierten

Für Montgomery und Dempsey schien die Situation nun sehr ernst zu sein. Auf Hügel 112, wo die 29. Panzerbrigade zum Rückzug von den südlichen Abhängen gezwungen war, wurde bereits heftig gekämpft. Noch schwerer wog, dass ein deutscher Kampftrupp in Cheux eingefallen war, was ein Hinweis darauf zu sein schien, dass der nun so genannte „schottische Korridor" abgeschnitten würde. Doch die Briten wussten nicht, dass die Deutschen zu mehr nicht in der Lage sein würden. Die britische Artillerie und Luftwaffe hatten einen schrecklichen Zoll gefordert, und Hausser war nahe daran, seine Niederlage einzugestehen. Da befahl Dempsey – der Ultras Bild von den deutschen Absichten und ihrer Stärke für genau hielt – der 29. Brigade,

RECHTS:
Ein deutscher Schützenpanzer in Caen. Die Verwüstung durch das schwere Bombardement war ein ernsthaftes Hindernis bei den Versuchen der Alliierten, die Stadt einzunehmen, da die Trümmer den deutschen Verteidigern hervorragende Deckung boten.

Hügel 112 aufzugeben und sich nördlich des Odon zurückzuziehen. In den nächsten 48 Stunden prasselten dichtes Artilleriefeuer und Breitseiten von Kriegsschiffen und Kreuzern auf die deutschen Divisionen nieder, gepaart mit hochexplosivem Sprengstoff, den schwere Bomber abwarfen. Die Bomber waren nicht wählerisch. Bei dem Versuch, den Vormarsch der 9. SS-Panzerdivision auf der RN 175 zu stoppen, verwandelten die Lancasters Villers-Bocage in einen schwelenden Trümmerhaufen. Es war nur ein Vorgeschmack auf das, was noch kommen sollte.

Am 30. Juni versammelte Montgomery seine Befehlshaber in seinem neuen Hauptquartier oberhalb des Dorfes Bray nahe des Cerisy-Waldes (nach einem Besuch König Georges VI. in aller Öffentlichkeit war sein früheres Hauptquartier gefährdet) und gab bekannt, dass – obwohl die Umkreisung von Caen noch ausstand – die Operation *Epsom* dennoch ein Erfolg war. Kritiker, zu denen nun die meisten Mitglieder des US-Oberkommandos zählten, bezweifelten diese Einschätzung. Es war alles andere als der Blitzangriff gewesen, den Montgomery gefordert hatte, sondern eine blutige, zermürbende Schinderei, in deren Verlauf allein die 15. Division 2.331 Mann Verluste erlitten hatte und bei der Berge von Leichen in der Odon-Schlucht einen Damm gebildet hatten.

Doch die Deutschen hatten höhere Verluste erlitten. *Epsom* hatte die Divisionen aufgesaugt, die Hitler für die große Gegenoffensive vom 1. Juli mit sieben Divisionen bestimmt hatte. Sie war die einzige Chance, den Landekopf zu spalten und zu vernichten. Die Operation *Epsom* unterbrach und vereitelte die einzige reelle Chance der Deutschen auf einen wichtigen Sieg in der Normandie. Doch das war für die angloamerikanische Führung, die nun ernsthafte Zweifel an Montgomerys Fähigkeiten als General zu hegen begann, nicht leicht ersichtlich.

In der ersten Juliwoche waren sowohl das britische als auch das deutsche Oberkommando in der Krise. Am 2. Juli teilte von Rundstedt Generalfeldmarschall Wilhelm Keitel, Chef des Oberkommandos der Wehrmacht (OKW), mit, dass die Gegenoffensive vorbei sei. Als Keitel fragte: „Was sollen wir machen?", ging von Rundstedt in die Luft: „Schließt Frieden, ihr Dummköpfe!" Der halsstarrige, mittlerweile 69-jährige Preuße hatte keine Angst, die Wahrheit zu sagen. Drei Jahre zuvor hatte er Hitler geraten, Unternehmen *Barbarossa* aufzugeben, und war für seine Freimütigkeit entlassen worden. Am 3. Juli 1944 löste Hitler von Rundstedt erneut ab und ersetzte ihn durch Generalfeldmarschall Günther von Kluge, der angewiesen wurde, die bestehende Front zu halten – egal, um welchen Preis. Von Kluge war ein fügsamer Jasager, der sein augenblickliches Ansehen seiner Unterwürfigkeit verdankte. Zu seinem 60. Geburtstag am 30. 12. 1942 hatte ihm Hitler einen Scheck über 250.000,– Reichsmark geschenkt, von denen er die Hälfte für die Verschönerung seines Landgutes zu verwenden hatte. Von Kluge hatte als General nicht von Rundstedts Klasse, aber man konnte sich zumindest darauf verlassen, dass er das Oberkommando nicht mit schwer verdaulichen Tatsachen konfrontieren würde.

Churchill unter Druck

Innerhalb des Landekopfes war Montgomerys Position genauso unsicher geworden wie die seines ehemaligen Gegenübers. Er hatte Eisenhower versprochen, die Schlacht an der östlichen Flanke fortzusetzen, „bis einer von uns zusammenbricht – und das werden nicht wir sein". Und er hatte der *Air Force* Platz für Flugfelder versprochen. Als sie ihn nicht bekam, drängte General der Luftwaffe Arthur Tedder, der stellvertretende Oberbefehlshaber der Alliierten, Eisenhower zur Ablösung Montgomerys. Eisenhower begann, Churchill für die Entlassung des Feldmarschalls zu gewinnen. Er wusste, dass er Montgomery ambivalent gegenüberstand. Der politsche Druck auf Churchill nahm zu. Seit dem 23. Juni hatten die Sowjets an der Ostfront in der Operation *Bagration* die deutschen Stellungen durchbrochen. Dazu kam, dass seit dem 14. Juni die deutschen V 1 in Südwestengland 2.000 Menschen getötet und weitere 7.500 schwer verletzt hatten. Die Öffentlichkeit wusste: Diese Bedrohung ließ sich nur ausschalten, indem die alliierten Soldaten die Startrampe überrannten. Doch die britischen Zeitungen titelten: „Normandie-Front im Stillstand". Bei einer Stabskonferenz am 6. Juli kritisierte Churchill Montgomery, dass die Operationen nicht schneller vorangingen und wiederholte Eisenhowers Vorwurf, er sei übervorsichtig. „Ich brauste auf", schrieb Brooke, „und fragte ihn, ob er seinen Generälen nicht fünf Minuten trauen könne, statt sie herunterzumachen … Er war wütend auf mich, aber ich hoffte, dass es für die Zukunft helfen würde." Im Augenblick war Montgomerys Position gerettet, aber er war noch keineswegs außer Gefahr.

Vor dem Hintergrund wachsender Kritik startete Montgomery eine dritte große Offensive. *Windsor* und *Charnwood* waren Operationen, die den Landekopf erweitern und den Nordwesten von Caen einnehmen sollten. Am Abend des 3. Juni feuerte das britische Kriegsschiff *Rodney* bei der Operation *Windsor* aus 24 km Entfernung 15 16-inch-Granaten auf das Dorf Carpiquet an der Nordseite des Flugfeldes ab, gleich westlich von Caen. Am folgenden Morgen um 5 Uhr rückte die kanadische 5. Infanteriebrigade, angeführt von der *Fort Garry Horse*, unter Sperrfeuer in das Dorf vor. Einheiten der SS-Division *Hitlerjugend* leisteten von Betonbunkern am Westrand des Flugfeldes aus erbitterten Widerstand, und nach 24 Stunden steckte der kanadische Angriff fest.

48 Stunden später begann der Sturm auf Caen, die Operation *Charnwood*. Keine Armee schätzt Haus-zu-Haus-Kämpfe und Montgomery war entschlossen, seine Männer nicht in einem Mini-Stalingrad aufzureiben. Der Trick bestand darin, die Häuser zu entfernen. Am 7. Juli um 22 Uhr warfen 467 Lancasters und Halifaxes 2.500 Tonnen hochexpolsiven Sprengstoff auf die Stadt ab. Major Renison, stellvertretender Kommandeur der 2. *East Yorks*, beobachtete das Geschehen von Norden aus und erinnert sich, dass „eine hohe Staubwolke aufstieg und fast alles verdeckte. Sie trieb langsam auf uns zu und das Tal der Orne hinauf. Als der Luftangriff vorbei war, standen die Truppen klatschend und jubelnd am Ende ihrer Schützengräben. Der Effekt auf die Moral war toll."

Leider war Caen noch immer voller Zivilisten und das Ergebnis war niederschmetternd. Der größte Teil des Zentrums und des Nordens von Caen war nur noch ein Trümmerhaufen. Mindestens 6.000 französische

UNTEN:
Ein Soldat der 1. US-Infanteriedivision in einem gesprenkelten Tarnanzug. Der Anzug wurde rasch geändert, als sich zeigte, dass die Waffen-SS ähnliche Tarnkleidung trug.

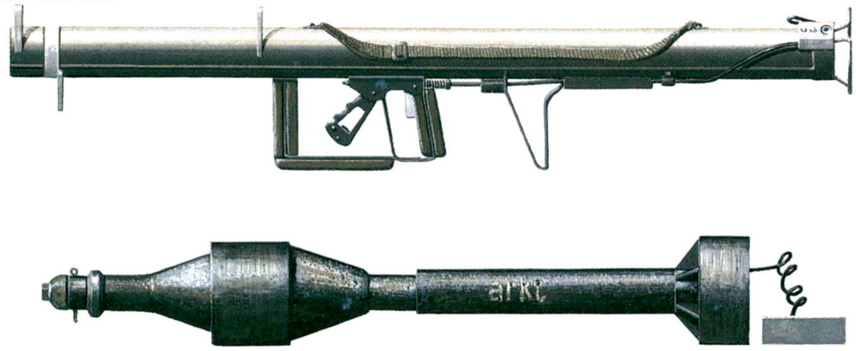

RECHTS:
Die deutsche Raketenpanzerbüchse basierte auf der amerikanischen M1 Bazooka, von der 1943 größere Mengen in Tunesien in deutsche Hände gefallen waren. Die engen Räume in der Bocage führten dazu, dass alliierte Panzer für einen gut platzierten „Panzerschreck" zur leichten Beute wurden.

Zivilisten (hauptsächlich Frauen und Kinder) waren zerfetzt worden oder erlagen ihren Verletzungen. Zigtausende wurden zu Krüppeln. Das Bombardement unterbrach die deutschen Nachschublinien, hatte aber wenig Auswirkung auf die deutschen Stellungen nördlich des Wohngebietes, über dem die Bomben niedergingen. Die Briten und Kanadier schafften schließlich den Durchbruch mit einer überwältigenden Streitkraft aus drei Divisionen, unterstützt vom Geschützfeuer eines Kriegsschiffs, zweier Kreuzer und eines Panzerschiffs sowie von 250 leichten Bombern. In Gruchy, nordöstlich von Caen, griffen die Truppen der kanadischen 3. Division in 16 Bren-Wagen des Aufklärungsregiments das Herz der deutschen Stellungen an. Die überraschten Deutschen kapitulierten nach einem schwachen Widerstandsversuch. Doch an anderen Stellen kämpften die Deutschen – besonders die SS-Division *Hitlerjugend* – auf Leben und Tod und beugten sich nur den Flammenwerfern der Crocodile-Panzer.

In erbitterten Nahkämpfen bis zum 9. Juli hatten die Deutschen 6.000 Mann verloren. Auch die Verluste der Briten und Kanadier waren hoch gewesen – an die 3.500 Mann waren tot, verwundet oder vermisst. Doch am Abend des 9. Juli hielten die Briten und Kanadier den Nordwesten von Caen. Der Industrievorort Colombelles im Nordosten und der südöstlich der Orne liegende Teil Caens waren nach wie vor in deutscher Hand.

Die Kämpfe in Caen hatten kaum nachgelassen, als Montgomery seine vierte Offensive in Gang setzte – Operation *Jupiter*, ein Angriff der 43. (Wessex) Division gegen deutsche Stellungen auf Hügel 112 westlich von Caen. Es war der Beginn eines brutalen Kampfes, der wochenlang andauern sollte. In den ersten 36 Stunden verlor die 43. Division beim Versuch, sich sichere Stellungen am Nordhang zu verschaffen, 2.000 Mann. Ein deutscher Gegenangriff am 11. Juli warf die Briten fast zurück. Doch ein Bataillon – die 4. *Somerset* leichte Infanterie – hielt trotz allem stand. Ein britischer Überlebender, Corporal Douglas Proctor, erinnert sich in allen Einzelheiten an das Grauen dieses Angriffs: „Der Kommandeur der Abteilung an der Spitze versuchte durch den Stacheldraht zu klettern … eine Kugel des Feindes traf ihn in den Bauch und die Phosphorgranate, die er am Gurt seiner Patronentasche trug, explodierte. In seinem verzweifelten Kampf verfing er sich im Stacheldraht und hing dort – ein lebendes, schreiendes, menschliches Leuchtfeuer. Er muss gewusst haben, dass die Bitte, von jemandem rasch und barmherzig erschossen zu werden, seine einzige Erlösung aus dieser feurigen Hölle war." Der Angriff löschte die 4. *Somerset* leichte Infanterie praktisch aus. Von den 36 Mann in Corporal Proctors Zug blieben nur neun übrig. Das Bataillon wurde von Hügel 112 abgezogen, ein anderes nahm seinen Platz ein, und so ging es weiter, Tag für Tag, noch zwei Wochen lang.

Verwundbare Shermans

Bis Mitte Juli hatten sich die Kämpfe im britischen und kanadischen Sektor festgefahren; im amerikanischen Sektor war es nicht besser. Nach dem Fall von Cherbourg hatte Bradley alle seine Streitkräfte nach Süden geworfen. Am 3. Juli kämpfte sich das VIII. Korps unter Major General Troy H. Middleton die Westküste der Halbinsel Cotentin gegenüber von Coutances herab. Gleichzeitig zog das XI. Korps von Major General Charles H. Corlett südöstlich von Carentan entlang der Vire in Richtung St.-Lô. Ins Zentrum platzierte Bradley das VII. Korps unter Collins, dessen Angriffsziel Périers, eine Stadt auf halber Strecke zwischen Coutances und St.-Lô, war. Bradley wollte die Straße von St.-Lô nach Coutances sichern und für eine Großoffensive nach Südwesten nutzen; dort verliefen zwei Straßen parallel zur Küste nach Avranches, wo die Bocage in offeneres Land überging.

Die Amerikaner rückten in einer fast 48 km breiten Front durch einen Teil der Bocage von der schlimmsten Sorte vor. Es war unmöglich, Kontakt zwischen den Einheiten aufrechtzuerhalten – geschweige denn zwischen den Formationen. Durch die dichten Hecken zerfielen die angreifenden Bataillone rasch in Kompanien und dann in Züge. Der Erfolg des Angriffs hing deshalb von der Energie und Erfahrung des Zugführers ab – und oft brachte dessen Tod oder Verwundung den Vormarsch zum Halten. Ein einziges deutsches Maschinengewehr, unterstützt von ein oder zwei Mörsern, konnte einen ganzen Angriff für Stunden aufhalten. Bei Regen und nassen Hecken (im Sommer 1944 an etwa einem von drei Tagen) übertrugen die Funkgeräte keine Signale von einem Feld zum anderen. Es passierte oft, dass der Angriff eines Zuges in einem Feld erfolgreich war, während die Angriffe in den angrenzenden Feldern zurückgeschlagen wurden, sodass der Zusammenhalt rasch verloren ging. Um den Vormarsch aufrechtzuerhalten, setzten die Kommandeure der Infanterie Panzer ein, doch die hohen Silhouetten der Shermans machten sie zu einem leichten Ziel für die Panzerabwehrkanonen der Deutschen, die entlang der Feldwege zwischen den Hecken lauerten. Die Shermans besaßen nicht genug Motorleistung und Zugkraft, um durch die Hecken zu brechen. Panzer, die es trotzdem versuchten, kippten meist um und zeigten den deutschen Panzerabwehrkanonen – der Panzerfaust und dem noch schrecklicheren Panzerschreck – ihre verletzliche Unterseite.

Bis zum 15. Juli war das aus vier Divisionen bestehende VIII. Korps nur 11 km vorgerückt – um den Preis von 10.000 Mann Verlusten. Beim VII. Korps sah die Lage noch schlimmer aus. Am 4. Juli war eine ihrer Divisionen, die 83., nur 180 m vorgerückt – und hatte dabei 1.400 Männer verloren. Dem XIX. Korps erging es nicht besser. Ein Versuch der 3. Panzer- und 30. Infanteriedivision am 7. Juli, eine Lücke in den deutschen Stellungen auszunützen, endete damit, dass beide

UNTEN:
Amerikanische Artillerie in der Bocage. Eine Mischung aus schwerem Regen und dichten Hecken erschwerte den Funkverkehr zwischen den angrenzenden Einheiten oder verhinderte ihn überhaupt, was die Einheiten bedenklich auseinander zog.

OBEN:
Ein deutscher SS-Panzergrenadier mit einer Panzerfaust. Als die amerikanischen Sherman-Panzer die Hecken in der Bocage zu durchbrechen versuchten, zeigten sie diesen Waffen ihre verletzlichen Unterseiten.

Divisionen einander für Deutsche hielten und sich ein wütendes Gefecht lieferten. Beide Divisionen riefen USAAF-Bomber zu Hilfe, die sie ohne Unterschied unter Beschuss nahm. Die Verluste waren hoch; bis die Divisionen sich entwirrt hatten, hatten die Deutschen die Lücke gestopft.

Am 10. Juli entschied Bradley, dass er – um die deutschen Befestigungen zu zerstören – St.-Lô einnehmen musste, den östlichen Anker der deutschen Front. Die Stadt war am 6. Juni von erfolgreichen Angriffswellen alliierter Bomber pulverisiert worden. Mehr als 800 Einwohner waren getötet worden und die Stadt war ein Trümmerhaufen. St.-Lô selbst war nur in symbolischem Sinn wichtig. Wirklich wichtig waren die Höhenzüge, die es im Norden und Westen umgaben. Hier hatten die Deutschen starke Formationen verschanzt – die 3. Fallschirmjägerdivision, Kampfgruppen der 353., 352. und 266. Division, unterstützt von einer Anzahl schwerer Geschütze, Panzerabwehrkanonen sowie Mehrfachraketenwerfern. Sie alle wurden von Generalleutnant Eugen Meindl, einem zähen Fallschirmjäger mit viel Ostfronterfahrung, befehligt. Die deutsche Verteidigungslinie bestand aus einer Anzahl sich gegenseitig unterstützender Stützpunkte, die alle für Luft- und Artillerieaufklärer schwer zu orten waren. Nördlich von St.-Lô lag ein Hügel, der auf den alliierten Karten Hügel 122 hieß; für die Amerikaner schien er der Schlüssel zu der Stellung zu sein. Zwei amerikanische Korps lagen dem gegenüber – das V. Korps von Major General Leonard T. Gerow und das XIX. Korps von Major General Charles (Cowboy Pete) Corlett. Doch beide entschieden, dass sie ein direkter Angriff auf Hügel 122 zu teuer zu stehen käme. Sie entschieden sich für eine andere Strategie – eine Umfassungsbewegung vom Osten her. Was bedeutete, dass sie den Martinville-Grat und eine 45 m hohe Anhöhe, den Hügel 192, einnehmen mussten.

Der amerikanische Angriff

Die Amerikaner machten sich keine Illusionen über die Schwierigkeiten, die ihnen drohten. Die 2.US-Infanteriedivision, die Hügel 192 einnehmen sollte, erhielt für ihren Angriff am 11. Juli umfangreiche Unterstützung, doch zuerst ging alles schief. Morgennebel schränkte die Sicht so sehr ein, dass ein Luftangriff abgesagt wurde. Um ihren eigenen Bomben auszuweichen, hatten sich die Amerikaner ein paar hundert Meter zurückgezogen. Als der Luftangriff ausblieb, mussten sie unter schwerem deutschen Beschuss viel weiter vorrücken. Die feindlichen Bunker waren unter den Hecken eingegraben und schwer zu entdecken. Der erste amerikanische Angriff zerbröckelte. Das Ergebnis: Verluste von 200 Mann und sechs Panzern. Später am Morgen nahm die 2. Division, unterstützt von 20.000 Schuss Artilleriefeuer, den Kampf wieder auf. Dieses Mal gelang es der Infanterie, nahe an die deutschen Stellungen hinter den Hecken heranzukommen und sie mit Gewehrgranaten zu bombardieren. Am Nachmittag zogen sich die Deutschen zurück und überließen den Amerikanern Hügel 192, in dessen Süden ein noch höherer und schrecklicherer Punkt, Hügel 101, lag. Unterdessen hätte die 29. Division entlang des Martinville-Grats angreifen sollen, doch ein nächtlicher Angriff deutscher Fallschirmjäger mit Flammenwerfern hatte 150 Mann Verluste gefordert und den Angriff verzögert. Die 29. Division rückte am späten Vormittag vor, geriet aber rasch unter Beschuss von Hügel 101, wodurch der Vormarsch stockte und der Angriff am 13. Juli versandete.

Nun beschlossen die amerikanischen Kommandeure, Hügel 122 doch zu stürmen. In den nächsten vier Tagen schwankte der Kampf auf den Hügeln um St.-Lô hin und her und die amerikanische Feuerkraft zermürbte die Deutschen schließlich. Am 16. Juli drangen das 2. und 3. Bataillon des 116. Regiments in die Stadt ein, doch intensives deutsches Granatfeuer isolierte sie vom Rest ihrer Division. Der Kommandeur des 3. Bataillons, Major Thomas D. Howie, versuchte den Vormarsch fortzusetzen, wurde aber erschossen, als er aus der Deckung hervorbrach. Der Rest des 116. Regiments griff in der Nacht vom 17. Juli an, verband sich mit den isolierten Bataillonen und erkämpfte sich am nächsten Vormittag den Weg ins Stadtzentrum. Am Nachmittag wurde die Leiche von Major Howie, in eine amerikanische Flagge gehüllt, vor eine ausgebombte Kirche in St.-Lô gelegt – ein schmerzliches Symbol für den Tod und die Zerstörung, die die Amerikaner bei der Einnahme dieser kleinen Stadt sowohl erlitten als auch ihr zugefügt hatten. In dieser Nacht war die Moral der alliierten Armeen in der Normandie sehr niedrig. Der Feldzug trat in die siebente Woche. Die Alliierten hatten bereits 122.000 Mann Verluste erlitten, die einst friedliche Normandie verwüstet, Zehntausende französische Zivilisten getötet oder zum Krüppel geschossen – und der Ausbruch schien weiter entfernt als je zuvor.

UNTEN:
Amerikanische Soldaten bei erbitterten Kämpfen um St.-Lô. Bradley entschied, dass die Einnahme dieser Stellung für den Ausbruch aus der Normandie ein unerlässlicher Startschuss war.

LINKS:
US-Truppen in Aktion in der Bocage. Kampferprobte deutsche Einheiten leisteten ihnen erbitterten Widerstand und konnten nur mit großen Schwierigkeiten aus ihren Stellungen verdrängt werden. Hier verwenden die GIs Gewehrgranaten, um feindliche Stellungen in den Hecken zu zerstören.

KAPITEL VIER

Ausbruch

Nach zermürbenden Wochen wurde der Ausbruch der Alliierten fast über Nacht zu einer Flut an Männern und Ausrüstung, die den deutschen Widerstand mit sich zu reißen drohte.

Am 16. Juli 1944 überquerten sowjetische Truppen die Curzon-Linie, die Vorkriegsgrenze zwischen Weißrussland und Polen. Am nächsten Tag zogen 57.000 deutsche Gefangene durch Moskau. Seit dem Beginn ihrer Offensive am 23. Juni war die sowjetische Armee 480 km vorgerückt und hatte die deutsche Heeresgruppe Mitte völlig zerstört. Die Alliierten in der Normandie waren dagegen seit dem 6. Juni an manchen Stellen kaum 8 km vorgerückt. Amerikanische und britische Zeitungen stellten „Die Roten überqueren den Bug" und „Rote Armee rollt nach Lemberg" einem „Dempseys Männer halten stand" und „Briten unter massivem Panzerangriff" gegenüber. Der Feldzug in der Normandie stockte und Montgomery gingen die Ideen aus – was er später gut zu verbergen versuchte. Seine letzte Strategie war, unerbittlich auf die Deutschen einzuhämmern – wie Haig im Ersten Weltkrieg an der Westfront. Die Waffen hatten sich vielleicht geändert, aber *Windsor, Charnwood* und *Jupiter* waren Wiederholungen der gleichen Zermürbungskämpfe.

Bradley war hinsichtlich der amerikanischen Front nicht viel optimistischer und erinnerte sich später, dass „wir bis 10. Juli Gefahr liefen, in der Normandie ein Patt wie im Ersten Weltkrieg zu erleben". Beim derzeitigen Vormarschtempo würden die Alliierten erst 1950 am Rhein stehen – es sah aus, als würde dieser Krieg ewig dauern. Doch Bradley fand einen neuen Ansatz. Er entschied, dass breites Vorrücken in einem Gelände wie der Bocage den Deutschen nur Vorteile brachte. Seine Streitkräfte sollten rapierähnlich vorstoßen – technisch gesehen das gleiche Manöver wie bei der britischen Operation *Epsom*, in der Praxis davon aber sehr verschieden. Er wollte die gesamte 1. Armee im Zentrum der Halbinsel Cotentin nördlich der Straße von St.-Lô nach Périers konzentrieren – einer sehr geraden Römerstraße, die aus der Luft leicht zu erkennen war. Gleich südlich davon bestimmte er ein 15 km² großes rechteckiges Grundstück, das die 8. US-Luftflotte dem Erdboden gleichmachen sollte. Sofort nach Beendigung des Bombardements sollten zwei Panzerdivisionen und eine motorisierte Division schnellstens nach Coutances, 26 km südwestlich, vorrücken. Und von hier aus weiter nach Avranches. Sobald Avranches gefallen war, würden Bradleys Divisionen „um die Ecke biegen" und westwärts in die Bretagne vorstoßen und deren große Atlantikhäfen besetzen.

Der Ausbruch trug den Codenamen *Cobra*. Am 10. Juli erläuterte Bradley Montgomery und Dempsey in Montgomerys Caravan im taktischen Hauptquartier der 21. *Army Group* seinen Plan. Kurz nach der Besprechung ver-

GEGENÜBER:
Endlich in Bewegung: GIs rücken auf einem Pfad in der Bocage vor. Mitte Juli 1944 liefen die Alliierten Gefahr, in der Normandie ein Patt wie in Flandern während des Ersten Weltkriegs zu erleben.

RECHTS:
Die beiden Generäle Montgomery und Bradley besprechen die Details der Operation Cobra, *die ein Gebiet westlich von St.-Lô einnehmen sollte, von dem aus der Ausbruch der Alliierten starten sollte. Die Operation war viel erfolgreicher als erwartet.*

UNTEN:
Der Abwurf von 4.000 Tonnen Bomben hinter der ***deutschen*** *Front machte* ***einen Großteil des Erfolges der Operation Cobra aus. Sie zerstörten die einzige deutsche Panzerdivision in diesem Gebiet.***

fasste Dempsey seine Erinnerung an die Besprechung und schrieb Montgomery die Hauptrolle bei der Ausarbeitung dieser neuen Strategie zu. Laut Dempsey kam der wichtige Moment, als Montgomery zu Bradley sagte: „An Ihrer Stelle würde ich meine Streitkräfte ein bisschen mehr konzentrieren", wobei er zwei Finger in für ihn typischer Weise auf die **Land**karte legte. Was Bradley ja eigentlich be**reits entschieden** hatte. Doch um die Erfolgs**chancen zu erhöhen,** brauchte dieser Angriff **die Unterstützung der** britischen 2. Armee. Montgomery und Dempsey stimmten bereitwillig zu, *Cobra* mit massiven britischen und kanadischen Angriffen östlich von Caen zu unterstützen. Sie sollten die Codenamen *Goodwood* bzw. *Atlantic* bekommen und würden, wie *Cobra*, mit einem gewaltigen Bombardement aus der Luft beginnen. Bei der Besprechung vom 10. Juli wurden *Goodwood* und *Atlantic* für den 17. Juli und *Cobra* für den 18. Juli angesetzt. Doch innerhalb weniger Stunden begann Dempsey seine Meinung über die Art und das Ausmaß der Operation zu ändern – er redete jetzt darüber, als wäre dies der große alliierte Ausbruch.

Montgomery tat nichts, um ihn daran zu hindern. Als er ihn am 12. Juli um 16.30 Uhr in Dempseys Hauptquartier traf, genehmigte er den Plan, mit einem ganzen britischen Panzerkorps nach Südwesten vorzustoßen. Später an diesem Abend versicherte Montgomery Eisenhower, dass „meine ganze östliche Flanke am Samstag (19. Juli) in Flammen aufgehen wird. Die Operation am Montag (21. Juli) könnte weit reichende Folgen haben." Eisenhowers Antwort war enthusiastisch und er versprach, dass Bradley „seine Truppen 24 Stunden am Tag wie der Teufel kämpfen lassen wird, um die Chancen für Ihr Panzerkorps zu schaffen und den Sieg vollständig zu machen." Am folgenden Tag erteilte Dempsey dem VIII. Korps einen Einsatzbefehl, der besagte, es würde am 18. Juli „die Orne nördlich von Caen überqueren, südwärts angreifen und eine Panzerdivision in jedem der folgenden Gebiete errichten: Bretteville-sur-Laize – Vimont – Argences – Falaise." Falaise lag 48 km jenseits der Front. Das konnte nur eines bedeuten: *Goodwood* war für die britische 2. Armee nicht bloß eine Unterstützung für die Operation *Cobra*, sondern ein Ausbruch. Auch Eisenhower und der restliche Stab des SHAEF glaubten das. Diese Interpretation wurde ein paar Tage später bestätigt, als Bradley entdeckte, dass einigen seiner Divisionen die Munition auszugehen begann. *Cobra* würde verschoben werden müssen, bis Nachschub eintraf. Schlechtes Wetter sollte für eine weitere Verzögerung sorgen. So wurden die beiden Operationen als ziemlich getrennt betrachtet und *Goodwood* entwickelte sich immer mehr zum Hauptbrennpunkt.

Als Dempsey die Front nach einer Startposition abklopfte, konzentrierte er seine Aufmerksamkeit auf das östlichste Ende des Landekopfes. Am 6. Juni hatten britische Fallschirmjäger hier eine schmale Enklave südlich der Orne gesichert, die nun von der 51. *Highland*-Division gehalten wurde. Etwa 10 km südlich von ihrer Front war das Land flach und relativ offen, bis es fast unmerklich zum Bourguebus-Grat anstieg. Im Osten wurde sie von dem von den Deutschen kontrollierten Industrievorort Colombelles flankiert, im Westen vom Bois de Bavent, einem niedrigen, von Wald bedeckten Grat. Verglichen mit anderen Gebieten beinahe ideal – ein natürlicher Korridor für einen Panzerangriff. Die einzigen wirklichen Nachteile als Startpunkt für einen Angriff waren Größe und Zugang. Die Enklave war bloß 15 km^2 groß und war nur über je drei Brücken über den Canal de Caen und die Orne zugänglich. Wenn es zu Staus käme wie bei der Operation *Epsom*, würde Chaos ausbrechen.

Am 18. Juli warfen bei Tagesanbruch 1.500 schwere Bomber 5.000 Tonnen hochexplosiven Sprengstoff auf Colombelles und den

UNTEN:
Sherman-Panzer in den engen Straßen einer französischen Stadt auf dem Weg an die Front. Es handelt sich dabei um Sherman Fireflies, eine britische Spezialausführung mit einem 17-Pfünder-Geschütz, das ihnen eine viel größere Schlagkraft gegen die schwer bewaffneten deutschen Panzer verlieh.

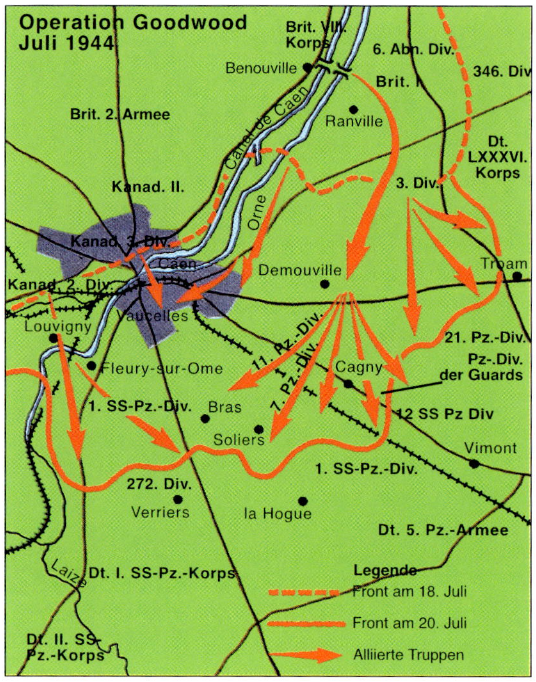

UNTEN:
Ein Sherman-Panzer wird während des alliierten Vormarsches getroffen und explodiert. Die frühen Shermans mit Benzinmotoren brannten leichter als die späteren Dieselmodelle.

Bois de Bavent ab. Kurz darauf warfen mittlere Bomber 2.500 Tonnen Splitterbomben auf den Korridor bis südlich zum Bourguebus-Grat ab. Als die Bomber abzogen, starteten 1.500 Artillerie- und schwere Marinegeschütze ein rollendes Sperrfeuer. Hinter ihnen griff die kanadische 3. Division in den Trümmern von Colombelles an, während die britische 3. Division in den Bois de Bavent vorrückte. Angeführt von der *Northampton Yeomanry*, der Vorhut der 11. Panzerdivision, zog die 29. Panzerbrigade durch 17 von den Pionieren der 51. *Highland*-Division von Minen gesäuberte Korridore. Es war das bisher schwerste Bombardement dieses Krieges und hob die Moral. Leutnant Brownlie vom 3. Bataillon des *Royal Tank Regiment*, dem Bataillon an der Spitze der 29. Panzerbrigade, erinnert sich: „Der klare blaue Himmel war voller Bomber, die das Land mit Bomben bedeckten. Viele von uns standen auf und jubelten." Von einem Hügel in der Nähe berichtete Chester Wilmot von der BBC: „Ich drehte mich um und sah zum Meer ... die Lancasters und Halifaxes bedeckten den Himmel im Norden ... Sie bildeten einen schwarzen Schwarm am Horizont. 45 Minuten lang hielt diese Prozession von Bombern ununterbrochen an. Sie verschwanden und das Donnern der Geschütze schwoll an und erfüllte die Luft, als die Artillerie das Bombardement fortsetzte." Brownlie berichtete weiter, dass das Sperrfeuer „für uns eine solide graue Mauer aus Granatexplosionen war. Wir fuhren etwa eine Meile weit in Formation. Noch nie zuvor waren wir mehr als ein paar hun-

dert Meter in Formation gefahren ... War die Schlacht trotz des Lärms schon vorbei?" Sie trafen nur ein paar Deutsche, die benommen herumirrten und ins Leere starrten.

Rommels Antwort

Dempsey wollte der 11. Panzerdivision die Guards-Panzerdivision und die 7. Panzerdivision folgen zu lassen – insgesamt 750 Panzer, die größte Panzeroffensive in der Geschichte Großbritanniens. *Goodwood* hätte Erfolg gehabt, wenn diese Wucht hätte beibehalten werden können. Aber in der Enklave kam es bereits zu Staus. Für den Angriff mussten ne ben den Panzern weitere 9.000 Fahrzeuge über den Canal de Caen und die Orne. Dazu kam, dass die Panzer die Bänder, die die von Minen geräumten Wege markierten, wegzuziehen begannen. Was zur Folge hatte, dass Fahrzeuge vom Weg abkamen und ihre Ketten davonflogen. Statt einer Flut von Panzern tauchten Panzer und Lastwagen kleckerweise auf. Bis zum Vormittag bewegten sich die Panzer der 11. Panzerdivision in langen Kolonnen weit verstreut auf Bourguebus zu. Die begleitende Infanterie zog etliche Kilometer nach Norden, um sich um kleine Widerstandsnester zu kümmern.

Die Deutschen hatten ein paar Tage zuvor durch das Abhören des Funkverkehrs und direkte Beobachtung von einem nicht zerstörten Kamin eines Stahlwerkes von Colombelles aus ein klares Bild von den britischen Plänen bekommen. Rommel konnte sehen, dass die Briten eine Großoffensive planten. Als Antwort befahl er zusätzlichen Truppen, mehr als 18 km hinter der britischen Front aufzumarschieren. Nördlich des Bahndammes von Caen nach Troarn, der durch die britische Vormarschlinie verlief, stellte er Teile der 16. Luftflotte und der 22. Infanteriedivision auf. Sie wurden von sechs Gruppen mit Selbstfahrlafetten und Pak unterstützt, die vier oder sechs Geschütze pro Gruppe hatten. Weiter südlich zwischen den Bahnlinien Caen-Troarn und Caen-Vimont, die ebenfalls auf einem Damm verlief, waren zwei Panzergrenadierregimenter der 21. Panzerdivision, einige Panther der 1. SS-Panzerdivision und eine Kompanie des 503., mit Tigern ausgerüsteten schweren Panzerbataillons. Noch weiter südlich, in den Dörfern entlang des Bourguebus-Grates, wurden sechs Bataillone der Panzergrenadiere der 1. SS-Panzerdivision *Leibstandarte Adolf Hitler* eingesetzt. Die Feuerlinie am Kamm des Grates war mit 78 88-mm-Panzer-

OBEN:
Durch das Abfangen des britischen Funkverkehrs gewannen die Deutschen ein klares Bild von den britischen Plänen. Feldmarschall Rommel organisierte rasch eine Sperrlinie, um den britischen Vormarsch aufzuhalten.

ABOVE
Ein Meldefahrer passiert einen zerstörten Sherman-Panzer. Manche von Benzinmotoren angetriebene Shermans tendierten dazu, bei einem Treffer zu explodieren und zu brennen. Die Deutschen nannten sie verächtlich „Tommy-Kocher".

abwehrkanonen, 194 Artilleriegeschützen und 270 Raketenwerfern bestückt. In den Wäldern südlich des Grates stellte Rommel den Hauptteil der *Leibstandarte Adolf Hitler* und zwei Kampfgruppen mit je rund 40 Panzern plus Infanterie von der 12. Panzerdivision auf. Die deutschen Einheiten, insgesamt etwa 230 Panzer, waren erfahren und gut positioniert. Rommel hatte am 17. Juli diese Aufstellungen persönlich inspiziert und war mit ihnen zufrieden: er hatte einen der scheinbar schwächsten Abschnitte der deutschen Front in einen der stärksten verwandelt. Rommel verpasste die Schlacht: als er am Nachmittag des 17. Juli von seiner Inspektionstour zurückfuhr, wurde sein Auto von britischen Jagdbombern beschossen. Rommel wurde schwer verletzt und bewusstlos nach Deutschland zurückgebracht.

Die deutschen Vorbereitungen waren so gründlich gewesen, dass Rommels Abwesenheit nicht wirklich ins Gewicht fiel. Am Vormittag des 18. Juli lag die Vorhut der 11. Panzerdivision, die *Fife and Forfar Yeomanry*, etwa 6,5 km südlich der Startlinie, zog durch das schwer bombardierte und scheinbar verlassene Dorf Cagny und näherte sich dem Bahndamm der Linie Caen-Vimont, als die Hölle losbrach, wie sich John Thorpe, Panzerschütze in einem der Shermans, erinnert. Sie hatten gerade den Bahndamm erklommen, als „heftiges Feuer, das die Panzer durchschlägt, aus einem Gehölz zu unserer Linken kommt … Vorne geht ein Panzer nach dem anderen hoch, versuchen Panzermannschaften, die brennend am Boden herumrollen, ihre Kleidung zu löschen. Bei all den Panzern, dem brennendem Getreide und dem Rauch von den Mörsern wird die Sicht bald sehr schlecht. Vorne brennen alle Panzer heftig und 20 Meter vor mir versucht ein Soldat aus einem Flammen speienden Panzerturm zu klettern. Er schafft es nicht. Er hebt einen Fuß, um herauszusteigen, und fällt wieder zurück. In den brennenden Panzern explodiert die Munition. Riesige Rauchringe steigen aus den Panzertürmen empor." Die *Fife and Forfar Yeomanry* war komplett ausgelöscht, und das binnen weniger Minuten.

Eigentlich waren in dem Gehölz nur vier 88-mm-Kanonen gewesen. Das Wäldchen selbst gehörte zu einem ummauerten Garten eines Bauernhofs am nordwestlichen Rand von Cagny. Die Artilleristen hatten den Vormarsch der *Fife and Forfar* einige Zeit beobachtet, aber entschieden, dass es als Flakeinheit der Luftwaffe nicht ihre Aufgabe war, auf Panzer zu schießen. Zum Unglück für die Briten kam Oberst Hans von Luck, der die Kampftruppe von Luck – Teil der 21. Panzerdivision – befehligte, zur gleichen Zeit in das Dorf, als die *Fife and Forfar* den Bahndamm zu erklettern begann. Er war erstaunt über die 88-mm-Geschütze, deren Läufe gen Himmel zeigten, und so wütend über die Weigerung des Luftwaffe-Kommandeurs, die Panzer anzugreifen, dass er seine Luger zog und sagte: „Entweder Sie bewegen sich, beschießen die Panzer und kriegen einen Orden, oder ich erschieße Sie." Der Luftwaffe-Kommandeur reagierte derart enthusiastisch, dass er nicht nur die Shermans der *Fife and Forfars* angriff, sondern das Feuer auch auf ein paar dunkle Schatten etwa 900 m nördlich eröffnete und zwei Tiger des 503. schweren Panzerbataillons zerstörte.

Die Panther greifen an

Praktisch zur gleichen Zeit trafen andere britische Panzer südöstlich auf Panther der 1. SS-Division, die von dem Bombardement nicht getroffen worden waren und sich an den Südhängen des Bourguebus-Grates versteckten. Ohne Infanterie, um die 88-mm-Kanonen anzugreifen, und konfrontiert mit den Panthern, die eine viel größere Reichweite hatten, erlitt die 11. Panzerdivision hohe Verluste. Von seinem taktischen Hauptquartier unter einer Brücke über den Bahndamm aus versuchte der Kommandeur der 11. Panzerdivision, Major-General „Pip" Roberts, Unterstützung aus der Luft herbeizurufen. Doch in diesem Moment wurde der Marmon-Herrington-Panzerwagen mit einem RAF-Offizier und zwei Funkgeräten an Bord, die auf RAF-Jagdbomberfrequenzen eingestellt waren, direkt getroffen. Der Offizier wurde schwer

UNTEN:
Britische Panzer fahren an einem zerstörten deutschen Tiger vorbei. Die Tiger waren schreckliche Gegner in einem Verteidigungskampf.

GANZ UNTEN:
Ein Bren-MG-Schütze und britische Infanteristen in der Bocage. Das Bren war ein ausgezeichnetes leichtes MG.

verwundet und die gesamte Ausstattung zerstört. Kurz darauf erlitt Roberts eine neue Enttäuschung. Er sah plötzlich Brigadier „Looney" Hinde, den Kommandeur der 22. Brigade der 7. Division, und dachte, sie käme zu seiner Unterstützung herbei. Doch Hinde war bei einem Aufklärungseinsatz, und als er Roberts erreichte, sagte er: „Hier sind schon zu viele verdammte Panzer – ich bringe meine jetzt nicht her." Roberts hatte die 22. Brigade am 1. September 1942 bei der Schlacht von Alam Halfa in Ägypten befehligt, wo sie Rommel und das Afrikakorps gestoppt hatte. Geschockt von Hindes Einstellung schrieb Roberts später: „Ich verfluchte sowohl meine alte Division als auch meine alte Brigade."

Die *Guards*-Panzerdivision, die zum ersten Mal in Aktion trat, war weniger zögerlich. Doch als sie zur Unterstützung herbeieilte, verhedderte sie sich hoffnungslos mit der Nachhut der 11. Panzerdivision. Die Verwirrung stieg, als plötzlich mit Panzerschrecks bewaffnete Panzerjägereinheiten auftauchten. Als der Kommandeur der *Guards*, Major General Robert Adair, ein Panzerschreck-Team entdeckte, das genau auf ihn zuhielt, brach er seine Gedanken über die aktuelle Lage ab und befahl seinem Fahrer, schleunigst kehrtzumachen. Im Osten wurde das 3. Bataillon der *Irish Guards* von den Tigern des 503. schweren Panzerbataillons angegriffen, die furchtbar unter den Shermans und Cromwells wüteten. Ein von Leutnant Gorman befehligter Sherman rettete die Situation: Er fuhr direkt auf einen Tiger zu und rammte ihn, ehe er seinen Turm wenden konnte – eine Heldentat, der Gorman den Spitznamen „blockhead" (Dickschädel) verdankte.

Die 7. Panzerdivision ging nun in ihr sechstes Kriegsjahr und war sehr vorsichtig vorgerückt. Als die Panzer die Brücken über die Orne überquerten, kamen sie an Wagenla-

UNTEN:
Waffenmeister der RAF montieren panzerbrechende 27-kg-Raketen an den Halterungen unter den Flügeln eines Hawker-Typhoon-Jagdbombers. Die Typhoons lauerten in so genannten „Taxiständen" über der Front, bereit, wenn nötig, feindliche Panzer anzugreifen.

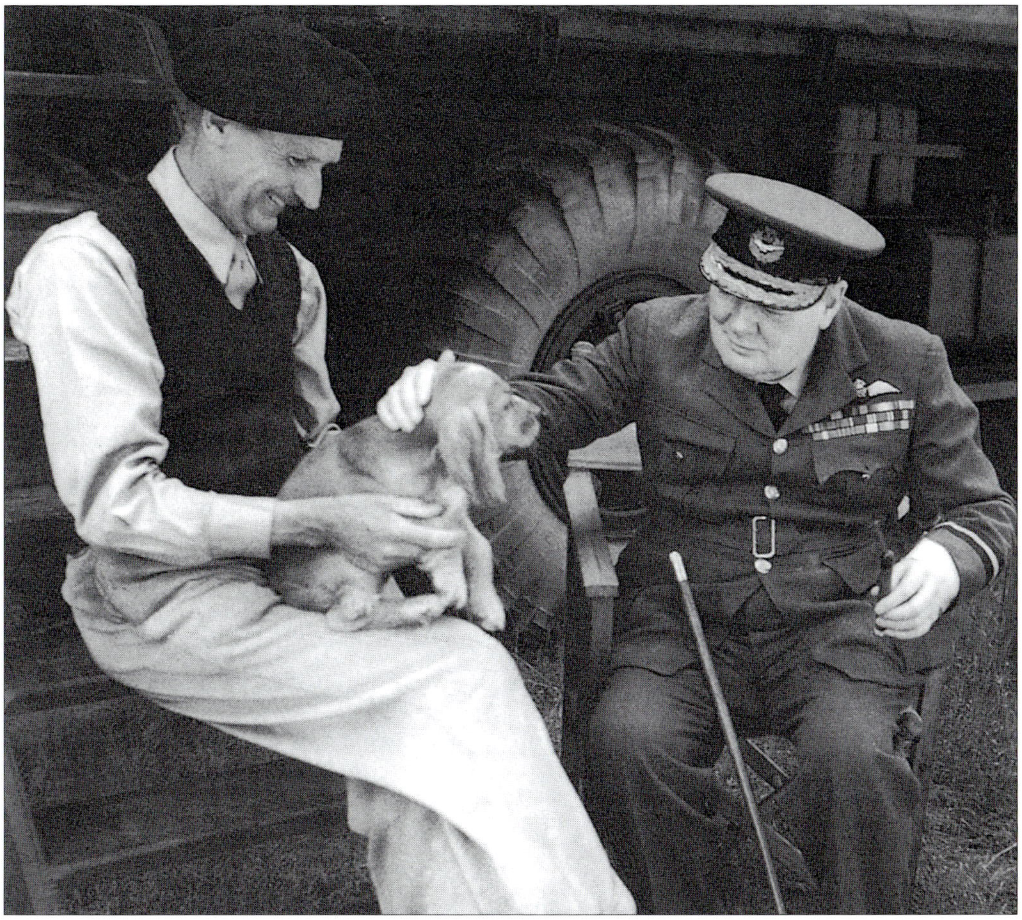

LINKS:
General Montgomery in einem entspannten Moment mit Premierminister Winston Churchill bei dessen Besuch in „Montys" mobilem Hauptquartier.

UNTEN:
Ein amerikanischer Bomberpilot der 8. AAF studiert eine Karte seines Zielgebiets. Strategische Bomber waren für die taktische Rolle ungeeignet und die Verluste der Alliierten durch Fehlabwürfe gingen in die Hunderte.

dungen von Männern der 3. Division vorbei, die im Bois de Bevant verwundet worden waren. Einige schrien vor Schmerzen. Als die Panzer über die geräumten Pfade durch die Minenfelder weiterfuhren, kamen einige Crews vom Weg ab und detonierende Minen sprengten ihre Ketten weg. Die 7. Panzerdivision kroch also förmlich in die Schlacht, rannte von hinten in die *Guards* und von Ordnung war keine Rede mehr. Viele britische Panzer kämpften individuell weiter. Als die Panther aufzogen, um ihnen den Garaus zu machen, gelang es „Pip" Roberts, mit Farbrauchgranaten Typhoon-Jagdbomber zu den über den Bourguebus-Grat kommenden Panthern zu dirigieren – und nun erlitten die Deutschen schwere Verluste. Die Panzer kämpften noch zwei Tage, bis ein sintflutartiger Regen in der Nacht auf den 20. Juli den Boden in Morast verwandelte und jede Truppenbewegung unmöglich machte.

Die Operation war für die Alliierten kein totales Desaster gewesen: die Kanadier hatten den Rest von Caen eingenommen und die Briten waren – um den Preis von 5.500 Opfern und 430 Panzern (mehr als ein Drittel ihrer Panzer in der Normandie) – fast 10 km weit vorgerückt und hatten den Bourguebus-Grat eingenommen.

„Wütender" Eisenhower

Zumindest das hatte Montgomery gefordert. Doch Eisenhower und sein Stab beim SHAEF beschuldigten ihn, den lang erwarteten Ausbruch nicht geschafft zu haben. Montgomery protestierte, dass sei nie das Ziel von *Goodwood* gewesen – doch er stieß auf taube Ohren. Air Chief Marshal Sir Trafford Leigh-Mallory, der Montgomery normalerweise unterstützte, fasste die Stimmung in Eisenhowers Hauptquartier mit einem ungläubigen „7000 Tonnen Bomben für 7 Meilen!" zusammen. Eisenhower, als „zornig" und „wütend" beschrieben, nahm Leigh-Mallorys Worte auf und donnerte, dass „er über 7000 Tonnen Bomben gebraucht hat, um 7 Meilen zu gewinnen" und dass „die Alliierten wohl kaum für den Preis von 1000 Tonnen Bomben pro Meile durch Frankreich ziehen konnten". Air Marshal Tedder, stellvertretender Oberbefehlshaber der Alliierten und seit langem ein Kritiker Montgomerys, erinnerte Eisenhower, dass

RECHTS:
Ein M5-Stuartpanzer mit Heckenschneidegerät demonstriert die Wichtigkeit dieser Erfindung: Versehen mit Spikes, mussten die alliierten Panzer die Hecken der Bocage nicht länger „mit dem Bauch nach oben" überwinden.

RECHTS:
General Lawton Collins, dessen VII. Korps von General Omar Bradley als Speerspitze für die Operation Cobra *ausgewählt wurde – den Ausbruch aus der Normandie. Eine ganze Menge erbitterter Kämpfe und zahlreiche Verluste standen den Alliierten noch bevor, bis dieses Ziel endlich erreicht war.*

Churchill ihn ermächtigt hatte, jeden enttäuschenden Befehlshaber zu entfernen. Nun drängte er ihn, den Kommandeur der 21. *Army Group* zu entlassen. Tedder notierte am 21. Juli in seinen Kalender: „Eisenhower stimmte mir zu und bereitet ein Papier für Monty vor."

Zu derselben Zeit war es Montgomery gelungen, den Premierminister zu beleidigen, indem er behauptete, er habe zuviel zu tun, um ihn in seinem Hauptquartier zu empfangen. Brooke, der Churchill am 19. Juli um 9.30 Uhr besuchte, notierte, dass der Premierminister tobte: „Haig hatte ihn (Churchill) im letzten Krieg, in dem er Munitionsminister war, empfangen. Er würde sich das nicht gefallen lassen. Er würde das zu einer Vertrauensfrage machen etc. etc." Zwei Jahre zuvor hatte Brooke Montgomerys Ernennung zum Befehlshaber der 8. Armee eingefädelt, und nun reagierte er rasch, um dessen Karriere zu retten. Er flog direkt zum taktischen Hauptquartier der 21. *Army Group* und machte Montgomery den Ernst der Lage klar. Brooke erzählte ihm, dass Eisenhower „seinem Missfallen Ausdruck verliehen und Monty bezichtigt habe, schwierig zu sein und die Briten an der Caen-Front nicht genug anzutreiben, während er die Amerikaner an der rechten Flanke angreifen lässt", und dass Churchill diese Beschwerden sehr ernst nahm.

Montys Meisterstück

Churchill traf am Vormittag des 21. Juli in Montgomerys Hauptquartier ein und „wirkte grimmig und mürrisch". Montgomerys Adjutant, Hauptmann Henderson, erinnert sich, dass „es hieß, dass Churchill gekommen war, um Montgomery zu feuern. Ich meine – wir wussten es alle. Er kam im blauen Mantel und mit blauer Mütze und in der Tasche hatte er den Entlassungsbefehl für Monty. Es herrschte eine ziemlich eigenartige Atmosphäre." Montgomery hatte schon früher oft in der Klemme gesteckt und war ein guter Schauspieler. Die Einsatzbesprechung begann, indem Montgomerys Nachrichtendienstchef, Colonel Bill Williams, Churchill detailliert über die Feindbewegungen informierte. Dann sprach Montgomery fünf Minuten lang und erklärte, wie er die Deutschen besiegen würde. Dann kam sein Meisterstück. Williams hatte über Ultra gerade erfahren, dass deutsche Offiziere versucht hatten, Hitler zu ermorden. Und er wusste, dass Churchill den Vorabend an Bord des Kreuzers *Enterprise* im Hafen von Arromanches verbracht und keine Zeit gehabt hatte, seine Depeschen zu prüfen. Montgomery fragte Churchill: „Was bedeuten diese Meldungen über eine Revolution in Deutschland?" Williams erinnert sich, dass „Winston völlig verblüfft war. Er saß auf dem einzigen Stuhl in Montys Kartenwagen und sah uns einen Moment schweigend an. Ich erinnere mich genau, dass er dann eine lange Kette mit Schlüsseln herauszog und zwei Depeschenkassetten aufsperrte. Darin war ein wildes Durcheinander an Papieren." Montgomery und Williams „durchsuchten die Papiere. Es waren Kabinettspapiere, Ultrameldungen und anderes, völlig durcheinander." Die Erkenntnis, dass der Krieg bald vorbei sein könnte, machte Churchill sprachlos. Er „begann vor sich hin zu murmeln, wie er auf den Sturz der Nationalsozialisten und Friedensangebote reagieren würde und fing an, eine Rede zu formulieren." Alles andere war mit einem Mal bedeutungslos. Churchill verließ Montgomery in allerbester Laune, ein Geschenk des Generals in Händen – eine Flasche hervorragenden Cognacs. Später an diesem Tag besuchte Eisenhower Montgomery. Das Treffen verlief in angespannter Atmosphäre, doch Eisenhower verließ es schließlich zufrieden: nicht nur wegen der gerade hereinkommenden Ultra-Meldung, dass in Deutschland eine politische Krise ausgebrochen war, sondern auch, weil die *Goodwood*-Offensive dafür gesorgt hatte, dass bis auf zwei alle deutschen Panzerdivisionen an der britischen Front kon-

UNTEN:
Besatzungsmitglieder beladen die Tragflächenschächte einer P-47 Thunderbolt mit Patronengurten mit 12,7-mm-Munition. Die Thunderbolts der IX. Tactical Air Force *erfüllten eine gewaltige Aufgabe bei der Unterstützung der alliierten Truppen bei und nach dem hart erkämpften Ausbruch aus der Normandie.*

zentriert waren. Wenn Bradleys Divisionen das offene Land hinter Coutances erreichten, konnten die Deutschen sie kaum stoppen.

Was Eisenhower und Montgomery nicht wussten: Die Operation *Goodwood* hatte von Kluge, der nach Rommels Verwundung Deutschlands Oberbefehlshaber West war, an den Rand der Verzweiflung gebracht. Am 23. Juli schrieb er an Hitler: „Ich kam mit dem festen Vorsatz hierher, Ihren Befehl standzuhalten um jeden Preis zu befolgen. Der Preis dieser Politik ist die stetige und sichere Vernichtung unserer Truppen." Von Kluge klagte über die „vernichtende Macht" der alliierten Luftstreitkräfte. Seinen Truppen mangelte es an allem und sie brauchten verzweifelt Nachschub. Von Kluge warnte, dass „trotz all unserer Bemühungen der Moment immer näher rückt, in dem unsere hart bedrängten Stellungen zusammenbrechen. Wenn der Feind in offenes Gelände vorgedrungen ist, wird die unzulängliche Mobilität unserer Streitkräfte kaum eine geordnete und effektive Durchführung der Schlacht ermöglichen." Von einem Desaster trennten die Deutschen nur ein paar Kilometer Bocage.

Seit sie in der Bocage kämpften, hatten die alliierten Panzermannschaften nach Mitteln gesucht, mit ihren Panzern vorzurücken, ohne dass diese mit dem Bauch nach oben über die Hecken stürzten. Ein Panzer in Schräglage war nutzlos und verwundbar. Die Geschütze waren nicht einsetzbar und die kaum gepanzerte Unterseite war dem Panzerabwehrfeuer ausgesetzt. Hunderte Shermans waren so verloren gegangen. Besatzungen hatten mit Schneidevorrichtungen experimentiert, mit denen Panzer mehr durch als über die Hecken kommen sollten. Doch nichts davon hatte funktioniert, bis ein Unteroffizier der 102. Kavallerie-Aufklärungsschwadron, Sergeant Curtis G. Culin Jr., eine Reihe Spikes an die Vorderseite seines Panzers schweißte – eine brillante und einfache Lösung. Die Spikes gruben sich in den Boden und verhinderten, dass sich der Panzer überschlug. Und wenn er vor- und dann zurücksetzte, wirkte er wie eine riesige Heugabel, die die Hecke buchstäblich entwurzelte. Bis Ende Juli waren drei Fünftel der amerikanischen Panzer mit Culins Spikes ausgerüstet. Doch bis jetzt waren sie nicht im Kampf eingesetzt worden. Bradley wollte sie als Überraschung für die Operation *Cobra* aufbewahren.

UNTEN:
Die meisten Truppen hatten Angst vor Haus-zu-Haus-Säuberungen. Es bedeutete eine ständige Bedrohung durch Heckenschützenfeuer und versteckte Bomben.

Napalm

Als Angriffsspitze für *Cobra* wählte Bradley Collins' VII. Korps, das er auf drei Panzer- und drei Infanteriedivisionen verstärkte – insgesamt 90.000 Männer und etwa 500 Panzer. Bradley und Collins waren alte Freunde und ein Großteil der Planung wurde informell abgewickelt. Es war schwer zu sagen, welcher General für welche Idee verantwortlich war. Die sechs Divisionen sollten in einer 6,5 km breiten Front an der Straße von Périers nach St.-Lô konzentriert werden und nach Südwesten ziehen. Bradley hielt den Einsatz von schweren Bombern für essentiell für den Erfolg. Er wollte einen massiven, kurzen Luftangriff. Doch um die Bildung großer Krater, die den Vormarsch der Bodentruppen behindern würden, und die Zerstörung von Dörfern an kritischen Straßenkreuzungen zu verhindern, wollte er nur relativ leichte Bomben einsetzen. Er bestimmte ein rechteckiges Ziel unmittelbar südlich der Straße Périers–St.-Lô, das 6,4 km lang und 2,3 km breit war. 80 Mi-

LINKS: *Amerikanische Soldaten nehmen mit Sherman-Panzern ein französisches Dorf ein. Die Panzer boten der Infanterie Deckung und Feuerschutz, diese konnte die Panzer vor Panzerabwehrwaffen in der Hand von deutschen Panzerfaust-Teams schützen.*

LINKS: *General George S. Patton, hier mit Omar Bradley und seinen berühmten Pistolen mit perlmuttbesetzten Griffen, befehligte die 3.US-Armee beim Ausbruch von Avranches und beim Wettlauf an die Seine im August 1944.*

nuten vor dem Bodenangriff sollten 250 Jagdbomber zwanzig Minuten lang bombardieren. Unmittelbar darauf sollten 1.800 schwere Bomber in einem einstündigen Angriff das Rechteck zerstören. Zuletzt sollten zu Beginn des Bodenangriffs 350 Jagdbomber den schmalen Streifen noch einmal zwanzig Minuten lang unter Beschuss nehmen. Zehn Minuten nach Ende dieses Angriffs sollten 396 mittlere Bomber die Südhälfte des Rechtecks 45 Minuten lang angreifen. Zugleich sollten 500 Jagdbomber über den Bombern Patrouille fliegen, um sich um jedes eventuell auftauchende deutsche Flugzeug zu kümmern. Insgesamt würden bei *Cobra* 2.500 Flugzeuge in nur zwei Stunden und 25 Minuten 5.000 Tonnen Material auf ein Zielgebiet von 15 km^2 niedergehen lassen. Zusätzlich zu hochexplosivem Sprengstoff und Splitterbomben wollten die Amerikaner Napalm einsetzen, eine Mischung aus gallertartigem Petroleum und weißem Phosphor. Die Australier hatten es acht Monate zuvor in den dschungelbewachsenen Bergen Neu-Guineas entwickelt und gegen die Japaner eingesetzt. Napalm würde die Hecken abbrennen und damit den Deutschen die Deckung der Bocage nehmen. Nach dem Bombardement aus der Luft sollten die Kanonen sprechen. Bradley teilte dem VII. Korps einen beträchtlichen Teil der Artillerie der 1.US-Armee zu – neun von deren 21 schweren Artilleriebataillonen, fünf seiner 19 mittleren Bataillone und alle sieben leichten Bataillone – insgesamt 258 Geschütze, zusätzlich zu der von den Divisionen des VII. Korps bereits gestellten Artillerie. Für die geschätzte Dauer des Angriffs – fünf Tage – hatten die Stabschefs der 1. Armee dem VII. Korps fast 140.000 Schuss Artilleriemunition zugeteilt.

Die Aufklärer der 1. Armee schätzten, dass dank der Operation *Goodwood* das VII. Korps mit nicht mehr als 17.000 deutschen Soldaten und weniger als 100 Panzern rechnen müsse. Doch von Kluge zog Panzerdivisionen von

RECHTS:
Eine typische Szene: die Bevölkerung begrüßt die zur Seine vorrückenden amerikanischen Truppen – auch in Städten und Dörfern, die durch alliierte Granaten und Bomben großen Schaden erlitten hatten.

UNTEN:
Auf der Hut vor Heckenschützen bewegen sich amerikanische Soldaten vorsichtig durch eine französische Kleinstadt.

der amerikanischen Front ab und ersetzte sie durch Infanteriedivisionen, was bedeutete, dass die Stärke der Deutschen bei 30.000 lag. *Cobra* sollte am 24. Juli um 13 Uhr beginnen, doch bei bedecktem Himmel und dichten Wolken ordnete Lieutenant General Leigh-Mallory, der zur Beobachtung des Bombardements in die Normandie geflogen war, einen Aufschub an. Leider erhielten 300 schwere Bomber diese Nachricht zu spät und warfen 550 Tonnen hochexplosiven Sprengstoff und 135 Tonnen Splitterbomben auf die Deutschen und auf die 30. US-Division ab, von der 25 Mann getötet und 131 verwundet wurden. Collins hatte von dem Aufschub erfahren. Als er aber die Bombenabwürfe sah, entschied er, dass der Bodenangriff stattfinden müsse. Doch das Sturmbataillon der 30. Division war wie gelähmt und demoralisiert. Es verging mehr als eine Stunde, bis die Offiziere ihre Männer zum Vorrücken brachten. Die beiden anderen angreifenden Divisionen, die 9. und 4., bekamen sofort Probleme und ihre meisten Bataillone konnten nur etwa 90 m vorrücken – bei Hunderten Mann Verlusten.

Der erste Tag der Operation *Cobra* endete in einem Fiasko. Bradley hatte keine andere Wahl, als *Cobra* am 25. Juli um 11 Uhr neu zu starten. Das Wetter war aufgeklart und 1.500 B-17- und B-24-Bomber starteten in Zwölfer-Gruppen und warfen mehr als 3.300 Tonnen Bomben ab. Ihnen folgten 380 mittlere Bomber mit weiteren 650 Tonnen. Danach kamen 550 Jagdbomber, die mehr als 200 Tonnen Bomben und mehrere tausend Gallonen Napalm abwarfen. Die ersten Angriffswellen trafen das Ziel, doch als Staub- und Rauchwolken das Gebiet verdeckten, landeten wieder Bomben auf den Amerikanern. Ein Offizier der 4. Division erinnert sich, dass sie „genau auf uns zuhielten … Wir setzten all unsere orangen Rauchgranaten ein, doch ich glaube nicht, dass sie irgendwas geholfen haben. Sie konnten uns durch den Staub nicht sehen ... Es war ein furchtbarer Schock. Viele Männer saßen nach dem Bombardement völlig benommen herum." Weiter hinten beschrieb Ernest Hemingway, dass er ein Geräusch wie von 10.000 Rasseln am Himmel hörte, das rasch zu einem Donnern wie von einem heranrasenden Schnellzug wurde. Hemingway überlebte, erlitt aber einen schweren Schock. Insgesamt wurden 600 Amerikaner getötet oder verwundet. Unter den Toten war Lieutenant General Lesley J. McNair, der befehlshabende General der US-Bodentruppen und zweithöchste Offizier der US-Army. Er war als Beobachter dabei gewesen. Wieder waren Einheiten, die angreifen sollten, in Verwirrung gestürzt; manche rückten gar nicht mehr vor, andere nur sehr widerwillig. Für Eisenhower war der Abend des 25. Juli einer der schlimmsten des ganzen Krieges. *Cobra* schien nicht einmal die bescheidenen Erfolge von *Goodwood* zu erreichen; er entschuldigte sich bei Bradley, dass er dem Einsatz schwerer Bomber gegen taktische Ziele zugestimmt hatte.

Collins' Spiel

An diesem Abend zerbrach sich Collins den Kopf über hereinkommende Meldungen, dass der deutsche Widerstand – obwohl an manchen Stellen nach wie vor stark – unkoordiniert wirkte. Das konnte nur heißen, dass entweder das Bombardement den deutschen Widerstand tatsächlich gebrochen hatte – dann sollte er seine Panzerdivisionen ins Gefecht schicken –, oder dass die Deutschen, gewarnt vom Bombardement des 24. Juli, ihre Hauptverteidigungsfront nach Süden verlegt hatten – dann würden seine Divisionen in eine Falle laufen. Collins ging das Wagnis ein und beschloss, seine Panzerdivisionen am folgenden Morgen in die Schlacht zu schicken.

LINKS:
Eine Französin verteilt an einem heißen Sommertag Milch an durstige amerikanische Soldaten. Für die Dorfbevölkerung gingen nun mehr als vier Jahre deutscher Besatzung zu Ende.

Am Morgen des 26. Juli brachen seine Divisionen – in zwei Kolonnen, jede von 200 Jagdbombern unterstützt – nach Marigny und St. Gilles auf. Die mit Spikes ausgerüsteten Shermans konnten nun Stellungen umgehen, die sie früher tagelang aufgehalten hätten, und sie von hinten oder von der Seite treffen. Am späten Nachmittag war Collins fast sicher, dass seinen Streitkräften ein eindeutiges Durchbrechen der feindlichen Linien gelungen war. Er war der Meinung, dass die Situation eher Schnelligkeit als Vorsicht erforderte und ließ seine Infanterie die Angriffe auch während der Nacht fortsetzen. Am 27. Juli gab es keinen Zweifel mehr: trotz des schwierigen Terrains gewann der amerikanische Vormarsch an Schwung. Am 28. Juli wussten die Amerikaner, dass sie siegten. Sie kamen in offenes Land und die Fahrer der Panzer konnten einen höheren Gang einlegen. Am späten Abend traf die Vorhut des VII. Korps in Coutances ein.

Rascher Fortschritt

Nach 52 Tagen zermürbenden Kampfes hatten die Amerikaner das westlichste Ende der deutschen Front durchbrochen. Nun machten sich die mühsamen Kämpfe der Briten bezahlt: die Deutschen hatten den Amerikanern nichts mehr entgegenzusetzen. Am 29. Juli eilten sie die 26 km nach Avranches und

UNTEN:
Ein alliierter Soldat Anfang August in der Nähe von Tracy Bocages. Er ist mit einer erbeuteten MP-40-Maschinenpistole bewaffnet – unter den alliierten Truppen weit verbreitet, da diese deutsche Waffe hoch geschätzt wurde.

überquerten am 30. Juli den Fluss Selune in die Bretagne. Nun erlitten die Deutschen einen weiteren Schlag. Ende Juli glaubte das deutsche Oberkommando noch immer, eine große amerikanische Armee unter General Patton in Ostengland warte darauf, in den Pas-de-Calais vorzurücken. In Erwartung eines Angriffs hatten die Deutschen starke Truppen nordöstlich der Seine stationiert. Am 1. August wurde der Albtraum wahr, doch Pattons Armee – die neu aufgestellte 3. – kam nicht über die Straße von Dover, sondern stieß durch die Lücke bei Avranches an der durchbrochenen linken Flanke der Deutschen vor.

In den nächsten fünf Tagen rasten Pattons Panzerkolonnen durch Nordwestfrankreich. Die 4. Panzerdivision der 3. Armee zog durch die Bretagne bis Lorient, die 6. Panzerdivision war am 6. August vor Brest und die 83. Infan-

LINKS:
Der kanadische Angriff wurde von schwerer Artillerie und Bombardement aus der Luft unterstützt. Was die Kanadier nicht wussten: Die Deutschen hatten Schutz in den tiefen Schächten und Tunneln eines Eisenbergwerks gefunden. Wenn nötig, konnten sie beträchtliche Streitkräfte durch diese Tunnel schleusen.

teriedivision bei St.-Malo. Angesichts der weit offenen linken deutschen Flanke beschloss Eisenhower, den Rest der 3. Armee nicht für die Besetzung der Bretagne einzusetzen, sondern „die Vernichtung der deutschen Armee vollständig zu machen ... und vorzurücken ... so weit wir können." Am 5. August stieß das XV. Korps der 3. Armee unter Major General Wade H. Haislip durch die Lücke von Avranches nach Südosten vor. Am 9. August hatte seine Vorhut Le Mans, 145 km südöstlich von Avranches erreicht und lag nun 190 km östlich der Seine und 95 km südlich der britisch-kanadischen Front vor Caen.

Während des spektakulären Ausbruchs der Amerikaner hielten die Kanadier und Briten den Druck aufrecht. Am 25. Juli startete das kanadische II. Korps die Operation *Spring* – einen Angriff gegen die kleinen Städte May-sur-Orne, Verriers und Tilly-la-Compagne südlich von Caen. Er sollte dafür sorgen, dass die Deutschen keine Divisionen nach Westen werfen konnten. Was die Kanadier nicht wussten: Die Deutschen hatten sich hier in einem Komplex aus tief gelegenen Eisenminen verschanzt. Er bot ihnen völligen Schutz vor Luftangriffen und vor der Artillerie und sie konnten durch die Tunnel beträchtliche Streitkräfte an jede bedrohte Stelle der Front bringen. Es war die stärkste deutsche Stellung in der Normandie. Allein am 25. Juli erlitten die Kanadier 1.500 Mann Verluste, fast ein Drittel davon Tote. Es war ihr schlimmster Tag in diesem Krieg – abgesehen von Dieppe. Die Gewinne waren unbedeutend.

Als der kanadische Angriff stockte, erhielt Montgomery eine dringende Nachricht von Brooke. Eisenhower hatte sich bei Churchill

OBEN:
Adolf Hitler überlebte das Attentat vom 20. Juli 1944, begann aber eine Racheorgie, die auch seinem begabtesten Befehlshaber, Generalfeldmarschall Erwin Rommel, das Leben kostete.

erneut über das offensichtliche Unvermögen der Briten beschwert. Brookes mahnte: „Die Armee muss so bald wie möglich angreifen." Das war ziemlich viel verlangt. Drei Viertel der deutschen Panzer waren nach wie vor gegen die Briten konzentriert. Wie Montgomery an Dempsey schrieb: Ein weiterer Angriff der Alliierten im Gebiet von Caen würde „kaum erfolgreich" sein. Beim Studium der Karten von der Front kamen die britischen Kommandeure überein, dass die einzige Chance darin lag, das gesamte XXX. und VIII. Korps etwa 32 km westlich von Caen bis fast zur britischen Grenze mit den Amerikanern vorrücken zu lassen, wo es laut Ultra keine deutschen Panzereinheiten gab.

Dempsey startete diese Operation mit dem Codenamen *Bluecoat* am 30. Juli. Die 11. Panzerdivision, die Angriffsspitze des VIII. Korps, rückte entlang der Grenze mit den Amerikanern nach Süden vor, besiegte eine Kampfgruppe der 21. Panzerdivision und kam bis auf 3 km an Vire, 38 km östlich von Avranches, heran. Dempsey wie auch Montgomery spürten, dass ein wichtiger britischer Sieg in Sicht war – alles, was das VIII. Korps nun zu tun hatte, war, direkt nach Westen nach Avranches vorzurücken und damit die noch immer bedeutenden deutschen Truppen südlich von St.-Lô in die Enge zu treiben. Leider stand es an der Ostflanke des VIII. Korps nicht zum Besten. Das XXX. Korps hätte zusammen mit dem VIII. vorrücken sollen, doch der heftig verteidigte Mont Pincon lag unmittelbar südlich. Es war kaum verwunderlich, dass nach ein paar kleineren Gewinnen der Angriff des XXX. Korps stecken blieb und damit die Ostflanke des VIII. Korps deutschen Gegenangriffen ausgesetzt war. Dempsey – von Ultra gewarnt, dass tatsächlich zwei Panzerdivisionen auf dem Weg nach Westen waren – beschloss, kein Risiko einzugehen, und stoppte das VIII. Korps. Montgomery hatte das Gefühl, dass dieser Misserfolg des XXX. Korps ihn um einen Sieg von der Größenordnung von El Alamein betrogen hatte. Am 3. August entließ er den Kommandeur des XXX. Korps und den der 7. Panzerdivision, der berühmtesten Formation des XXX. Korps, gemeinsam mit etwa 100 rangniedrigeren Offizieren der 7. Panzerdivision, darunter auch Brigadier „Looney" Hinde.

Hitlers Fehler

Trotz der Schlappe von *Bluecoat* rechnete das Oberkommando der Alliierten damit, dass sich die Deutschen angesichts der rasch vorrückenden Amerikaner östlich von Avranches bald an die Seine zurückziehen würden, um eine neue Verteidigungsfront zu bilden. Genau das planten auch viele deutsche Kommandeure. Doch 2.100 km östlich, in der Wolfsschanze in Ostpreußen, glaubte Adolf Hitler, dass seine Truppen vor einem bedeutenden Sieg standen. Hitler war nach dem Attentat vom 20. Juli überzeugt, dass die Desaster seiner Streitkräfte seit 1942 das Werk verräterischer antinationalsozialistischer Generäle waren. Da die Gestapo diese nun aussonderte, konnte man wieder zu den spektakulären Siegen von 1940 und 1941 zurückkehren. Das Studium der Karten der Normandie machte es für Hitler offenbar, dass Avranches der Schlüssel für den amerikanischen Vormarsch war – jeder Ausrüstungsgegenstand für Pattons Divisionen musste diese Stadt passieren und der amerikanische Korridor um Avranches war nur 26 km breit.

Da der Wetterbericht Frühnebel angesagt hatte, rückten in der Nacht zum 7. August vier Panzerdivisionen von Mortain auf das nur 32 km nordwestlich liegende Avranches vor. In dieser Nacht durchbrachen die Panzer 13 km der amerikanischen Front und schnitten einige amerikanische Bataillone ab. Für kurze Zeit schien es, als sollte Hitlers Spielerinstinkt Recht behalten. Doch als der Morgen kam, war von Nebel nichts zu sehen. Stattdessen war bis zum mittleren Vormittag der Himmel über Avranches voller alliierter Jagdbomber, die die Deutschen zwangen, den Tag über unterzutauchen. In den nächsten 72 Stunden versteckten die Deutschen sich bei Tag und griffen in der Nacht an.

Am 7. August flog Eisenhower zu einer Lagebesprechung zu Bradleys Hauptquartier; sie beschlossen, weiterhin Divisionen durch die Lücke in Avranches zu schicken – was auch passieren mochte. Sollte es den Deutschen gelingen, die Lücke zu stopfen und die 3. Armee abzuschneiden, so garantierte Eisenhower persönlich Fallschirmabwürfe von 2.000 Tonnen täglich für Pattons Divisionen. Bradley und Eisenhower betrachteten den Angriff von Mortain als Geschenk der Kriegsgötter: Die Deutschen ignorierten Pattons Vorpreschen nach Osten, pumpten Männer und Material westwärts nach Avranches und halfen damit, jene Voraussetzungen zu schaffen, unter denen ein großer Teil ihres Heeres in Nordfrankreich eingekreist werden konnte. Am 8. August, als die östliche Vorhut von Pattons 3. Armee – Haislips XV. Korps – Le Mans erreichte, befahl ihm Bradley, nach Norden über Alençon und Argentan auf den britischen Sektor am normannischen Landekopf zuzuhalten. Alles, was Bradley nun zu tun hatte, war, die Briten davon zu überzeugen, südlich nach Argentan vorzustoßen und sich dort mit den Amerikanern zu treffen.

Unabhängig von Eisenhower, Bradley oder Montgomery wollte Lieutenant General

UNTEN:
Ein deutsches StuG-III-Sturmgeschütz in der Normandie im Einsatz. Das StuG III war eine hoch geschätzte Waffe, die von den Alliierten wegen ihrer niedrigen Silhouette und ihres starken Geschützes gefürchtet wurde.

LINKS:
Amerikanische Truppen rücken auf ein isoliertes Bauernhaus im Gebiet von Mortain vor. Der deutsche Angriff in Mortain stoppte die Alliierten kurz, konnte aber den Strom amerikanischer Soldaten und Ausrüstung in die Bretagne und die südliche Normandie nicht aufhalten.

Simmonds, der Kommandeur des kanadischen II. Korps, am 8. August südlich von Caen Falaise angreifen. Es war der 26. Jahrestag des großen kanadischen Angriffs auf die deutsche Armee in der Schlacht von Amiens im Ersten Weltkrieg. Dieser hatte viel dazu beigetragen, die Moral der deutschen Armee zu brechen und den deutschen Zusammenbruch eingeleitet. Simmonds hoffte, dass die Geschichte sich wiederholen würde. Die Fehlschläge der Kanadier hatten ihre Entschlossenheit, endlich Erfolg zu haben, nur gefestigt. Am 8. August beschossen nach Einbruch der Dunkelheit 1.000 schwere Bomber die Flanken des nach Falaise führenden Korridors, ließen den Korridor selbst jedoch unversehrt. Ohne einleitenden Beschuss rollten zwei Panzerkolonnen vorwärts und mit ihnen Infanterie in „Kangaroo"-Panzern, deren Türme fehlten. Endlich besaßen die Alliierten einen gepanzerten Mannschaftstransporter. Die Überraschung war perfekt. Im Morgengrauen stießen die kanadischen Kolonnen, begleitet von Generalmajor S. Maczeks gerade gelandeter 1. polnischer Panzerdivision, Richtung Falaise vor.

UNTEN
Michael Wittmanns Tiger nach seiner Zerstörung durch Shermanpanzer der polnischen Panzerdivision. Die von hinten kommenden Shermans rissen den Tiger mit Salven aus kürzester Distanz in Stücke.

Die Kanadier werden aufgerieben

Der deutsche Gegenangriff begann um 11.30 Uhr. In einer der ungewöhnlichsten Schlachten des Feldzuges lenkte Michael Wittmann seinen einzelnen Tiger-Panzer auf eine Schwadron Shermans zu – nur um herauszufinden, dass diese, statt abzudrehen, genau auf ihn zuhielten. Er hatte das Pech gehabt, genau in einen Teil der polnischen Panzerdivision zu fahren. Wittmann zerstörte viele der polnischen Panzer, doch sie rückten weiter vor. Einige umkreisten seine Flanken, und fünf hinter ihm auftauchende Shermans feuerten Salven aus kürzester Distanz ab, die Wittmann und seinen Tiger in Stücke rissen. Die Kanadier und Polen wehrten den deutschen Gegenangriff ab und waren um 14 Uhr bereit, den Angriff wieder aufzunehmen. 500 B 17 über ihnen sollten die Deutschen pulverisieren, wiederholten schließlich aber nur das *Cobra*-Desaster. Viele Bomben fielen zu kurz und über 300 Kanadier und Polen wurden getötet oder verwundet, viele Panzer zerstört – ein schlechter Start. Am nächsten Tag liefen das kanadische 28. Panzerregiment und das Algonquin-Regiment in zwei deutsche Panzergruppen und wurden zugleich von der

RECHTS:
Britische Truppen unterstützen einen Shermanpanzer, der hier im Hintergrund zu sehen ist. Der hohe Rumpf und der Turm machten die Shermans für feindliche Artilleristen leicht sichtbar.

LINKS:
Frankokanadische Commandos in den Ruinen einer französischen Stadt auf dem Weg nach Falaise. Die Stadt war von Deutschen gesäubert – sonst wären die Männer nicht so entspannt.

UNTEN:
Ein britischer Offizier im Kampfanzug. Nur seine Smith & Wesson-Dienstpistole unterscheidet ihn von anderen Dienstgraden.

polnischen 1. Panzerdivision unter Beschuss genommen. Zwischen Deutschen und Polen wurden die Kanadier aufgerieben.

Die Operation *Totalise* wäre verpufft, hätte sich nicht im Süden – wo die Amerikaner nach Argentan vorstießen – eine neue Lage ergeben. Einige der britischen Streitkräfte mussten unbedingt nach Falaise. In den folgenden vier Tagen wurde eine neue Operation *Totalise* mit dem Namen *Tractable* auf die Beine gestellt. *Totalise* lebte von der Überraschung, *Tractable* war ein massiver Angriff. Zusammengezogene Artillerie lieferte Sperrfeuer, teils aus hochexplosivem Sprengstoff, teils aus Rauch. Hinter dieser Wand rückten 300 Panzer und 4 Infanteriebrigaden in Kangaroos vor. Darüber flogen fast 800 Lancasters und Halifaxes gegen deutsche Stellungen.

Dann ging alles schief. Wieder trafen viele Bomber ihre Ziele nicht und töteten und verwundeten mehr als 400 Kanadier und Polen. Die Panzerkolonnen ignorierten diese Verluste und preschten vor, verloren im dichten Rauch aber bald den Zusammenhalt und prallten aufeinander. In diesem Chaos rollten die Shermans und Kangaroos hinunter zu einem Bach, dem Laison, der durch die Vormarschlinie floss, aber für zu klein galt, um sich darüber Sorgen zu machen. Er mochte zwar schmal sein (nur 3,5 m breit), doch seine Uferböschungen waren steil – ein natürlicher Panzergraben. Die Panzerkolonnen fuhen ungeordnet an der Nordseite herum. Schließlich gelang es mit Faschinen ausgestatteten AVRE, an einigen Stellen eine Brücke über den Laison zu legen. Die Panzer rückten weiter vor, doch das Eilzugtempo war zu einem Kriechen geworden. Am 15. August nahmen die Kanadier endlich Falaise ein. Sie hatten eine Woche für 22,5 km gebraucht. In dieser Zeit waren die Amerikaner im Norden von Le Mans fast 97 km vorgerückt und standen nun in Argentan, weniger als 32 km südlich. Am 11. August hatte Patton zu Haislip gesagt: „Beachten Sie Montys verdammte Grenzen nicht. Seien Sie darauf vorbereitet, wenn nötig sogar über Falaise hinauszugehen. Ich werde Sie decken.“ Am 16. August fragte Patton über Funk bei Bradley um die Erlaubnis an, nördlich von Argentan vorzurücken und sagte halb im Scherz: „Sollen wir fortfahren, die Briten für ein zweites Dünkirchen ans Meer zu treiben?“ Bradley antwortete, ihm sei „eine feste Schulter in Argentan lieber als ein gebrochener Hals in Falaise“ und befahl Patton, sich nicht von der Stelle zu rühren.

Hitler glaubte noch immer, dass Gegenangriffe von Panzern Deutschland den Sieg bringen würden. Er befahl Generalfeldmarschall von Kluge, den Druck in Avranches aufrechtzuerhalten und in Falaise und Argentan anzugreifen, um zu verhindern, dass die Kanadier und Amerikaner die Lücke schlossen. Am 15. August inspizierte von Kluge die eingekesselten Truppen. Wie Rommel wurde er von Jagdbombern unter Beschuss genommen und kam kaum lebend davon. Er informierte Berlin: „Egal, wie viele Befehle kommen, die Truppen können nicht, sind nicht im Stande, sind nicht stark genug, den Feind zu besiegen. Es wäre verhängnisvoll, einer unerfüllbaren Hoffnung zu erliegen." Ohne Hitlers Antwort abzuwarten, befahl er den Truppen, sich aus dem Kessel zurückzuziehen. Voll Wut entließ ihn Hitler darauf, beorderte ihn zurück (von Kluge nahm lieber Zyankali) und ersetzte ihn am 17. August durch Generalfeldmarschall Walther Model, einen treuen Nazi frisch von der Ostfront. Model hatte viele schwierige Situationen in Russland überlebt und erkannte rasch, dass er nur den Rückzug fortsetzen und mit jedem verfügbaren Panzer Falaise und Argentan angreifen konnte, um die Öffnung so lange wie möglich offen zu halten.

Am 19. August steckten die Deutschen in einer verzweifelten Lage. 1.800 Mann und 80 Panzer der polnischen 1. Panzerdivision hielten den Grat des Bergs Ormel im Zentrum des Korridors. Von hier aus lenkten sie Artilleriefeuer und Luftangriffe auf die deutschen Kolonnen, die beiderseits des Grates zurückwichen. Oberfeldwebel Hans Erich Braun, einer der Überlebenden der 2. Panzerdivision, beschreibt den Rückzug als Reise durch die Hölle: „Die unaufhörlichen Detonationen – Soldaten, die uns zuwinkten und um Hilfe bettelten – Tote mit schmerzverzerrtem Gesicht – Offiziere und Mannschaften, die die Nerven verloren hatten und sich in Gräben und Unterständen drängten – brennende Wagen, aus denen durchdringende Schreie zu hören waren – ein dahinstolpernder Soldat, der die aus seinem Unterleib hervorquellenden Eingeweide zurückzuhalten versuchte – Soldaten, die in ihrem eigenen Blut lagen, Arme und Beine weggerissen – andere, die verrückt geworden waren und weinten, schrien, fluchten, hysterisch lachten – und dann die Pferde, einige noch immer an die Deichseln ihrer zerstörten Fuhrwerke gespannt, wie Geister tauchten sie aus Rauch- und Staubwolken auf und verschwanden wieder – und wieder die Pferde, die schrecklich schrieen und dem Schlachten auf den Stümpfen ihrer Hinterbeine zu entkommen versuchten."

Model holte sich Reserven von außerhalb und schickte zwei Panzerdivisionen gegen den Berg Ormel. Obwohl zahlenmäßig unterlegen, schlugen die höchst motivierten Polen zurück. Ihre Funkgeräte waren auf die

UNTEN:
Mit voller Kraft voraus: Der Ausbruch aus der Normandie ist geschafft. Mitglieder der FFI winken alliierten Panzern zu, die an den Wracks deutscher Wagen vorbei auf Paris und die Seine zueilen.

BBC eingestellt, die aus Warschau vom Aufstand der polnischen Heimatarmee gegen die Deutschen berichtete. Diese Polen wären – abgesehen von Warschau – nirgends lieber gewesen als hier. Überall waren Deutsche und die Polen töteten eine Menge von ihnen. Zu diesem Zeitpunkt griff Generalmajor Jacques Philippe Leclercs kürzlich eingetroffene französische 2. Panzerdivision im Norden von Argentan an. Auch die Franzosen hatten eine andere Schlacht im Kopf. Am Samstag, dem 19. August, war es auch in Paris zu einem Aufstand gekommen. Leclercs Männer kämpften in Argentan bis zum 21. August – dann schloss sich die Zange und die Einkreisung war komplett. 24 Stunden später eilte die 2. Division auf ihre Hauptstadt zu. Die Schlacht um die Normandie war vorbei.

Ein teurer Sieg

In den elf Wochen des Kampfes war wenig planmäßig verlaufen – auf beiden Seiten. Die Alliierten hatten für den ersten Tag hohe Verluste eingerechnet; doch fielen diese – mit Ausnahme des Omaha-Debakels – geringer aus als erwartet. Die Deutschen hatten die Landung im Pas-de-Calais erwartet und hielten die Normandie bis Ende Juli für eine Finte – wenn auch eine sehr starke. Sie setzten daher zu spät starke Truppen gegen den Landekopf ein. Die Alliierten planten ein rasches Vorrücken vom Landekopf und einen Feldzug durch Nordfrankreich, in dem ihnen ihre massive zahlenmäßige Überlegenheit an Panzern und Flugzeugen von Vorteil sein würde. Die Deutschen waren zu schwach, um den Landekopf zu zerstören, und wochenlang waren die Alliierten zu schwach, um auszubrechen. Immer wieder hatten die Alliierten sorgfältig geplante Operationen mit massivem Sperrfeuer und Luftunterstützung geplant – und dabei nur bescheidene Erfolge erzielt. Immer wieder hatten die Deutschen von gut befestigten und getarnten Stellungen aus Widerstand geleistet und ihre zum Großteil von Pferden gezogene Artillerie und ihre Infanterie in der Nacht zu Fuß an jene Stellen der Front verlegt, an denen ein Durchbruch befürchtet wurde. Das Ergebnis war ein Material- und Stellungskrieg: Die zahlenmäßig überlegene Seite würde schließlich gewinnen. Die Verluste sprechen eine klare Sprache: Zwischen 6. Juni und 22. August verloren die Alliierten 200.000, die Deutschen 400.000 und die Franzosen (*Résistance* und Zivilisten) an die 100.000 Mann – insgesamt rund 700.000 Opfer in 77 Tagen. Der Preis für das Durchbrechen der deutschen Front war hoch gewesen. Doch nun konnte der Feldzug in Nordwesteuropa in eine neue Phase treten.

OBEN:
Die Hölle von Falaise, wo 50.000 Deutsche und die gesamte schwere Ausrüstung der deutschen 7. und 5. Panzerarmeen eingeschlossen wurden und den unablässigen Angriffen der alliierten Jagdbomber ausgesetzt waren. Der Großteil der Leute war aber bereits über die Seine entkommen.

KAPITEL FÜNF

OPERATION ANVIL/DRAGOON

Mit dem Rückzug der Deutschen aus der Normandie im August war ganz Frankreich zum Aufstand gegen die Besatzer bereit. Ihre Chance kam mit der Landung der Alliierten im Süden.

Während im Juni und Juli 1944 der Kampf in der Normandie tobte, war auch der Rest Frankreichs alles andere als ruhig gewesen; die *Forces Françaises de l'Interieur* (FFI) waren den ganzen Frühsommer hindurch angewachsen. Ende Mai hatte der *Maquis* (die *Résistance*) an die 10.000 Kämpfer in Lagern am Mont Mouchet im Zentralmassiv versammelt. Dakotas der RAF und USAAF versorgten sie mit Gewehren, Panzerfäusten und Granaten, obwohl die erwarteten Fallschirmjäger – abgesehen von ein paar SOE-Teams – ausblieben. Am 6. Juni führten große Verbände von *Maquisards* (Mitgliedern der *Résistance*) Angriffe bis ins 150 km entfernte Loiretal durch. Eine ganze 12.000 Mann starke deutsche Division wurde für sie abgestellt. Die Deutschen griffen am 10. Juni an und in den nächsten zehn Tagen wurde ein Kampf ausgefochten, der an Brutalität dem in der Normandie um nichts nachstand. Die *Résistance* schlug den ersten Angriff zurück und verursachte 3.100 Mann Verluste. Doch die Deutschen mobilisierten weitere 8.000 Soldaten mit schweren Waffen und Luftunterstützung. Im Morgengrauen des 21. Juni brach die *Résistance*, der die Munition ausging, den Kampf ab und zog sich ins Zentralmassiv zurück.

Ein anderer Aufstand war im Südosten im Gang. Die steilen, dicht bewaldeten Hänge der Hochebene von Vercors südwestlich von Grenoble machten das Gebiet zu einer natürlichen Festung. 1943 hatte die *Résistance* im dortigen Wald viele Lager. Am 6. Juni 1944 waren etwa 4.000 *Maquisards* auf der Hochebene versammelt und holzten für die alliierten Transportflugzeuge – von deren baldigem Eintreffen sie überzeugt waren – eine Start- und Landebahn ab. Einer ihrer Anführer, Eugène Chavant, war zur Mittelmeerküste aufgebrochen, hatte sich mit einem U-Boot getroffen und eine Woche in Algerien verbracht. Dabei hatte man ihm erzählt, dass die Invasion Südfrankreichs nahe bevorstand. Beruhigt war Chavant am 5. Juni nach Vercors zurückgekehrt und gab den Befehl zum Aufstand. Wie die *Maquisards* von Mont Mouchet griffen auch die Männer von Vercors an, sorgten für Zerstörung und brachten in großen Teilen Südostfrankreichs den Verkehr zum Erliegen.

Deutsches Eingreifen

Die Deutschen konnten diesen offenen Aufstand nicht ignorieren. Am 13. Juni marschierten 1.500 Deutsche über jene Straße, die den 910 m hohen Steilhang hinaufführte und wurden von 300 *Maquisards* mit Granaten zurückgeschlagen. Am nächsten Tag starteten die Deutschen einen sorgfältig geplanten Gegenangriff. Hinter Mörsersperrfeuer und Artillerie rückten 3.000 deutsche Infanteristen vor und überrannten die äußeren

GEGENÜBER: *Eine durch Südfrankreich vorrückende Panzercrew hält an, um einem kleinen Mädchen Schokolade zu schenken. Bis August waren die deutschen Truppen im Süden relativ geschwächt und im Großen und Ganzen verlief die Landung der Alliierten reibungslos.*

Befestigungen der *Maquisards*. Doch an den steilen Hängen des Vercors blieb der Angriff stecken. In den nächsten fünf Wochen führten die Deutschen und die *Maquisards* einen Materialkrieg. Die zunehmend verzweifelten Appelle um Unterstützung an die Alliierten hatten schließlich Erfolg: Am 14. Juli warfen 80 amerikanische Flugzeuge mit Fallschirmen 1.000 Container ab. Sie enthielten leichtere Waffen und Munition, aber nicht die schweren Mörser und Panzerabwehrwaffen, die die *Maquisards* benötigten, um die Deutschen wirksam zu bekämpfen.

Die deutsche Luftwaffe in Aktion

Am nächsten Tag waren mehr Flugzeuge über dem Vercors – doch diesmal waren es Bomber der Luftwaffe, die Brandbomben auf die knochentrockenen Wälder niederregnen ließen. Am 19. Juli tobten Brände an vielen Stellen der Hochebene und die Deutschen schickten zwei Divisionen, insgesamt mehr als 20.000 Mann, in das Gebiet um den Vercors. 48 Stunden lang versuchten deutsche Kampfgruppen aus acht Richtungen auf die Hochebene zu kommen und zerstörten dabei Stützpunkte des *Maquis* mit Mörsern und Angriffen von JU-87-Stukas. Der *Maquis* zog sich systematisch zurück und die Deutschen zahlten für jeden Meter einen hohen Preis. Am 21. Juli um 9.30 Uhr kamen von Süden etwa zwanzig Segelflugzeuge. Die *Maquisards* glaubten zuerst, die ersehnte Invasion hätte begonnen. Doch als die Flugzeuge zur Landung auf dem noch nicht fertig gestellten Flugfeld ansetzten, erkannten sie, dass es deutsche DFS-230-Segler waren. Die Franzosen eröffneten das Feuer mit ihrem einzigen Maschinengewehr und töteten einen Piloten, dessen Flugzeug zerschellte. Doch die restlichen Flugzeuge kamen in 3er- oder 4er-Gruppen heran und überwältigten die Hand voll Verteidiger. Bald darauf landeten etwa 500 Fallschirmjäger hinter den Hauptstellungen der *Maquisards* und beschossen sie mit zielgenauem Mörserfeuer.

In den nächsten 24 Stunden töteten die Deutschen in den Dörfern alles, was sich bewegte. Verwundete, die sich in Höhlen versteckt hatten, „wurden an Haaren und Beinen herausgezogen. Ungefähr ein Dutzend wurde auf Schubkarren geladen, wie Säcke auf deutsche Laster geworfen und zu Tode geprügelt oder erstochen. Ihre Körper landeten im Straßengraben." Die SS entdeckte rund 50 Mann in einem Dickicht und prügelte sie zu Tode – einen nach dem anderen. Insgesamt starben 750 *Maquisards* in der Schlacht um den Vercors. Die restlichen zogen sich östlich in die Alpen zurück und wurden von der deutschen 157. Division verfolgt.

RECHTS:
In der Küstenstadt Hyeres kämpfen Mitglieder der Résistance *offen gegen die deutschen Besatzer. Aktionen wie diese banden in ganz Frankreich deutsche Truppen und behinderten den Fluss von Verstärkung und Nachschub an die Front.*

LINKS:
Kämpfer der Résistance *versammeln sich in einer französischen Stadt. Den ganzen Krieg über hatten vor allem die Briten die* Résistance *mit Waffen unterstützt. Diese Unterstützung erreichte 1944, vor und nach der Invasion in der Normandie, einen neuen Höhepunkt.*

Die meisten deutschen Streitkräfte, die mit den Aufständen zu tun bekamen, gehörten zur Heeresgruppe G, die für die Verteidigung Frankreichs südlich und östlich der Loire verantwortlich war – also praktisch für das halbe Land. Der Befehlshaber der Heeresgruppe G, General Johannes Blaskowitz, ein preußischer Offizier der alten Schule, der die Nazis verachtete und 1939 mit Hitler wegen der Exzesse bei der deutschen Besatzung in Polen aneinander geraten war, operierte von einem Hauptquartier im kleinen Dorf Rouffiac aus, etwa 10 km von Toulose entfernt. Als die Nachrichten über die Kämpfe mit dem *Maquis* über ein immer schlechteres Kommunikationsnetz allmählich eintrafen, vertraute Blaskowitz seinem Kriegstagebuch an: „Die augenblickliche Situation ist nicht tragbar: die deutschen Truppen haben keine Chance, zwischen Freund und Feind zu unterscheiden. Ein Großteil des Blutvergießens – Blutvergießen an unschuldigen französischen Zivilisten – könnte vermieden werden, wenn die Deutschen wüssten, wer Freund und wer Feind ist, wer friedliebender Zivilist und wer Terrorist." Blaskowitz glaubte, dass die Ehre der deutschen Armee auf dem Spiel stand und befahl, dass gefangene *Maquisards* in Übereinstimmung mit der Genfer Konvention als Kriegsgefangene zu behandeln waren. Doch eigentlich hatte er keine Kontrolle über die Streitkräfte, die gegen die Aufständischen kämpften und für die meisten Gräueltaten verantwortlich waren.

Truppen gegen Aufständische

Am gefürchtetsten war der Sicherheitsdienst (SD), der Nachrichtendienst gegen politische Gegner und Oppositionelle innerhalb der NSDAP. Er operierte von Paris aus und gehörte zu Himmlers SS-Führungsapparat. Der SD, oft mit der Gestapo verwechselt, die nur in Deutschland operierte, sammelte Nachrichten in Frankreich und verhörte Gefangene. Blaskowitz versuchte, die Wehrmacht vom SD-Gegenterror zu distanzieren, indem er den SD zwang, seine Opfer öffentlich zu begraben. Doch im Laufe des Sommers wurde klar, dass er einen aussichtslosen Kampf führte. Weniger gefürchtet, aber noch mehr verhasst war die französische *Milice* des Vichy-Regimes, eine 30.000 Mann starke paramilitärische Polizei, deren Mitglieder nach einer Nachtwache auf Knien einen Treueeid auf Pétain geschworen hatten. Für die *Milice* war der Kampf mit der FFI ein Kampf auf Leben und Tod. Denn sie wusste, was in einem befreiten Frankreich auf sie wartete: eine Massenhinrichtung. Was sich im Sommer 1944 abspielte, war in Wirklichkeit ein Bürgerkrieg, der große Teile Frankreichs erfasst hatte. Sowohl *Maquis* als auch *Milice* kannten kein

RECHTS:
Die Befreiung war für viele eine Gelegenheit, sich an wirklichen oder angeblichen Kollaborateuren zu rächen. Hier wird eine Frau, die angeklagt war, mit dem Feind geschlafen zu haben, der öffentlichen Schande ausgesetzt.

UNTEN:
Ein deutscher Soldat wäscht seine Wäsche in einem Zug, der ihn aus Südfrankreich evakuiert. Das Tempo des alliierten Vormarsches zwang die Deutschen zur Eile, um nicht hinter alliierten Linien eingeschlossen zu werden.

Pardon in einem Konflikt von zunehmender Barbarei. Bis 31. Juli hatte der SD 7.000 Einzelangriffe des *Maquis* in Südfrankreich notiert, 6.000 auf französische Kollaborateure und 1.000 auf Deutsche, und Blaskowitz berichtete von Rundstedt, die Aktivitäten der *Résistance* hätten einen Punkt erreicht, an dem man „nicht mehr von Kontrolle über den Großteil des Gebietes sprechen kann. Nur wo deutsche Truppen sichtbar sind, können Friede und Ordnung aufrechterhalten werden."

Geschwächte deutsche Truppen

Als die FFI stärker und verwegener wurden (bis 1. August hatten geschätzte 150.000 Franzosen ihren Treueeid geschworen), wurde Blaskowitz geschwächt, da seine Streitkräfte in die Normandie abgezogen wurden. Als Erstes brach am 8. Juni die 2. SS-Panzerdivision *Das Reich* auf. In den nächsten acht Wochen folgten die 9. Panzerdivision und die 271., 272., 276., 277., 338. und 708. Infanteriedivision sowie die 341. Sturmgeschützbrigade. Selbst an Panzerabwehrraketen fehlte es, da die meisten in die Normandie gesandt worden waren. Die Heeresgruppe G erhielt im selben Zeitraum nur zwei Infanteriedivisionen unter Sollstärke als Ersatz und hatte nun nur mehr eine Panzerdivision, die 11., welche in Russland übel zugerichtet worden und gerade wieder im Aufbau begriffen war. Alle anderen Einheiten waren stehende Divisionen mit überalterten Soldaten und Truppen aus Osteuropa. Es gab sogar eine Einheit indischer Freiwilliger aus britisch-indischen Kriegsgefangenen, die in Nordfrankreich gefangen genommen wurden. Die Deutschen kaschierten ihre Schwäche durch Truppenbewegungen. Es sollte aussehen, als würde Verstärkung ins Land strömen. Diese waren so umfangreich, dass farbkodierte Listen von wirklichen und vorgetäuschten Einheiten nötig waren, um Verwirrung zu vermeiden.

Die wichtigste Aufgabe der Heeresgruppe G war die Verteidigung Südfrankreichs und der französischen Mittelmeerküste, obwohl Blaskowitz das nicht mehr für möglich hielt. Er trat für einen Rückzug von der Küste und die Errichtung einer neuen Stellung im Zentrum Ostfrankreichs ein, wo die Deutschen über viel kürzere Nachschublinien und ein internes Fernmeldewesen verfügen würden. Blaskowitz wusste, dass jeder alliierte Angriff seine dünne Verteidigung – mit Divisionen unter Sollstärke, die die Küste von der Loire bis nach Biarritz am Golf von Biskaya und von der spanischen bis zur italienischen Grenze am Mittelmeer bewachten und dabei nur von 30 leichten Schiffen und ca. 200 Flugzeugen unterstützt wurden – rasch durchbrechen würde. Das OKW tat seine Empfehlungen nach wie vor ab und Blaskowitz hatte keine andere Wahl, als Truppen an den Küsten aufzustellen und die Verteidigungsarbeiten voranzutreiben. Bis Juni waren fast 1.000 Stellungen an der Mittelmeerküste gebaut, fast 62.500 Minen gelegt und an die 1.000 mittlere und schwere Geschütze in Stellung gebracht worden.

Vorhergesagter Landeplatz

Anders als an der Kanalküste, wo eine Invasion praktisch überall möglich war, ließ die Topografie hier eine etwas genauere Vorhersage des vermutlichen Landeplatzes zu. Die Mittelmeerküste wurde durch das Rhône-Delta geteilt – flaches Sumpfgebiet, das eine Landung praktisch unmöglich machte. Das bedeutete, eine Landung würde entweder westlich der Rhône – an den breiten Sandstränden zwischen Perpignan und Sète – oder östlich der Rhône – in den schmalen, von Klippen gesäumten Buchten der Côte d'Azur – stattfinden. Die westlichen Strände waren für eine amphibische Operation ideal, doch das Fernmeldenetz verlief nordwestlich durch den Languedoc zur Garonne und an die Atlantikküste. Sollten die Alliierten hier lan-

UNTEN:
Ein angeblicher Kollaborateur wird an den Haaren aus seinem Versteck gezogen. Szenen wie diese kamen in der zweiten Hälfte des Jahres 1944 regelmäßig vor.

RECHTS:
B-17 Flying Fortresses werfen Nachschub und Waffen über dem französischen Zentralmassiv ab – doch nicht die Soldaten und schweren Waffen, welche die Résistance erwartet hatte. Auf seinem Höhepunkt beschäftigte dieser Kampf über 20.000 deutsche Soldaten.

den, würden sie genau in die falsche Richtung vorrücken. Eine Landung an der Côte d'Azur wäre schwieriger, bot aber die Aussicht auf einen Vormarsch nordwärts durch Ostfrankreich. Damit könnten die Alliierten deutsche Streitkräfte, die in der Normandie kämpften, abschneiden. Daher konzentrierte Blaskowitz die Verteidigungsbemühungen auf den Westen des Rhône-Deltas. Die großen Häfen Toulon und Marseille waren offensichtliche Ziele der Alliierten und beide wurden mit je 200 Geschützen mittleren und schweren Kalibers verteidigt. Zusätzlich wurden 45 Batterien an der Küste zwischen Rhône und Agay positioniert. Viele wurden ebenso geschickt getarnt wie jene in der Normandie. Zwischen Marseille und Nizza bauten deutsche Pioniere 600 Betonbunker, die selbst stehende Divisionen in eine starke Festung verwandeln konnten.

Die Truppen in diesem Gebiet kamen unter das Kommando von Generalleutnant Frederick Wieses 19. Armee, deren Stab in Avignon stand. Wiese – ein Hamburger Polizist – war zu Kriegsbeginn nur Oberst gewesen, hatte aber an Macht gewonnen. Er war ein treuer Nazi und in den blutigen Kämpfen an der russischen Front erstaunlich rasch befördert worden. Auf dem Papier befehligte Wiese 10 Divisionen, doch eine war eifrig dabei, den Aufstand am Vercors zu unterdrücken, und ein paar andere waren mit Truppen aus Polen, Armenien, Georgien, der Ukraine und Aserbaidschan gemischt worden – Soldaten, die ihre Unzuverlässigkeit bereits in der Normandie gezeigt hatten. Es gab aber auch vier hoch qualifizierte Divisionen, die – nachdem sie in der Normandie übel zugerichtet worden waren – nun wiederhergestellt waren. In Südfrankreich stand nur noch eine Panzerdivision, die 11., mit 200 Panzern. Sie war die stärkste Formation der Heeresgruppe G. Nach fast drei Jahren in Russland war sie im April 1944 zur Erholung und Neubildung nach Bordeaux geschickt worden. Sie hatte schwere Verluste erlitten, doch ihre überlebenden Offiziere gehörten zu den erfahrensten und fähigsten Panzersoldaten der Wehrmacht. Ihr Divisionskommandeur, der 44-jährige Generalleutnant Wend von Weitersheim, ein aristokratischer Kavallerieoffizier, hatte sich in Russland derart ausgezeichnet, dass er das Ritterkreuz mit Eichenlaub und Schwertern erhalten hatte.

Blaskowitz' Heeresgruppe G bestand aus etwa 500.000 Mann, von denen 250.000 entweder am Mittelmeer oder in dessen unmittelbarer Reichweite lagen. Blaskowitz war überzeugt, dass die Alliierten an der Riviera landen würden und die dort aufgestellten Truppen für alles andere als Scheinwiderstand zu schwach wären. Er hatte das OKW deshalb mehrfach gedrängt, der 11. Panzerdivision zu erlauben, westwärts vorzurücken. Doch das OKW hatte jedes Mal abgelehnt. Blaskowitz hatte auch angeregt, dass die Heeresgruppe G aus Südwest- und Südfrankreich abziehen solle, damit der Kampf im Landesinneren für die Alliierten lange Nachschublinien und keine Unterstützung durch ihre Marineartillerie bedeutete. Vergeblich. Kurz gesagt: Blaskowitz hielt Südfrankreich für den falschen Schauplatz für diesen Kampf.

Britischer Widerwille

Blaskowitz stand mit seinem Widerwillen gegen einen Kampf an der Mittelmeerküste nicht allein da. Die gesamte britische politische und militärische Führung – Premierminister Winston Churchill, Generalstabschef General Alan Brooke, der Befehlshaber des Kriegsschauplatzes im Mittelmeerraum, General Sir Henry (Jumbo) Wilson, und der Befehlshaber in Italien, General Sir Harold Alexander – lehnte jede Operation dieser Art vehement ab. Bei einer Konferenz in Quebec im August 1943 war einer Landung an der französischen Südküste – mit dem Code-

UNTEN:
Feldmarschall von Rundstedt, der das Oberkommando über die Befestigung Südfrankreichs innehatte, diskutiert während eines Inspektionsbesuches im Dezember 1943 die Küstenbefestigungen.

namen *Anvil* – zugestimmt worden. Sie sollte gleichzeitig mit der Landung in der Normandie stattfinden und Truppen vom Ärmelkanal abziehen. Die Briten hatten dem anfangs zugestimmt – nicht, weil sie so eine Operation für notwendig hielten, doch *Anvil* band eine relativ große Anzahl von Landungsbooten an den Mittelmeerraum. Obwohl das angloamerikanische Bündnis geschlossen wirkte, verfolgten die Alliierten oft unterschiedliche und manchmal widersprüchliche Ziele. Churchill wollte Landungsboote im Mittelmeer haben, um den Feldzug in Italien zu unterstützen. Er wollte sie aber auch in den Fernen Osten transferieren, wenn die Lage es erlaubte – damit die britischen Streitkräfte in Indien und Ceylon mit der Zurückeroberung britischer Kolonien in Südostasien beginnen konnten. Roosevelt und seine Regierung waren entschlossen, dies nicht zuzulassen, und die Verlegung der Landungsboote war unzähligen Verzögerungen unterworfen.

Anfang Juni 1944 empfahl Eisenhower, dass *Anvil* am 15. August stattfinden sollte. Inzwischen hatte Churchill einen anderen Plan. Er versuchte die US-Stabschefs davon zu überzeugen, die für *Anvil* vorgesehenen Truppen für eine Landung bei Triest einzusetzen. Von dort sollten sie über Laibach nach Wien an die Donau vorrücken. Churchill argumentierte, so würden deutsche Truppen auf dem Balkan abgeschnitten und den Alliierten die Kontrolle über einen Großteil des Donaubeckens gesichert – ehe die Sowjets eintrafen. Als die Stabschefs ablehnten, wandte er sich direkt an Roosevelt und beschrieb *Anvil* als „trostlos und steril". In einer ehrlichen Antwort erklärte ihm Roosevelt, dass „ich aus rein politischen Gründen nicht einmal einen leichten Rückschlag von *Overlord* überleben würde, wenn bekannt wird, dass große Verbände auf den Balkan umgeleitet wurden". Churchill gab nicht auf und bearbeitete nun Eisenhower. Er brachte vor, die Landung solle nicht am Mittelmeer, sondern bei Brest stattfinden, um Truppen direkt in die Schlacht um die Normandie führen zu können. Doch in Wahrheit wusste Churchill, dass eine Landung am Atlantik viel kleiner sein musste, damit genügend Streitkräfte in Italien blieben, um die Laibach-Operation zu ermöglichen.

Am 5. August trafen Churchill und sein Stab in Eisenhowers Hauptquartier in Southwick House bei Portsmouth ein und versuchten in einer sechsstündigen Debatte, vom unglücklichen Oberbefehlshaber eine Zustimmung zu erzwingen. Eisenhower weigerte sich und das Treffen endete damit, dass Churchill im wahrsten Sinn des Wortes Tränen der Frustration vergoss und mit seinem Rücktritt als Premierminister drohte. Später an diesem Tag berichtete Eisenhower an Marshall: „Offenbar misst er der Tatsache, dass ein Scheitern beim Erreichen dieses Ziels praktisch das Scheitern seiner ganzen Regierung bedeuten würde, große Bedeutung bei."

UNTEN:
Deutsche Soldaten bei der Routinewartung ihrer Panzerabwehrkanone in Südfrankreich. Der Süden Frankreichs mit seinem wunderbaren Essen und sonnigen Klima war vor der Invasion der Alliierten im Juni und August 1944 für die deutschen Einheiten so etwas wie eine „bequeme" Stationierung.

Die amerikanische Haltung

Das amerikanische Oberkommando von Roosevelt abwärts engagierte sich völlig für *Anvil*. Der Grund dafür war offiziell, dass der Feldzug in Nordwesteuropa ohne die Einnahme von Marseille und Toulon und die zusätzliche Entladungskapazität ihrer Häfen von 35.000 Tonnen zum Scheitern verurteilt sei. Der Haken an diesem Argument: beide Häfen waren 640 km vom Kampfgebiet entfernt und der Transport von Nachschub über eine solche Distanz bei zerstörten Straßen und Bahnlinien machte den Kapazitätsgewinn

LINKS:
General de Lattre de Tassigny (zweiter von rechts) mit Truscott und anderen US-Generälen in Nordafrika. De Lattre war der Einzige in der komplizierten französischen Politik jener Zeit, der sowohl für die Ex-Vichy- als auch für die Pro-de-Gaulle-Seite akzeptabel war.

UNTEN:
Ein Goumier *der Freien Franzosen. Viele dieser Ex-Vichy-Soldaten standen nun den Alliierten zur Verfügung, doch de Gaulle zögerte, sie in Frankreich einzusetzen.*

zweier zusätzlicher Häfen fast zunichte. Die Briten kannten den wahren Grund sehr genau, doch er war politisch so umstritten, dass sie die amerikanischen Motive nicht direkt in Frage stellen konnten – ansonsten hätten sie die Allianz gesprengt. Es ging um die enge Beziehung der Amerikaner zur früheren französischen Vichy-Armee in Nordafrika, die Großbritannien und dem Mann, den sie als britischen Protégé ansah – General Charles de Gaulle – überaus feindselig gegenüberstand. Churchill wollte Südfrankreich nicht unter die Kontrolle einer französischen antibritischen und anti-de-Gaulle Kolonialarmee fallen lassen, was ein unerwünschtes Nebenprodukt der *Anvil*-Landung gewesen wäre.

Aber das amerikanische Beharren auf einer Landung hatte seinen Grund in viel stärkeren Faktoren. Als die Amerikaner nach der Evakuierung der Deutschen im September 1943 auf Korsika gelandet waren, war die Insel vom kommunistisch dominierten *Maquis* kontrolliert, den zu unterdrücken sie einige Mühe hatten. Informationen aus Südfrankreich zufolge kam es überall zu kommunistisch beeinflussten Aufständen. Und an einigen Orten, z. B. dem Vercors, sollte es den Kommunisten sogar gelungen sein, Lokalregierungen zu bilden. Es war daher dringend nötig, dass die extrem rechtsgerichtete französische Kolonialarmee so schnell wie möglich in Frankreich landete. Nicht so sehr, um die Briten zu ärgern, sondern um zwei Drittel Frankreichs davon zu bewahren, an die französische kommunistische Partei zu fallen. Die Briten ihrerseits sahen dem Einsatz der französischen Nordafrika-Armee im französischen Mutterland mit zunehmendem Horror entgegen. Geheiminformationen des Außenministeriums besagten, dass der Einsatz von marokkanischen, algerischen und senegalesischen Soldaten zur Unterdrückung des französischen kommunistischen Untergrunds die Lage nur verschlimmern würde. Es erinnerte viele zu sehr an Francos Einsatz spanischer marokkanischer Truppen zur Unterdrückung der spanischen Republik im Sommer 1936, der zu drei Jahren blutigen Bürgerkriegs geführt hatte. Kein Wunder, dass Churchill Tränen vergoss, als er Eisenhower nicht von *Anvil* abbringen konnte.

Die Planung beginnt

Ende 1943 hatte die 7. US-Armee ein geheimes Quartier für den Planungsstab der Operation *Anvil* in der *Bouzare'a Ecole Normale* auf den Hügeln über Algier eingerichtet. Im Dezember flog General Jean-Marie de Lattre de Tassigny aus London ein, um die Planung zu leiten und das Kommando über die französischen Truppen in Nordafrika zu übernehmen. Er war so ziemlich der einzige höhere französische Offizier, der erfolgreich in diesem politisch unbeständigen Umfeld kooperieren konnte. 1940 war er loyal zu Pétain und Vichy gestanden, hatte Pétain im November 1942 aber den Gehorsam verweigert und seinen Truppen befohlen, sich der deutschen Besetzung Vichy-Frankreichs zu widersetzen. Eine Trotzhandlung, die ihm eine zehnjährige Haftstrafe eintrug. Nach drei fehlgeschlagenen Ausbruchsversuchen schaffte er es nach London und tat sich mit de Gaulle zusammen. Er war also ein sehr seltenes Exemplar; nominell unterstand er zwar de Gaulles Kommando, doch er war auch für die Vichy-Offiziere, die Frankreichs Nordafrika-Armee befehligten, akzeptabel.

Gründliche Vorbereitungen

Die Aufgabe de Lattres in den ersten Monaten des Jahres 1944 glich der General Frederick Morgans (COSSAC) in London, der zu diesem Zeitpunkt *Overlord* plante. Wie Morgan ließ de Lattre seinen Stab eine Unmenge an Informationen analysieren, die von der *Résistance* hereinkamen. Er erinnerte sich später an die Gründlichkeit der Vorbereitungen: „Jedes Detail wurde in ein umfassendes Handbuch zu jedem Strand zwischen Mentone und Port Vendres aufgenommen: Topografie, Gewässerkunde, Klima, Gezeiten und Strömungen, die Beschaffenheit des Bodens, industrielle Ressourcen, Elektrizitäts- und Wasserversorgung, Krankenhäuser – alles wurde bis ins Kleinste geprüft, klassifiziert und gezählt wie bei der Aufstellung der feindlichen Truppen. Der kleinste Betonklotz, die bescheidenste Maschinengewehr-Stellung, das schmalste Minenfeld wurden auf zahllosen Fotos von Aufklärungsflugzeugen ausfindig gemacht und überprüft." So entstand allmählich ein Feldzugsplan. De Lattres Hauptziel war es, Toulon und Marseilles einzunehmen. Doch er wusste, dass es wegen der starken Befestigungen aussichtlos war, sie direkt anzugreifen. Er entschloss sich schließlich, Cavalaire – gleich östlich von Toulon – als westliche Grenze der Landung anzugreifen und die Landung ostwärts über die 70 km lange Küste zu verteilen, die sie vom Strand von Agay – gleich östlich von Cannes – trennte. Er beabsichtigte die Invasion also genau dort, wo Blaskowitz es vorausgesagt hatte.

De Lattre arbeitete sehr gut mit Lieutenant-General Alexander Patch, dem Kommandeur der 7. Armee, zusammen, den er als „resoluten Befehlshaber mit starkem und klarem Intellekt und außerordentlicher Unerschütterlichkeit" beschrieb. Wie de Lattre war auch Patch ein erfahrener Soldat. Er hatte die amerikanische Division im erbitterten Kampf gegen die Japaner auf Guadalcanal auf den Salomon-Inseln im Winter 1942/43 aufgestellt und befehligt. Er war auch ein begabter Diplomat, der seine schottischen Vorfahren gekonnt einsetzte, wenn er mit den misstrauischen Franzosen verhandelte. Im Sommer 1944 übertrug Patch Major-General Lucian K. Truscott das Kommando über die amerikanischen Trup-

UNTEN:
B-25-Mitchell-Bomber der 15. Luftflotte auf dem Weg zur Bombardierung deutscher Befestigungen an der Riviera vor der Anvil-*Landung. Nach dem Bombardement aus der Luft wurden die Verteidiger von mehreren alliierten Kriegsschiffen unter Beschuss genommen.*

LINKS:
Amerikanische Segler-Truppen bereiten sich vor, ehe sie in den frühen Morgenstunden des 15. August vom Flugplatz Voltone in Italien abfliegen. Bald würden sie in Frankreich sein und gegen einen Feind kämpfen, der sie bereits erwartete.

pen bei der Operation *Anvil*. Truscott, der zu Kriegsbeginn Colonel gewesen war, war nun einer von Amerikas erfolgreichsten kämpfenden Generälen. Er hatte die US-Rangers – das amerikanische Pendant zu den britischen Kommandos – auf die Beine gestellt und trainiert und sie bei der verheerenden Operation in Dieppe im August 1942 begleitet. Danach hatte er eine kleine Sondereinheit befehligt, die im November 1942 Port Lyautey in Nordafrika eingenommen hatte, im Frühjahr 1943 Eisenhowers vorgeschobenen Gefechtsstand in Tunesien und danach die 3. US-Division bei Salerno und Anzio kommandiert.

Diplomatischer Fauxpas

Leider war Truscott kein Diplomat. Bei de Lattre zum Mittagessen eingeladen, inspizierte er französische Truppen ohne die Erlaubnis des französischen Generals – und beging damit einen schweren Verstoß gegen das Protokoll. Während des Mittagessens stockte das Gespräch, Kaugeräusche beherrschten die Szene, bis nach der Mahlzeit aus dem französischen General eine zornige Tirade hervorbrach, in der er den Grund für die Verstimmung beim Namen nannte. Doch Truscott unterbrach ihn und meinte, wenn das alles war, was er besprechen wollte, verschwendeten sie ihre Zeit.

Obwohl die beiden Männer einander später mit widerwilligem Respekt betrachteten, war ihre Beziehung nie gut. Eine Spannung, die sich auch in den Landungsplänen widerspiegelte, welche die französischen und amerikanischen Truppenteile sorgfältig trennte. An der ersten Landungsphase waren französische Einheiten und amerikanisch-kanadische Sondereinheiten beteiligt, die Küstenbatterien einnehmen und für Ablenkung sorgen sollten. Gleichzeitig sollte eine 10.000 Mann starke angloamerikanische Fallschirmjäger- und Seglertruppe hinter den Stränden landen und Kreuzungen und Stützpunkte einnehmen. Die eigentliche Landung würde Truscotts VI. Korps, gebildet aus der 3. und 45. Division und – was überraschend war – der 36., die im Italienfeldzug zweimal übel zugerichtet worden war und einen neuen

OBEN:
Kein Abwurf von Nachschub, sondern ein Teil der angloamerikanischen 1. Luftlande-Task-Force, die am 15. August in der Nähe von Le Muy – einem wichtigen Verkehrsknotenpunkt – abgeworfen wurde.

OBEN:
DUKWs, amphibische Trucks, gehen am Alpha-Red-*Beach in der Nähe von Cavalaire an Land. Anders als die Landungen in der Normandie eineinhalb Monate zuvor, waren die deutschen Streitkräfte in diesem Gebiet nicht sehr stark und ihre Moral nicht besonders hoch. Marseilles z. B. fiel einen Monat früher als erwartet – bereits am 28. August.*

Kommandeur hatte, Major General John E. Dahlquist. Dahlquist hatte keinerlei Kampferfahrung an der Spitze einer Division.

24 Stunden später sollte die Vorhut von de Lattres Streitkräften, nun Armee B genannt, in St.-Tropez landen, von wo aus sie nach dem Eintreffen von Verstärkung nach Toulon und Marseille vorrücken würde. Laut Plan sollten die beiden Häfen am 20. bzw. 40. Tag eingenommen werden. Truscotts VI. Korps sollte unterdessen das Tal der Rhône durchqueren und sich mit Pattons 3. Armee, die von der Normandie aus vorrückte, verbinden, um Blaskowitz' Heeresgruppe G abzuschneiden.

Am 10. August sammelten sich in Häfen wie Algier, Palermo, Valetta und Neapel 2.000 Transport- und Kriegsschiffe – die größte Armada, die das Mittelmeer je gesehen hatte – zur Einschiffung der ersten 94.000 Soldaten. Am Nachmittag des 13. August waren hohe amerikanische Offiziere des größten Konvois in Neapel erstaunt, Winston Churchill unter den Schiffen in einer britischen Barkasse zu sehen, wie er den Jubel amerikanischer Soldaten mit seinem nun berühmten „V für Victory"-Zeichen erwiderte. Churchill wusste, dass er sich nicht durchsetzen würde, und war am 8. August nach Italien geflogen. Er hatte die Erlaubnis zur Begleitung der Landungstruppen ertrotzt – die ihm der König am 6. Juni in der Normandie verweigert hatte. Da er sich zum Einverständnis mit der Invasion gezwungen (dragooned) fühlte, schlug er eine Änderung des Codenamens von *Anvil* in *Dragoon* vor. Vielleicht hatte Churchill das nur als Scherz gemeint – doch die Stabsoffiziere gingen darauf ein und die Operation wurde als *Anvil/Dragoon* bekannt.

Die Landung der Kommandos

Kurz vor Mitternacht landeten 800 Mann eines Kommandos unter Colonel Georges-Régis Bouvet am Fuß der steilen Klippen von Cap Nègre, von wo aus schwere deutsche Geschütze die Landungsstrände treffen konnten. Die Franzosen erkletterten schweigend die Klippen und überrumpelten die völlig überraschten Deutschen. In einem der erfolgreichsten Spezialeinsätze des Krieges arbeiteten sich die Franzosen systematisch von Bunker zu Bunker vor, töteten fast 300 Deutsche und nahmen 700 gefangen – und das alles mit weniger als 70 Mann Verlusten. 40 km südöstlich von Toulon gingen amerikanische und kanadische Einheiten in Kajaks und auf elektrischen Surfbrettern auf der Île de Port Cros und der Île du Levant an Land, wo Aufklärer schwere Batterien entdeckt hatten. Diesmal schlug die fantasievolle Operation fehl, da sich die Geschütze als geschickt imitierte Attrappen aus Rohren und Wellblech erwiesen. Der größte Rückschlag der Alliierten in dieser Nacht ereignete sich westlich von Cannes, wo 67 Angehörige eines französischen Kommandos inmitten eines neu gelegten Minenfelds an Land gingen und beim Rückzugsversuch von alliierten Jagdbombern beschossen wurden, die sie irrtümlich für Deutsche hielten. Die Einheit wurde aufgerieben: 27 Mann fielen, 40 gerieten in deutsche Gefangenschaft.

Der Luftangriff fand gleichzeitig statt. Kurz nach Mitternacht warfen fünf Transportflugzeuge 300 lebensgroße, wie US-Fallschirmjäger gekleidete Puppen und Sprengladungen auf das zwischen Marseilles und Toulon liegende La Ciotat ab. Das hatte den erwünschten Effekt, die Aufmerksamkeit der Deutschen von der eigentlichen Abwurfzone in Le Muy abzulenken – einem wichtigen Schnittpunkt, an dem die Route Napoléon nordwärts nach Grenoble führte und die Autobahn 7 von ihr westlich nach Avignon abzweigte und dann nördlich ins Rhônetal weiterführte. Um 4.30 Uhr begannen 535 Transport- und 410 Segelflugzeuge, begleitet von einem Schwärm Jagdbomber, 9.700 Soldaten mit 213 Geschützen und Mörsern und 220 Jeeps der angloamerikanischen 1. Luftlande-Task-Force im Gebiet um Le Muy abzusetzen. Durch reinen Zufall landeten einige Fallschirmjäger in Draguignan, dem Hauptquartier des LXII. Korps der 19. Armee, das die Divisionen an den Landungsstränden befehligte. Isoliert und schweren Angriffen ausgesetzt, musste der Stab jetzt ums eigene Überleben kämpfen, anstatt zu versuchen, die Aktivitäten seiner Divisionen an den Stränden zu koordinieren.

Die Einnahme von Le Muy

Die Einnahme von Le Muy war schwieriger. Genau eine Woche zuvor hatte der Kommandeur der 19. Armee, General Wiese, Korps- und Divisionskommandeure zu einer Kartenübung in einer großen Halle in Draguignan versammelt. Das zeigte rasch die Bedeutung Le Muys und Wiese ließ die Garnison durch eine Kampfgruppe der 244. Division – das Regiment Bründel – verstärken. Der Kommandeur der 1. Luftlande-Task-Force, Major General Robert T. Frederick, mit 37 der jüngste General der amerikanischen Armee, hatte für die Einnahme von Le Muy die britische *Airborne Brigade* bestimmt. Die britischen Luftlandestreitkräfte hatten einen guten Ruf, doch der britische Kommandeur, Brigadier Pritchett, hatte vom Oberbefehlshaber im Mittelmeerraum, General Sir Henry Maitland Wilson, die strikte Anweisung erhalten, seine Brigade für zukünftige Einsätze am Balkan zu schonen und sie nicht für Angriffe auf Stellungen zu vergeuden, die der Feind dank des Ausbruchs aus der Normandie ohnehin bald auf-

LINKS:
Amerikanische GIs waten bei der Operation Anvil *an den Strand. Sie war eine überwiegend französische und amerikanische Operation und zeugte von der britischen Abneigung dagegen, knappe Ressourcen an einer weiteren Front einzusetzen, die sowohl in Italien als auch in Nordfrankreich benötigt wurden.*

geben würde. Als Frederick nach dem Krieg interviewt wurde, war er über die Ereignisse in Le Muy noch immer wütend. „Sie (die Briten) machten nicht einmal den Versuch, es am ersten Tag einzunehmen, und als ich Pritchett deswegen fragte, sagte er: ‚Na, wir sind doch gesprungen.' ‚Aber warum geht ihr nicht und nehmt die Stadt ein?', fragte ich. ‚Nein', antwortete er. ‚Da sind Deutsche drin.' Ich dachte also, zur Hölle damit, und schickte sie umgehend nach Italien zurück." Dann befahl Frederick dem 550. US-Segelfliegerbataillon – das hinter all der Artillerie, die Frederick aufbrachte, vorrückte –, Le Muy anzugreifen. Am nächsten Tag kam zu Mittag ein deutscher Abgesandter mit weißer Flagge und teilte Frederick mit, dass sie kapitulieren würden, sobald er das Feuer einstellte. Frederick antwortete ihm, er werde das Artilleriefeuer verstärken und sein Kommandeur solle sehen, dass er so schnell wie möglich kapitulierte. Die Deutschen gaben ohne weiteren Verhandlungsversuch Le Muy auf.

Die Hauptlandungen von Anvil

Inzwischen hatte die Hauptlandung fast mit der Präzision einer Uhr begonnen. Am 15. August um 5.50 Uhr trafen die ersten von etwa 1.300 amerikanischen, britischen und französischen Bombern aus Sardinien und Korsika ein und nahmen die Riviera 100 Minuten lang unter Beschuss, was die Verteidiger in die Bunker trieb. Als um 7.30 Uhr der letzte Bomber abdrehte, feuerten die Geschütze der alliierten Kriegsschiffe in den nächsten 20 Minuten 16.000 Granaten auf die deutschen Batterien und Stützpunkte ab. Um 8 Uhr gingen die ersten Amerikaner an Land und trafen praktisch auf keinen Widerstand. Der mit den Sturmtruppen gelandete BBC-Reporter Winfrid Vaughan Thomas berichtete, dass die Deutschen „nicht mit dem Herzen dabei waren. Viele von ihnen gehen schon die staubigen Straßen entlang zum Gefängnis, die meisten lächeln – froh, dass es für sie vorbei ist." Das einzige Problem gab es um 14 Uhr, als Einheiten der 36. Division im Hafen Fréjus landen wollten, von wo die Autobahn nach Le Muy und ins Landesinnere ging. Geführt von ferngesteuerten Booten mit hochexplosiven Sprengladungen, die über Unterwasserhindernissen explodieren sollten, war die 36. Division noch etliche Kilometer vom Strand entfernt, als sie merkte, dass die Boote den Kurs änderten und wieder auf die Landungsschiffe zuhielten. Obwohl es nie völlig aufgeklärt wurde, ist denkbar, dass dies ein früher Fall einer erfolgreichen elektronischen Gegenmaßnahme war. Deutsche Funker versuchten, die Fernsteuerung der Schiffe zu stören. Auch die Landungsboote drehten ab und landeten an einer weiter entfernten Stelle, von wo aus sie Fréjus einen Tag später einnahmen.

Anders als die Truppen am 6. Juni in der Normandie waren die Deutschen am Mittelmeer nicht überrascht worden. Zwei Tage vor

UNTEN:
Amerikanische GIs gehen am Straßenrand in Deckung. Das Tempo von Truscotts Vormarsch zwang General Blaskowitz zum Rückzug, um seine Truppen vor der Gefangennahme zu schützen.

LINKS: *Alliierte Bomber taten ihr Bestes, um den deutschen Rückzug zu behindern und die Verstärkungstruppen aufzuhalten. In diesem von einem Aufklärungsflugzeug gemachten Foto sind die Bombenkrater deutlich zu sehen, ebenso die beiden zerstörten Brücken über die Rhône bei Tarascon.*

der Landung hatte das OKW Blaskowitz endlich gestattet, die 11. Panzerdivision von Bordeaux an die Riviera zu verlagern. Doch wegen der alliierten Kampfbomber konnte sie nur in der Nacht vorrücken und lag am 15. August frühmorgens erst am Westufer der nun brückenlosen Rhône bei Avignon. Sie wartete auf ihre Pioniere, die Pontons über den Fluss bauen sollten. Ein Teil der Panzer konnte erst drei Tage später die Rhône überqueren – und dann kamen sie wegen Benzinmangels erst weiter, als von Lyon Treibstoff eintraf. Unterdessen hatte Blaskowitz am Mittag des 17. August vom OKW endlich den Befehl erhalten, Südfrankreich – mit Ausnahme der Stellungen der Gironde bei Bordeaux sowie der Häfen La Rochelle, Marseille und Toulon, die alle verstärkt und „bis zum Ende" gehalten werden sollten – aufzugeben.

Deutscher Rückzug

Blaskowitz hatte jetzt ein paar Stunden Zeit, um einen der kompliziertesten Rückzüge der deutschen Armee zu organisieren. Da Patton am Nordufer der Loire ostwärts vorrückte, musste Blaskowitz Truscotts Vormarsch die Rhône aufwärts verzögern, um die Vereinigung der amerikanischen Truppen so lange wie möglich zu verhindern. Daher befahl er Wiese, die 11. Panzerdivision in einer Verzögerungsaktion am Ostufer der Rhône in die Schlacht zu werfen, während die abziehenden Truppen den Fluss zwischen Valence und Lyon überquerten. Zusätzlich mussten die abziehenden Kolonnen das Zentralmassiv meiden, das fest in Händen des *Maquis* war, und weite Umwege nach Norden und Süden machen. Blaskowitz teilte den Rückzug sorgfältig in 25-km-Abschnitte; das hieß jedoch, dass die Nachhut noch mindestens eine Woche an der Atlantikküste stand und Gefahr lief, abgeschnitten zu werden. Am 20. August waren die Deutschen in vollem Rückzug und verwendeten praktisch jedes motorisierte Transportmittel, dessen sie habhaft werden konnten – selbst Schulbusse, Traktoren und Motorräder. Tausende Soldaten benutzten Fahrräder, die mit Seilen an Truppentransporter angebunden wurden; Tausende fuhren in Pferdewagen mit; noch mehr gingen zu Fuß und zogen ihre Habseligkeiten und Vorräte in Schubkarren und Kinderwagen hinter sich her.

Zu Blaskowitz' Glück drängten Truscotts Truppen nicht sofort landeinwärts, sondern warteten den Aufbau einer Nachschubbasis ab. Am 17. August war de Lattre mit 16.000 Soldaten in St.-Tropez gelandet – der Vorhut dessen, was später zur Armee B wurde – und begann seinen Plan für die Einnahme Toulons umzusetzen. Während Brigadier-General Charles Diego Brosset mit der 1. Infanteriedivision westwärts entlang der Küstenautobahn marschierte, führte Generalmajor Aimé de Goislard de Monsabert seine algerische 3. In-

RECHTS:
FFI-Soldaten waren eine wichtige Hilfe beim alliierten Vormarsch. Hier beseitigen sie deutsche Trümmer, während französische Shermans im Hintergrund vorrücken. Die Politik, Mitglieder der Résistance *für die reguläre Armee zu rekrutieren, sorgte dafür, dass die Radikaleren unter ihnen „gezähmt" und von der Armeedisziplin unter Kontrolle gehalten wurden.*

OBEN:
GIs mit drei deutschen Gefangenen an der Spitze ihrer Kolonne auf ihrem Vormarsch nach Norden. Viele Deutsche schienen die Möglichkeit zur Aufgabe zu begrüßen, da der Krieg nun – außer für die Allerfanatischsten – verloren schien.

fanteriedivision durch die Bergfestungen im Norden Toulons und dann südwärts, um die Stadt von Norden und Westen her zu belagern.

Unterstützt von schwerem Marinegeschützfeuer begann de Lattre seinen Sturmangriff am 20. August. Seine Truppen dezimierten systematisch die 30 Stellungen am Stadtrand und drängten die Verteidiger immer enger zusammen. Die Verluste der Franzosen – 2.700 Tote oder Verwundete – waren hoch, die Deutschen verloren fast 8.000 Mann. Am 28. August ergab sich der deutsche Kommandant entgegen Hitlers Durchhaltebefehl mit den überlebenden 17.000 Mann seiner Garnison. Unterdessen hatte eine französische Panzerkolonne, unterstützt vom 7. Infanterieregiment der algerischen 3. Division, am 21. August den Rand von Marseille erreicht, wo der *Maquis* einen Aufstand begonnen hatte. Der Kommandeur der Einsatztruppe, Colonel Léon Jean Chappuis, wollte in die Stadt einmarschieren, doch de Lattre stoppte ihn. Er wollte keine Algerier in einem städtischen Kampf einsetzen. Sie könnten, wie er sagte, „durch das Durcheinander einer Stadt im Aufstand verdorben werden". Um 5 Uhr am nächsten Morgen verstieß Chappuis gegen diesen Befehl und marschierte mit seinen Panzern und Soldaten, umringt von jubelnden Franzosen, über die anscheinend freie Straße nach Marseilles hinein. Die folgende Schlacht war ein stümperhafter und verworrener Straßenkampf – nicht die Schlacht, die de Lattre geplant hatte –, aber erfolgreich. Die Deutschen kapitulierten am 28. August – einen ganzen Monat früher als erwartet.

Truscotts Falle

Inzwischen hatte Truscott ein Panzerkommando unter Brigadier Fred W. Butler, dicht gefolgt von Dahlquists 3. Division, direkt nach Norden und dann, am 21. August, westwärts nach Montelimar an der Rhône geschickt. Gleich nördlich der Stadt führte die Straße durch die Cruas-Schlucht, einen engen Hohlweg zwischen der Rhône und einem mehrere Kilometer langen, 300 m hohen Grat. Hier wollte Truscott die Deutschen in die Falle locken und aufreiben. Doch diese Möglichkeit war auch dem hochbegabten General Wend von Weitersheim und seiner erfahrenen 11. Panzerdivision bewusst. Am

23. August rückte die 11. Panzerdivision auf den Grat vor und zerstörte mit ihren 88-mm-Geschützen einen amerikanischen Panzer nach dem anderen. Am 29. August flog Truscott – wütend, dass die Lücke bei Montelimar noch immer nicht geschlossen war – zu Dahlquists Hauptquartier und drohte ihm mit Ablösung. Doch inzwischen hatten die meisten abziehenden Deutschen, die in kleinen Gruppen und bei Tag reisten, die Stadt bereits geräumt. Amerikanische Kampfbomber und Artillerie forderten einen furchtbaren Tribut unter den bepackten Kolonnen. Als de Lattre ein paar Tage später durch die Gegend zog, sah er „kilometerlang nur ein unentwirrbares Durcheinander von verbogenen Stahlrahmen und verkohlten Leichen – der apokalyptische Friedhof der Ausrüstung der 19. Armee, durch den nur Bulldozer sich einen Weg bahnen konnten".

Blaskowitz' Heeresgruppe G errichtete am 3. September eine neue Front nördlich von Dijon – am selben Tag, als Truscotts Truppen Lyon einnahmen. An diesem Tag zog die britische 2. Armee in Brüssel ein, Hodges 1. Armee stand in Mons und Patton jenseits der Meuse. Truscott verband sich am 11. September 65 km westlich von Dijon mit Patton und trieb die letzten 20.000 Mann von Blaskowitz' Nachhut in die Enge. Sie ergaben sich.

Die militärischen Ergebnisse von *Anvil/Dragoon* rechtfertigten diese Operation kaum. Auch der logistische Gewinn zwar zweifelhaft: die 900.000 amerikanischen Soldaten und 4.000.000 t Nachschub, die über die Mittelmeerhäfen eintrafen, verstärkten die Nachschubprobleme der Alliierten eher noch. Die wahre Bedeutung von *Anvil/Dragoon* war politischer Art: Sie erlaubte der französischen Armee, die radikalen Elemente des *Maquis* unter Kontrolle zu bringen, indem sie sie in die neue französische Armee einberief und militärischer Disziplin unterwarf. Als die neuen Einheiten gebildet waren, wurden nord- und westafrikanische Einheiten in ihre Heimat zurückgesandt. So wurden die Zusammenstöße zwischen den Rassen minimiert. Letztendlich war die Landung nicht nötig, um die Deutschen zu besiegen, sondern um die innere Stabilität Frankreichs sicherzustellen – und darin war sie erstaunlich erfolgreich.

UNTEN:
FFI-Panzer rollen am 28. August 1944 durch das kürzlich befreite Avignon, 88 km nördlich von Marseilles. Mitglieder der Résistance *marschieren neben den Panzern mit.*

CAFÉ

KAPITEL SECHS

PARIS

Der Vormarsch der Alliierten durch Nordfrankreich stellte Eisenhower vor ein Dilemma: sollte er auf Deutschland zuhalten, um den Krieg rasch zu beenden, oder symbolträchtig Paris befreien?

Nach der Landung in der Normandie, als in großen Teilen der Bretagne, dem Zentralmassiv und dem Vercors die bürgerkriegsähnlichen Aufstände ausbrachen – blieb die Stimmung der meisten Pariser seltsam leidenschaftslos. Das Vichy-Regime hielt den Großteil der Bevölkerung für wirklich neutral; in der Tat hegten die Pariser keine Sympathien für den „anglo"-Teil des angloamerikanischen Bündnisses. Wenn ihnen die Amerikaner auch etwas lieber waren als die Deutschen, so zogen sie doch die Deutschen den Briten bei weitem vor. Man führte dies auf einen schweren nächtlichen RAF-Angriff vom 21. April zurück, der die Renault-Fabrik zum Ziel hatte, stattdessen aber Montmartre traf, Hunderte Menschen tötete oder verwundete und Sacré Cœur schwer beschädigte. Am Sonntag, dem 26. April, stattete Marschall Pétain Paris seinen einzigen offiziellen Besuch ab, um den Schaden zu begutachten. Zum einzigen Mal in seinem Leben erfuhr er, was es hieß, populär zu sein. Als seine Wagenkolonne zum Hochamt in Notre Dame fuhr, waren die Straßen von Zehntausenden jubelnden Menschen gesäumt. Notre Dame war bald voll und der Gottesdienst – den der ultrarechtsgerichtete und tief antisemitische Kardinal-Erzbischof von Paris, Msgr. Emmanuel Suhard, abhielt – musste durch Lautsprecher nach draußen übertragen werden. Als Pétain Notre Dame verließ, brüllte die Menge „Vive le Maréchal".

Pariser Sympathien wanken

Der deutsche Botschafter in Paris, Otto Abetz, sah die tiefe Zuneigung zu Pétain weniger optimistisch. In einem Bericht vom 10. Juni schrieb er: „Wie sich täglich bestätigt, scheint Paris ruhig zu sein, doch es könnte ein Aufruhr schwelen, der jeden Moment losbrechen kann." Abetz kannte die neuere politische Geschichte der Hauptstadt sehr gut. Er wusste, dass die Menge, die im April Pétain hysterisch gefeiert hatte, noch vor Jahresende ebenso begeistert de Gaulle zujubeln konnte. Eine viel wahrscheinlichere Erklärung für die relative Ruhe - oder Apathie - war, dass das Leben in Paris, im Vergleich zum restlichen von den Deutschen besetzten Europa sowie zu Großbritannien und der Sowjetunion, bemerkenswert einfach war. Anders als London und Berlin war Paris kaum bombardiert worden und nun Heimat für immer mehr Geschäftsleute, Entertainer und Schriftsteller, wie z. B. den britischen Humoristen P. G. Wodehouse, der Sicherheit vor Luftangriffen in angenehmer Umgebung suchte. Es stimmt, dass es im August 1944 nur zwischen 22.30 und 24.00 Uhr Strom gab, doch da Frankreich doppelte Sommerzeit hatte, floss genau bei Sonnenuntergang Strom durch das Verteiler-

GEGENÜBER: *General de Gaulle an der Spitze eines Triumphzugs in den Straßen von Bayeux. „Le Grand Charles" kam am 14. Juni 1944, kurz vor dem französisch-deutschen Waffenstillstand, nach Frankreich, fast auf den Tag genau vier Jahre nach seiner Flucht nach England.*

netz. Es stimmt auch, dass bis auf Militär- und Polizeifahrzeuge der motorisierte Verkehr praktisch von den Straßen verschwunden war. Doch stattdessen gab es Hunderttausende Fahrräder und Tausende von Pferden gezogene Droschken und Karren. Zusätzlich funktionierte auch die Pariser Metro noch, eine der ausgedehntesten der Welt; die Züge gingen alle zwölf bis fünfzehn Minuten – also viel häufiger als in Berlin oder London.

Lebensmittelknappheit

Anfang August klagten die Pariser lautstark über Lebensmittelknappheit und gekürzte Rationen, ein relativ neues Phänomen, das durch einen blühenden Schwarzmarkt umgangen wurde. So war z. B. die Weinration auf 2 Quarts (etwa drei Flaschen) pro Person und Woche gekürzt worden. Doch die meisten Pariser schienen wenig Probleme zu haben, zusätzlich Nachschub zu bekommen. Restaurants durften nur an vier von sieben Abenden offen halten. Doch es gab keinen Abend, an dem man kein offenes Lokal gefunden hätte, und ein Dinner bei Kerzenlicht – wenn es keinen Strom gab – wurde selten als Entbehrung betrachtet. Mehr als 200 Kinos waren noch geöffnet; den Strom bekamen sie durch Radfahrteams, die Generatoren antrieben. Das Moulin Rouge, das Moulin de la Galette, Shéhérazade und ein Dutzend andere Lokale boten Live-Shows für die Tausenden Deutschen auf Urlaub oder auf Genesung in den städtischen Krankenhäusern.

UNTEN:
Deutsche Soldaten im August bei einem letzten Blick vom Eiffelturm auf Paris, bevor sie sich auf den Kampf gegen die alliierten Truppen vorbereiten, die sich rasch der Hauptstadt näherten.

Deutsche Soldaten waren überall, doch sie benahmen sich noch immer wie Touristen und gingen meist unbewaffnet aus. Die Routineüberwachung des Gesetzes, die Regelung des Verkehrs usw. oblag nach wie vor der französischen Polizei, deren blaue Uniformen und Käppis den Straßen eine Aura der Normalität verliehen. Die internationale Abwehr von Terroristen lag in Händen des Sicherheitsdienstes (SD), der in seinen „Uniformen" – schlichte Kleidung mit schwarzem Ledermantel und schwarzem Schlapphut – in Daimler-Benz-Tourenwagen von und zu seinem Hauptquartier im alten *Sûreté-Nationale*-Gebäude in der Rue des Saussaies fuhr. Hier hielt auch der Leiter des SD, SS-General Karl Oberg Hof, ein rundlicher, kurzsichtiger Klon Heinrich Himmlers. Oberg war ungehobelt und der NSDAP 1931 beigetreten, nachdem sein Obstgeschäft in Hamburg Schiffbruch erlitten hatte. Im Januar 1944 wurde der SD durch die Vichy-*Milice* verstärkt, deren *délégué général* in Nordfrankreich, Max Knipping, sein Hauptquartier im alten Gebäude der Kommunisten in der Rue Le Peletier aufschlug, während seine 500 Männer in der längst verlassenen Synagoge von Auteuil untergebracht wurden.

Oberg hielt jeden Donnerstag eine Besprechung ab, um Informationen zwischen SD, *Milice* und Polizei auszutauschen und deren Aktivitäten zu koordinieren. Durch Informanten und Verhöre hatten sie Akte über etwa eine halbe Million Pariser angelegt und ein ziemlich genaues Bild der *Résistance* in Paris. Sie wussten, dass mit Ausnahme einer relativ kleinen gaullistischen Fraktion die *Résistance* der Stadt von der kommunistischen Partei dominiert wurde und zumindest auf dem Papier 25.000 Personen umfasste. Sie wussten aber auch, dass die kommunistische *Résistance* in Paris mit weniger als 1000 Faustfeuerwaffen schlecht gerüstet war und zu wenig mehr als einem gelegentlichen Attentat

LINKS:
Infanterie und Panzer der französischen 2. Panzerdivision ziehen auf ihrem Weg nach Paris durch Fontainebleau. Die 2. Panzerdivision war am 27. Juli in der Normandie gelandet und rückte als Teil von General Pattons 3. Armee vor.

im Stande war. Oberg erteilte der *Milice* das Recht, Verdächtige zu verhaften, vor ein Sondergericht zu stellen und Hinrichtungen im Schnellverfahren durchzuführen. Sie durfte Präventivangriffe starten und jene töten, die möglicherweise einen Anschlag begehen könnten. Der Reporter Jean Herold-Paquis, ein Kollaborateur, geriet in Radio Paris ins Schwärmen über den Krieg, den sie in den Straßen der Stadt führten. „Auf blutige Auseinandersetzungen antworten sie mit einer Kriegserklärung. Sie sind gegen unehrenhafte Männer mit unehrenhaften Absichten."

Die Gewalt eskaliert

In den Wochen nach den Landungen in der Normandie begann sich die Spirale der Gewalt zwischen *Milice* und *Résistance* hochzuschrauben. Am 16. Juni holte die *Milice* den Juden Jean Zay, Erziehungsminister in der Vorkriegsregierung, aus dem Gefängnis, in dem er seit 1940 interniert war, und erschoss ihn am Straßenrand. Zwölf Tage später erschoss die *Résistance* den früheren Abgeordneten und Vichy-Vertreter Philippe Henriot – ein frommer Katholik und heftiger Antisemit – im Informationsministerium in der Rue Solferino. Die *Résistance* war beunruhigt – Oberg und Knipping erleichtert –, als in vier Tagen nicht weniger als 400.000 Leute an Henriots Bahre vorbeidefilierten. Die *Milice* schlug am 8. Juli zurück, indem sie Georges Mandel, einen Minister der Regierung Reynaud, ermordete, als sie ihn vom Gefängnis Santé überführten. Am 14. Juli, dem Tag des Sturms auf die Bastille, besetzten und verbarrikadierten die politischen Häftlinge einen Teil der Santé und setzten ihre Zellen in Brand. Doch am nächsten Morgen stürmte die *Milice* das Gefängnis, eroberte es zurück und stellte umgehend 28 Häftlinge an die Wand.

Vor diesem Hintergrund von Terror und Gegenterror ging das Leben für die große Mehrheit der Pariser wie gewohnt weiter. Die Intellektuellen der Avantgarde trafen sich im Café Flore und rangen um eine Erklärung, warum die Mehrheit der Bevölkerung von apathischer Distanz heimgesucht war. Am 27. Mai 1944 wurde Jean-Paul Sartres zweites und berühmtestes Stück *Huis Clos* im Théâtre Vieux-Colombier uraufgeführt. Sartres Personen, gefangen in einem unentrinnbaren Netz aus Feigheit und Betrug, kommen zu dem Schluss: „Die Hölle, das sind die anderen." Die deutschen Zensoren erkannten, dass damit nicht nur die Situation des Menschen, sondern auch die der Franzosen im fünften Jahr der deutschen Besatzung gemeint war, aber auch, dass das Stück viel mehr anti-französisch als anti-deutsch war. Zwei Wochen später bereitete Camus' *Le Malentendu* im Théâtre des Mathurins den Zensoren mehr Kopfzerbrechen. Die Prämisse, dass der Mensch – besonders der Pariser – im Kern seines Wesens schlecht und Freiheit eine Illusion war, war ihnen nur recht. Probleme hatten sie jedoch mit Camus' zweitem Thema: dass der Mensch, selbst wenn die Freiheit eine Illusion war, trotzdem darum kämpfen sollte, weil er keine Zukunftshoffnung haben könnte, solange er nicht wusste, wie er die eigentliche Grundlage seiner Existenz erneuern könnte.

OBEN:
Von Panzern unterstützte französische Infanterie zieht auf dem Weg nach Paris bei Fontainebleau an der Leiche eines deutschen Soldaten vorbei. Der Vormarsch von Leclercs 2. Panzerdivision wurde durch deutsche Straßensperren, die von Panzerabwehrkanonen gesichert wurden, verlangsamt.

Roger Villon, der kommunistische Stabschef der Pariser Résistance, und Henri Tanguy (alias Colonel Rol), Kommandeur der kommunistischen Militärstreitkräfte in Paris, verstanden Camus' Botschaft genau. Ende Juni hatten sie den Slogan „ohne Aufstand keine Befreiung" übernommen. Die kommunistische Führung wusste um die durch Kompromisse aufgezwungene Demütigung, die nur durch Blutvergießen beseitigt werden konnte. „Paris ist 200.000 Tote wert", war Oberst Rols beunruhigende Einschätzung. Ein blutiger Aufstand würde außerdem die Bevölkerung radikalisieren und eine Nachkriegsregierung mit größerer kommunistischer Beteiligung wahrscheinlicher machen.

Villon und Rol glaubten, das schrecklichste Schicksal für Paris wäre, träge zu warten, bis die amerikanischen und französisch-gaullistischen Truppen anrückten, um die Deutschen zu verjagen. Doch es gab ein großes Manko bei dem geplanten Massenaufstand: die ganze Pariser *Résistance* hatte nur 600 Pistolen und Maschinenpistolen – gerade genug um sicherzustellen, dass jeder Aufstandsversuch gute Chancen hatte, in einem Massaker an den Beteiligten zu enden.

De Gaulles militärischer Beauftragter in Paris, Jacques Chaban-Delmas, und sein *délégué général*, Alexandre Parodi, bemühten sich, den Eifer der Kommunisten zu zügeln. Sie fürchteten, diese würden die Aufstandsdrohung benutzen, um das *British Special Operations Executive* (SOE) zu zwingen, Waffen drekt in die Hauptstadt zu liefern. In den vorangegangenen Monaten hatte das SOE 76.290 leichte Maschinengewehre, von denen nur 114 Paris erreichten, und 27.961 Pistolen, von denen es 18 bis in die Hauptstadt schafften, über Frankreich abgeworfen. Die Diskrepanz zeigte, wie schwierig es war, Waffen nach Paris zu schmuggeln, aber auch das Bestreben des SOE, die überwiegend kommunistische Bewegung nicht zu bewaffnen.

Von Choltitz

So war die Lage, als am 9. August Generalleutnant Dietrich von Choltitz, der neue deutsche Befehlshaber, in Paris eintraf. Die Pariser wussten über das fehlgeschlagene Attentat auf Hitler vom 20. Juli Bescheid, waren aber überrascht, als nun vertraute Gesichter der deutschen Hierarchie aus Paris verschwanden, einschließlich des Kommandeurs der Pariser Garnison, General Heinrich von Stulpnagel. Der Neue hatte einen schrecklichen Ruf. Er hatte im Mai 1940 jene Flugzeuge angefordert, die Rotterdams Docks dem Erdboden gleichgemacht und mehr als 700 Tote zurückgelassen hatten. Zwei Jahre später hatte er Sewastopol auf der Krim eingenommen und systematisch zerstört. Und auf dem kontinuierlichen Rückzug aus Russland, der im Sommer 1943 begonnen hatte, hatte von Choltitz die Nachhut befehligt, die beim Abzug Eisenbahngeleise herausriss, Fabriken zerstörte und Brücken sprengte.

Kurz vor seiner Ernennung war von Choltitz, der ein Korps in der Normandie befehligt hatte, zu detaillierten persönlichen Instruktionen in Hitlers Hauptquartier in Rastenburg zitiert worden. Von Choltitz fand den Führer „in fiebriger Aufregung. Es rann ihm buchstäblich Speichel aus dem Mund. Er zitterte am ganzen Körper und der Tisch, an den er sich lehnte, zitterte mit. Er war in Schweiß gebadet und wurde immer aufgeregter." Hitlers Befehle waren eindeutig: Beim Abzug der deutschen Wehrmacht musste Paris „völlig zerstört werden ... nichts darf stehen bleiben, keine Kirche, kein Denkmal". Das betraf auch die Infrastruktur: Gasleitungen sollten herausgerissen, Strommasten gesprengt und das Wasserversorgungssystem zerschlagen und verschmutzt werden, damit „die zerstörte Stadt das Opfer von Epidemien" werde.

Überzeugt, dass Hitler verrückt geworden war, kehrte von Choltitz nach Paris zurück, schlug sein Hauptquartier im Hôtel Meurice auf und kämpfte mit einem furchtbaren Dilemma. Er war bereit, das Umland zu verteidigen und auch in der Stadt zu kämpfen – doch er hatte keine Lust, als der Mann in die Geschichte einzugehen, der eine der großartigsten Städte der Welt systematisch zerstört hatte. Allerdings hätte ein Nichtbefolgen von Hitlers Befehlen seine eigene Exekution zur Folge – und wahrscheinlich auch die seiner Frau und seiner Kinder in Deutschland.

Schüsse bei Paris

Am Sonntag, dem 13. August, hörte die Menge bei einem Rennen in St.-Cloud, westlich von Paris, Artilleriefeuer aus Richtung des fast 45 km entfernten Chartres. Tatsächlich waren Teile von Pattons 3. Armee an diesem Tag in die Stadt einmarschiert, doch ihr Befehlshaber plante nicht, nach Paris vorzurücken. Er befahl seinen Streitkräften, nach Südwesten zu schwenken und die Hauptstadt zu umgehen. Im kürz zuvor an der Westküste der Halbinsel Cotentin aufgeschlagenen SHAEF-Hauptquartier hatte Eisenhower eine noch größere Aversion gegen einen Vorstoß auf Paris. Streng militärisch gesehen konnte man durch die Entsendung alliierter Truppen nach Paris wenig erreichen und viel verlieren. Wenn die Deutschen Paris verteidigen wollten, konnte eine ganze Armee in einen Straßenkampf hineingezogen werden, in dem die Verteidiger, zumindest zu Beginn, im Vorteil wären. Selbst wenn Paris fast kampflos befreit würde, fiele die Verantwortung für die Versorgung der Bevölkerung den Alliierten zu, die bereits jetzt Probleme mit dem Nachschub hatten. In jedem Fall würden die Alliierten von ihrem wahren Ziel, so schnell wie möglich auf die deutsche Grenze zuzuhalten, indem sie Paris nördlich und südlich umgingen, abgelenkt. Der früheste Termin für die Befreiung von Paris, den Eisenhower ins Auge fassen konnte, war der 15. September.

Die Entwaffnung der Polizei

Aber für die Pariser und ihre Besatzer kündigten die Nachrichten von den Geschützen in Chartres das bevorstehende Eintreffen der Alliierten an. Der Effekt auf die Bevölkerung war dramatisch, doch die tiefgreifendsten Auswirkungen hatten die Neuigkeiten auf die Pariser Polizei. Diese hatte während der Besatzung loyal mit der deutschen Verwaltung kooperiert und im Juli 1944 mehr als 4.500 „Staatsfeinde", einschließlich 500 Juden, verhaftet, die im KZ Drancy festgehalten wurden, ehe sie mit einem der letzten Züge, die Paris verließen, am 15. August nach Auschwitz gebracht wurden. Wie praktisch jede andere Organisation in Paris war auch die Polizei von kommunistischen und gaullistischen Agenten unterwandert worden, die geheime Bewegungen gegründet hatten. Deren größte war die kommunistisch orientierte *Front National de la Police*. Sie war in den Arbeitervierteln der Industrievororte Saint-Denis und Asnières im Norden von Paris besonders stark. SD und *Milice* zweifelten zunehmend an der Zuverlässigkeit der Polizei in diesen Vierteln im Falle eines Einmarsches der Alliierten. Die Nachricht vom Morgen des 13. August über Kämpfe um Chartres zwangen Oberg zum Handeln. Ohne sich mit von Choltitz abzusprechen, ließ er den SD die Kommissariate von Saint-Denis und Asnières entwaffnen und das Personal internieren. Obwohl von Choltitz diesen Befehl am Nachmittag aufhob und die Polizisten freiließ, war der Schaden bereits passiert. Bei einem Treffen der *Front National de la Police* erklärte deren Vorsitzender, Serge Lefranc: „Wir können so eine Demütigung nicht akzeptieren! Wir müssen sofort einen Generalstreik ausrufen."

UNTEN:
Obwohl er der 2. marokkanischen Division angehört, trägt dieser Soldat die typische, von den Amerikanern beigestellte Uniform der FFI in den letzten Kriegsjahren. Er trägt jedoch französische Stiefel und sein Gewehr ist das verlässliche britische Lee Enfield, Kaliber 76,2 mm.

Lefranc gewann rasch die Unterstützung der sozialistisch beeinflussten *Police et Patrie* und der gaullistischen *Honneur de la Police*, und am Dienstag, dem 15. August, traten praktisch alle 15.000 Polizisten in Streik. Sie trugen Waffen und einfache Kleidung und stellten vor den Polizeibüros Streikposten auf, vermieden aber direkte Konfrontationen mit den Deutschen.

Inzwischen hatte von Choltitz Vorbereitungen für die Evakuierung seines Verwaltungspersonals aus der Stadt getroffen. Archive wurden zusammengepackt, Papiere der Militärregierung verbrannt und Dienstpläne für die letzten Züge nach Osten aufgestellt. Am 15. August erhielt er Nachricht von der Landung der Alliierten an der Riviera und am 17. vom Rückzug der Heeresgruppe G aus dem Süden und Südwesten auf eine Front von Orléans nach Dijon. Was auch immer geschah – es war offensichtlich, dass Paris bald an der Front liegen würde. An diesem Tag gab von Choltitz den Befehl zum Rückzug des nicht unbedingt nötigen Personals. Den ganzen Tag waren auf jeder Durchfahrtsstraße von der Sorbonne bis zum Gare de l'Est und zum Gare du Nord Hunderte Lastwagen, beladene Autos, Krankenwagen voller Verwundeter und dazwischen lange Kolonnen von Wehrmachtssoldaten auf Rädern unterwegs, die sich alle in Reihen fortbewegten, einander überholten oder kreuzten. An diesem Tag ordnete auch der Kommandant der Jugendstrafanstalt, Hauptsturmführer Alois Brunner, die Deportation der 51 verbliebenen Juden nach Auschwitz an. Unter ihnen befand sich auch Marcel Bloch-Dassault, der das KZ überleben und Frankreichs Flugzeugindustrie nach dem Krieg wieder aufbauen sollte.

In der Nacht des 17. August machten die Kinos, Nachtklubs, Bars und Restaurants in ganz Paris in Erwartung von Kämpfen die Fensterläden dicht. Durch die Entfernung seines Verwaltungspersonals hatte von Choltitz die Wahrscheinlichkeit, dass isolierte Einheiten ein Ziel für Angriffe der *Résistance* darstellten, minimiert. Die *Milice* eingeschlossen, hatte er etwa 16.500 Mann unter seinem Kommando, ausgestattet mit einigen leichten Feld- und Flugabwehrgeschützen sowie ca. 30 Panzern, hauptsächlich veraltete französische Renaults. Von Choltitz wollte die Stadt nicht zerstören. Er plante, von Westen nach Osten verlaufende Hauptverbindungslinien zu halten, damit aus der Normandie flüchtende Truppen durch die Stadt zurückweichen konnten. Er platzierte Garnisonen an einem Dutzend Engstellen, wie Mallot, Porte D' Orléans und Place d' Italie, sowie Sonderkommandos in Bunkern, die die 30 wichtigsten Seine-Brücken beobachteten. Den Rest konzentrierte er in einem Kern, der sich vom Majestic-Hotel, das den Triumphbogen und die Champs

RECHTS:
General Philippe Francois Leclerc, Befehlshaber der französischen 2. Panzerdivision, im Gespräch mit einer seiner Panzercrews neben ihrem getarnten Sherman-Panzer. Leclerc kam kurz nach dem Krieg bei einem Flugzeugabsturz ums Leben.

OBEN:
Das Pariser Komitee der Nationalen Befreiung im August 1944. Seine Mitglieder waren, von links nach rechts, Maynial-Obadia, Rigal, Leo Hamon, Colonel Rol (Tanguy), Carrel, Demare, Tollet, Mme. Lefaucheux und Marrane.

Elysées überblickte, bis zu seinem Hauptquartier im Hôtel Meurice über den Tuillerien erstreckte. Punkte von rein symbolischer Bedeutung außerhalb dieses Gebietes, wie das Hôtel de Ville, den Elysée-Palast und den Place de la Bastille, überließ er der *Résistance*.

Machtvakuum

Im Lauf des 18. August erkannten die Pariser, dass in weiten Teilen der Stadt ein sonderbares Machtvakuum entstand, da sich die Deutschen auf jene Gebiete konzentrierten, die sie verteidigen wollten, während sich die Polizei auf den Revieren versammelte. In der Absenz von Deutschen und Polizei besetzten kommunistische Mitglieder der *Résistance* das Rathaus von Montreuil, einem Arbeitervorort im Osten von Paris, während andere die Stadt mit Plakaten zuklebten, die – unterzeichnet von „auserwählten Kommunisten, lebenden und toten" – zum Aufstand aufriefen. Alexandre Parodi, de Gaulles Vertreter in der Stadt, war nun so beunruhigt, dass er London um Hilfe bat und darauf drängte, dass „sich General Koenig (Kommandeur der FFI) mit der Besetzung von Paris wegen der durch den Polizeistreik entstandenen Situation beeilen" möge. Parodi überzeugte Yves Bayet, den Leiter der gaullistischen *Honneur de la Police*, ebenfalls ein Zeichen zu setzen, damit die Kommunisten nicht die Stadt übernahmen. Am 19. August um 7 Uhr marschierten hunderte Polizisten, die verbotene Marseillaise singend, in die Préfecture, das Polizeihauptquartier auf der Île de la Cité. Während sie die ebenfalls verbotene *Tricolore* hissten, erklärte Bayet: „Im Namen der Republik und Charles de Gaulles nehme ich die Polizeipräfektur in Besitz."

Verärgert, weil die Gaullisten sie geschlagen hatten, übernahmen etwa 2.000 vorwiegend kommunistische Widerstandskämpfer an diesem Vormittag das Hôtel de Ville, und Colonel Rol besetzte das Büro des Präfekten. Unterdessen ergriffen andere Gruppen alle Waffen, derer sie habhaft werden konnten. Zwei deutsche Lastwagen, die in Levallois zusammengebrochen waren, führten vier Maschinengewehre, zwölf Maschinenpistolen, 250 Pistolen und einiges an Munition mit. Nach dem Zusammenstoß von zwei deutschen Lastwagen in Clichy wurden neun Maschinengewehre, 15 Maschinenpistolen und acht Mauser-Gewehre erbeutet. Arbeiter der Hotchkiss-Fabrik händigten über 20 fabrikneue Maschinenpistolen aus, und aus einem schlecht bewachten deutschen Depot wurde eine Wagenladung Stielhandgranaten gestohlen. Auf diese Weise steigerte die *Résistance* ihre Feuerkraft stetig.

Schüsse in den Straßen

Da sich deutsche Patrouillen nach wie vor frei auf den Hauptstraßen bewegen konnten, sah von Choltitz keine Notwendigkeit zur Intervention. Die einzige Ausnahme war die Préfecture: von hier aus konnte die Polizei nach Belieben auf Konvois schießen, die über die Île de la Cité zogen. Am frühen Nachmittag

OBEN:
Obwohl um Paris nicht heftig gekämpft wurde, waren Heckenschützen eine Bedrohung, die man beseitigen musste. Hier gehen Kämpfer der FFI hinter Bäumen in Deckung. Das Foto ist vermutlich gestellt, da die Leute auf der Straße recht unbekümmert scheinen.

rollten von Choltitz's alte Renaultpanzer auf die Préfecture zu, umstellten sie und eröffneten das Feuer. Ohne Panzerabwehrwaffen konnten die mittlerweile 500 Verteidiger nicht viel tun außer als Ziele für das glücklicherweise ungenaue Feuer der Renaults herzuhalten. Deutsche Infanterie hätte das Gebäude mit ziemlicher Sicherheit stürmen können, doch von Choltitz hielt das nicht für sinnvoll. Parodi gab telefonisch den Befehl zur Räumung durch, doch die im Gebäude Eingeschlossenen hielten das für nicht machbar.

An diesem Abend nahm von Choltitz Verhandlungen mit Raoul Nordling auf, der viele Jahre schwedischer Generalkonsul in Paris gewesen war und im Auftrag de Gaulles und einiger Teile der kommunistischen *Résistance* handelte. Nordling schlug eine Feuerpause vor, damit die Toten und Verwundeten aus der Préfecture evakuiert werden konnten, in der Hoffnung, dass die Beschlagnahmungen von Gebäuden und Waffen, die in der ganzen Stadt stattfanden, sich nicht zu einem blutigen Aufstand entwickeln würden. Von Choltitz zögerte, die Polizei davonkommen zu lassen, doch als die Verhandlungen weitergingen, erhielt er einen Anruf von Hitler, der ihm ausdrücklich befahl, alle 60 Seinebrücken für die Zerstörung vorzubereiten. Der Führer erinnerte von Choltitz auch daran, dass „Paris nicht in die Hände des Feindes fallen darf – außer als Trümmerfeld".

Kompromiss

Von Choltitz wusste, dass ein großer Aufstand seine Handlungsmöglichkeiten extrem verringern würde. Es war denkbar, dass, wie in Warschau, die SS einrückte und Paris tatsächlich in einen Schutthaufen verwandelt wurde. Daher war von Choltitz bereit, die Besetzung öffentlicher Gebäude durch die *Résistance* zu akzeptieren, wenn die *Résistance* die von den Deutschen gehaltenen Stützpunkte nicht angriff und deutsche Truppenbewegungen auf einigen Hauptverkehrsadern zuließ. Außerdem würden Mitglieder der *Résistance* als Kriegsgefangene behandelt, statt als Terroristen hingerichtet zu werden. Es ging bei der Abmachung nicht um eine Feuerpause, sondern um einen kontrollierten Aufstand, aus dem jede Seite mit minimalen Verlusten und intakter Ehre hervorgehen konnte.

Leider war diese Abmachung ohne Roger Villon oder Colonel Rol entworfen worden, die sie wütend aufkündigten. Als Parodi protestierte, die Alternative wäre die Zerstörung von Paris, schrie Villon: „Und wenn schon! Wir werden mit Paris zerstört werden. Besser, Paris wird wie Warschau zerstört, als dass es ein weiteres 1940 erlebt." Am Sonntag, dem 20. August, griffen gut bewaffnete Mitglieder der kommunistischen *Résistance* deutsche Patrouillen an und bewarfen vier Lastwagen voller deutscher Soldaten mit Molotowcocktails. Die brennenden Männer wurden mit Maschinengewehrsalven niedergestreckt. Diesen Vorfall filmte ein Kameramann und stellte ihn später alliierten Wochenschauen zur Verfügung. Am 21. August erschienen drei neue Zeitungen der kommunistischen *Résistance* – *Le Parisien Libre, Défense de la France und Libération* – mit der riesigen Schlagzeile: *„Aux Barricades!"* Und Barrikaden wurden bereits in der ganzen Stadt errichtet. Männer, Frauen und Kinder rissen Pflastersteine heraus, fällten Bäume, rissen Zäune nieder, kippten Busse und Karren um und stapelten den Schutt in den Straßen, allerdings nicht auf den breiten Boulevards, die die Deutschen zu verteidigen angekündigt hatten. Doch auch so nahm die Zahl der Zusammenstöße zu. Bis Montagabend verschmolzen die Gewehrsalven in der Stadt miteinander, sodass sie praktisch ununterbrochen zu hören waren.

In den nächsten drei Tagen griffen die Trupps der *Résistance* deutsche Patrouillen an, schossen aus dem Hinterhalt auf Stützpunkte und wurden ihrerseits beschossen, meist mit schwereren Waffen. In seinen sechs Jahre später veröffentlichten Memoiren bagatellisierte von Choltitz die Kämpfe: „Von Zeit zu Zeit wurde entzündbare Flüssigkeit von Hausdächern auf meine Panzer geworfen, die meine Patrouillen eskortierten. Es war lästig, aber wir verloren nicht einen einzigen Panzer … Keiner meiner Stützpunkte wurde je angegriffen." Bis Januar 1945 erhielt das Innenministerium 123.000 Briefe von Leuten, die als Bona-fide-Mitglieder der *Résistance* registriert werden wollten. So viele könnten die mehr als 400 Barrikaden bemannt haben. Doch die neuere Forschung meint, dass nur etwa 3000 zivile Widerstandskämpfer, zeitweise unterstützt von etwa 3000 Polizisten, in Feuergefechte mit den Deutschen verwickelt waren. Die Episode wurde rasch zu einem Mythos. So schworen z. B. Hunderte Pariser, die Deutschen hätten 150 Tiger-Panzer eingesetzt. In Wirklichkeit hatte von Choltitz aber nur einen einzigen modernen Panzer, einen Panther, der beim Rückzug im Jardin du Luxembourg zusammengebrochen und zurückgelassen worden war. Es wurde häufig gefilmt, wie immer wieder Molotowcocktails auf ihn niedergingen.

Verluste im Kampf

Die meisten Pariser waren in diesen Tagen angenehm aufgeregt. Junge Frauen und Männer inszenierten die heroischen Kämpfe von 1871, 1848, 1830 und sogar 1789. Aber Menschen starben tatsächlich. In dieser Kampfwoche wurden 901 Widerstandskämpfer – Kommunisten, Gaullisten, Polizisten – getötet und 1455 verwundet. Sie behaupteten, 2788 Deutsche getötet und 4911 verwundet zu

LINKS:
Niedergeschlagene deutsche Offiziere nach ihrer Festnahme durch französische Truppen bei der Befreiung von Paris. Das Foto wurde im Hôtel Majestic, dem ehemaligen Hauptquartier der Wehrmacht, aufgenommen.

haben, doch der Großteil davon war bei den Kämpfen in der Normandie verwundet und in die Krankenhäuser von Paris evakuiert worden. Die tatsächliche Anzahl der im Kampf getöteten und verwundeten Deutschen lag vermutlich unter 1500. Als die *Résistance* 1945 ihre Statistik zusammenstellte, behauptete sie auch, dass 582 französische Zivilisten im Kampf getötet worden waren, doch die meisten davon waren Kollaborateure gewesen und von der *Résistance* hingerichtet worden. Manche, wie z. B. Mitglieder der *Milice*, hatten das Glück, rasch exekutiert zu werden, während andere aufgrund dürftigster Beweise zum Tode verurteilt wurden. Häufig wurden alte Rechnungen beglichen. Junge Frauen, die mit Deutschen schliefen, mussten zumindest erwarten, öffentlich durch das Scheren ihrer Köpfe gedemütigt zu werden. Ein Widerstandskämpfer erinnert sich an die Klage einer Mutter: „Meine kleine Josiane, es ist schrecklich. Ihr Haar wurde geschoren, Monsieur. Arme kleine Josiane! Sie ging doch nur mit Deutschen ins Bett, weil sie erst 17 war, verstehen Sie? Doch warum schneidet man deshalb ihr Haar? Es ist eine Schande, Monsieur. Sie würde ebenso gerne mit Amerikanern ins Bett steigen."

Der leichte Opera-buffa-Stil des Pariser Aufstandes bedeutete nicht, dass er sich nicht zu etwas viel Schlimmerem entwickeln hätte können. Am 21. August hatten zwei Delegationen Paris verlassen und waren in der Hoffnung, auf Amerikaner zu treffen, über kleine Landstraßen nach Westen gereist. Eine wurde von Rolf Nordling geleitet, Rauls jüngerem Bruder, der unter dem Schutz der Deutschen reiste und einen persönlichen Appell Choltitz' an Eisenhower bei sich hatte, in dem der deutsche Kommandant den Oberbefehlshaber der Alliierten drängte, so bald wie möglich mit der Besetzung von Paris zu beginnen. Nordling sollte erklären, dass Choltitz Hitlers Befehl zur Zerstörung der Stadt vorsätzlich durchkreuzt hatte; doch wenn er noch länger wartete, würde der Führer ihn durch einen anderen ersetzen, der diesen Befehl ausführen würde. Die andere Delegation wurde von Major Roger Gallois, Colonel Rols Stabschef, geleitet, der eine Bitte um Waffen und Munition für die *Résistance* sowie um Entsendung von Truppen bei sich hatte. Wie der Zufall es wollte, traf Gallois zuerst auf die Amerikaner und wurde am Vormittag des 21. August zum zutiefst anti-kommunistischen General George Patton gebracht. Patton war von der französischen Bitte alles andere als begeistert. „Sie haben mit ihrem verdammten Aufstand begonnen. Jetzt sollen sie ihn auch beenden!", antwortete er dem Dolmetscher.

Patton sandte Gallois und seine Delegation ins Hauptquartier von General Bradley, dem

RECHTS:
Die jubelnde Menge begrüßt die Ankunft der ersten alliierten Soldaten in Paris. Der deutsche Befehlshaber, General von Choltitz, ignorierte Hitlers Befehl, Paris dem Erdboden gleichzumachen. Auch einem Befehl für die Zerstörung der Stadt durch Artillerie und V1-Raketen wurde nicht Folge geleistet.

Befehlshaber der 12. Armeegruppe, wo sie am Vormittag des 22. August ankamen. Sie trafen Brigadier General Edwin L. Sibert, Bradleys Nachrichtenoffizier, der viel klarer als Patton den politischen Preis sah, wenn die Kommunisten Paris nach einem Blutbad einnehmen würden, das durch eine amerikanische Intervention hätte gemildert werden können. Bei einem Treffen mit Eisenhower am nächsten Tag erkannte er, dass der Oberbefehlshaber bereits von de Gaulle und den Briten unter Druck gesetzt wurde. De Gaulle war am 21. August von Algier nach Cherbourg geflogen und mit General Koenig nach Granville gefahren, um Eisenhower zu einem Marsch auf Paris zu überreden. Das Treffen war stürmisch verlaufen. De Gaulle hatte Eisenhower die Gefahr einer Übernahme der Stadt durch die Kommunisten vor Augen geführt. Doch der Oberbefehlshaber war durch Erwägungen, die er für rein politisch hielt, nicht zu bewegen. Daraufhin hatte de Gaulle damit gedroht, Leclercs 2. Panzerdivision Eisenhowers Kommando zu entziehen und sie nach Paris zu schicken. Eisenhower entgegnete schroff, dass Leclercs Division von amerikanischer Logistik abhängig war und „nicht eine Meile vorankommt, wenn ich es nicht will".

Truppen nördlich von Paris

Die französische 2. Panzerdivision war am 29. Juli in der Normandie gelandet, dann mit Pattons 3. Armee vorgerückt und hatte diese bei der Einnahme von Le Mans und Alençon unterstützt. Mit 16.000 Mann und 2000 Fahrzeugen war sie die einzige größere französische Kampfformation in Nordfrankreich. Ihr Befehlshaber, Generalleutnant Philippe Leclerc – eigentlich Viscomte Philippe de Hauteclocque – hatte sich 1940 mit de Gaulle zusammengetan. Wie de Gaulle war auch Leclerc ein glühender Patriot, der das Vichy-Regime und die Kommunisten in etwa gleichem Ausmaß hasste und keine Lust hatte, Paris auf Geheiß eines Revolutionskomitees hin zu betreten. Leclerc war sich auch bewusst, dass die Amerikaner keine baldige Besetzung von Paris beabsichtigten und hatte deshalb Schritte unternommen, sie zu umgehen. Seine Männer hatten Nachschub gehortet; sie hatten Fahrzeugverluste absichtlich nicht gemeldet, damit die Benzinrationen nicht gekürzt wurden. Außerdem hatten sie bei nächtlichen Besuchen in amerikanischen Depots Extravorräte „ausgeliehen". Leclerc hatte auch bereits eine starke Aufklärungspatrouille zur Hauptstadt geschickt. Er plante, sie zu verstärken, wenn sie auf Deutsche treffen sollte. Doch als sie Chartres passierte, wurde sie von Bradley gestoppt und zurückgeschickt.

Inzwischen wurde der Druck auf Eisenhower immer größer. Am 22. August sandte ihm de Gaulle einen Brief, der von General Alphonse Juin persönlich überbracht wurde, der Eisenhower in Nordafrika beträchtliche Probleme bereitet hatte und nun Stabschef der französischen nationalen Verteidigung war. De Gaulle meinte, dass er Leclercs Panzerdivision dem amerikanischen Kommando entziehen und nach Paris beordern würde; sollte Eisenhower die Division aufhalten, würde er die volle Verantwortung übernehmen müssen, wenn Paris zerstört würde. Der Brief hatte beachtliche Überzeugungskraft. Drei Wochen zuvor, als die sowjetische Armee das Ostufer der Weichsel bei Warschau erreicht hatte, hatte sich die antikommunistische polnische Heimatarmee erhoben und die Stadt eingenommen, nur um zu entdecken, dass die Sowjets nicht die Absicht hatten, ihr zur Hilfe zu kommen. Bis 22. August lag Warschau in Trümmern, weil SS-Divisionen die Stadt mit Artillerieunterstützung systematisch zerstört hatten. Die Parallelen waren offensichtlich und Eisenhower kritzelte an den Rand des Briefes: „Es sieht so aus, als würden wir jetzt gezwungen, nach Paris zu gehen." Aber er erteilte den Befehl noch immer nicht und gab erst nach, als die BBC am nächsten Morgen aufgrund einer Information des *British Special Intelligence Service* in Paris die Nachricht brachte, dass die *Résistance* große Teile der französischen Hauptstadt befreit hatte und nun unter schweren Gegenangriffen

OBEN:
General de Gaulle kehrt im Triumph nach Paris zurück. 1940, in der letzten Phase der Kampfes um Frankreich, hatte er die französische 4. Panzerdivision befehligt, die – obwohl sie überhaupt keine Chance hatte – mit großer Tapferkeit kämpfte. Seine Ankunft in Paris kurz nach der Befreiung ermöglichte es ihm, seine Stellung in der französischen Politik zu festigen.

OBEN:
De Gaulle auf dem Weg zur Place de la Concorde, bevor er zur Messe in Notre Dame fährt. Als Schüsse abgefeuert wurden, beeindruckte er mit seiner Gelassenheit. Obwohl sich nach wie vor Anhänger des Vichy-Regimes und deutsche Truppen frei in der Stadt bewegten, wird mittlerweile angenommen, dass die Kommunisten de Gaulle in Verlegenheit bringen wollten.

der Deutschen stand. Später meinten BBC-Verantwortliche, Eisenhower zum Handeln „beschämt" zu haben.

Einmarsch in Paris

Am 23. August eilte Leclercs 2. Panzerdivision, dicht gefolgt von der 4.US-Divison, auf Paris zu. Die Dringlichkeit ihres Einsatzes wurde durch das Eintreffen von Rolf Nordling samt Delegation in Bradleys Hauptquartier unterstrichen. Er meldete, dass zwischen Paris und seiner Zerstörung nur noch von Choltitz stand. Am späten Nachmittag traf die Division in Rambouillet, 20 km südwestlich von Versailles, ein. De Gaulle und Leclerc trafen sich in dieser Nacht im Château de Rambouillet, das de Gaulle als Hauptquartier requiriert hatte; sie berieten die beunruhigende Meldung des Nachrichtendienstes, dass im Nordosten ein deutscher Kampfverband mit etwa 60 Panzern lag. Ohne die Amerikaner zu informieren, beschlossen de Gaulle und Leclerc, die 2. Panzerdivision 25 km nach Osten zu schicken, dann direkt nach Norden vorzustoßen und sich Paris in drei Kolonnen von Südwesten her zu nähern.

Der Tag war feucht und trostlos. Deutsche Straßensperren, gesichert mit 88-mm-Panzerabwehrkanonen, bremsten den Vormarsch. Doch die jubelnden Massen, die die 2. Panzerdivision in allen Orten umschwärmten, waren genauso schlimm. Um 17.30 Uhr war Leclerc noch 15 km von Paris entfernt und wusste, er würde die Stadt noch weitere zwölf Stunden nicht erreichen. Er befahl einem Sonderkommando von drei Shermanpanzern und sechs Halbkettenfahrzeugen unter dem ortskundigen Captain Raymond Dronne, die deutschen Stellungen zu umgehen und sich mit der Nachricht, dass Hilfe bald eintreffen würde, zur Île de la Cité durchzuschlagen.

Dronne brauchte nur zwei Stunden, um die Préfecture zu erreichen, wo ein aufgeregter Parodi über eine neu errichtete Radiostation verkündete: „Ich habe hier neben mir einen französischen Hauptmann, der soeben in Paris eingetroffen ist, als Erster. Er ist rot im Gesicht, schmutzig und unrasiert – und trotzdem möchte man ihn umarmen." Zu genau derselben Zeit hörte von Choltitz im Hôtel Majestic Glockengeläut von Notre Dame. Er rief sofort das Heeresgruppen-Hauptquartier an und hielt den Telefonhörer ans Fenster, um General Speidel die Glocken hören zu lassen, die die Ankunft der französisch-amerikanischen Armee ankündigten. Von Choltitz schloss mit den Worten: „... mein lieber Speidel, mir bleibt nur mehr, Ihnen auf Wiedersehen zu sagen. Beschützen Sie meine Frau und meine Kinder in Baden-Baden."

Kurz nach 8 Uhr erreichte Leclercs Vorhut die Porte d'Italie. Ein amerikanischer Radiokorrespondent beschrieb die Szene: „Ich höre hier die Explosionen von Granaten und das Knattern von Maschinengewehren: Maschinengewehre der Deutschen, der regulären Armee und der FFI." Ein britischer Korrespondent berichtete, dass „die Schüsse in den Straßen von Paris anhalten und die vielen eintreffenden alliierten Soldaten Seite an Seite mit der FFI und der Bevölkerung von Paris kämpfen. Französische und alliierte Fahnen tauchen in allen Fenstern auf und jeder singt die Marseillaise." Später an diesem Tag, als die Schüsse weniger wurden, schilderte Howard Marshall von der BBC, wie „überall entlang der Vormarschroute Soldaten und Bürger einander umarmen, Frauen und Kinder schwenken französische und alliierte Fahnen und rufen *,Vive la France! Vive de Gaulle!'*"

Der australische Korrespondent Chester Wilmot fasste das Vorrücken der 2. Division folgendermaßen zusammen: „Leclercs Einheiten wurde von der Porte d'Italie bis zur Île de la Cité ein begeistertes Willkommen zuteil. Männer, Frauen und Kinder stürzten im wahrsten Sinn des Wortes vor Freude schreiend auf die Panzer zu – eine Freude, die vier Jahre und zwei Monate lang unterdrückt worden war." Für die Franzosen von Leclercs Division und die ihnen folgenden Amerikaner war es der schönste Tag ihres Lebens.

Offizielle Kapitulation

Um 15 Uhr, als Leclerc ein verspätetes Mittagessen in der Préfecture einnahm, trafen 20 uniformierte Gendarmen mit von Choltitz, der sich gerade ergeben hatte, vom Hôtel Meurice ein. Nach dem Austausch militärischer Höflichkeiten wurde über ein Dokument zur Kapitulation der deutschen Streitkräfte in Paris verhandelt. Doch als an die Unterzeichnung ging, gab es Probleme – nicht zwischen Leclerc und von Choltitz, sondern mit Colonel Rol, der als Leiter der Pariser *Résistance* darauf bestand, das Dokument ebenfalls zu unterzeichnen. Leclerc lehnte zunächst ab, gab aber dem Druck des gesamten Komitees der *Résistance* nach und erlaubte Rol sogar, seinen Namen über den Leclercs zu setzen. Als de Gaulle erfuhr, dass ein Kommunist auf dem Kapitulationsdokument aufschien, bekam er einen Wutanfall, forderte, dass Rols Name gestrichen würde

LINKS:
General de Gaulle und General Leclerc in der Préfecture. Leclerc war fest entschlossen gewesen, Paris so schnell wie möglich zu betreten; als glühender Patriot verabscheute er die Vorstellung, dazu von einem kommunistischen Revolutionskomitee eingeladen zu werden.

und meinte, dass der Druck auf Leclerc aus inakzeptabler Richtung gekommen wäre.

Inmitten dieser Jubelszenen vollführte de Gaulle einen politischen Balanceakt. Vichy-Gruppen hatten die Hoffnung nicht aufgegeben und wenige Minuten, bevor der General im Hôtel de Ville eintraf, entdeckte Leclercs Militärpolizei zwei Angehörige der *Milice*, die de Gaulle ermorden wollten. Als sie zur Hinrichtung geführt wurden, zischte der eine trotzig: „Wir kriegen euch trotzdem. In zwei Wochen ist die *Milice* wieder zurück und dann seid ihr dran." De Gaulle wollte am nächsten Tag – Samstag, den 26. August – durch die Stadt ziehen, um an einer Messe in Notre Dame teilzunehmen, doch wieder erhob das Vichy-Regime sein hässliches Haupt. De Gaulle weigerte sich, Erzbischof Suhard oder Beaussart, dessen Assistenten, zu erlauben, die Messe abzuhalten. In seinen Memoiren zählte er die Verbrechen des katholischen Establishments in Paris auf, vom Empfang Pétains bis zur Kollaboration mit den schlimmsten Exzessen der Nazis, wie der Deportation französischer Juden in Todeslager, fügte aber hinzu, dass das katholische Establishment so weltabgewandt war, dass alles vielleicht seiner Aufmerksamkeit entgangen war. Mit Verachtung schloss de Gaulle, „die Frömmigkeit und Barmherzigkeit des Kardinals (Suhard) lasse in seinem Kopf nur wenig Platz für das Verständnis des Weltlichen". Da sich Suhard und Beaussart für die Messe in Notre Dame disqualifiziert hatten, übertrug de Gaulle diese Aufgabe an Pater Huchet, den hochdekorierten Kaplan von Leclercs Division.

De Gaulles Triumph

De Gaulle hatte den Kirchenmännern des Vichy-Regimes signalisiert, dass sie, wenn es nach ihm ging, im neuen Frankreich keine Rolle spielen würden. Aber das Problem mit den Kommunisten war noch da. Am Nachmittag des 26. August war die Champs Elysées voll gestopft mit mehr als zwei Millionen Menschen. Um 15 Uhr legte de Gaulle am Arc de Triomphe ein Gebinde in Form des Lothringer Kreuzes auf das Grab. Dann ging er hinter vier Panzern, Leclercs Soldaten und Polizisten, die einen Kordon von einer Straßenseite zur anderen bildeten, die Champs Elysées hinunter zur Place de la Concorde, wo er einen Wagen für die Fahrt zur Notre Dame bestieg. Schüsse krachten und die Leute versteckten sich hinter Panzern oder warfen sich zu Boden. Doch als de Gaulle abfuhr,

UNTEN:
Französische Soldaten und FFI rücken in der Endphase der Befreiung von Paris mit einem Radpanzer auf die Deputiertenkammer vor. Dort hatten sich 500 Deutsche verbarrikadiert und mussten zur Kapitulation gezwungen werden.

LINKS::
General de Gaulle heftet das Croix de Libération *(„Befreiungskreuz") auf die Fahne des 2e RCP. Diese Einheit war eine Fallschirmjägereinheit und entsprach in etwa dem britischen* Special Air Service.

legte sich die Aufregung. Um 16.15 Uhr traf de Gaulle in Notre Dame ein. Die Abschrift von Robert Reids Liveübertragung auf CBS vermittelt in ihrer atemlosen Aufregung noch immer die Emotionen dieses Moments:

„Und hier kommt de Gaulle. Er dreht sich nun um zum Platz und zur riesigen Menge von Parisern [Maschinengewehrfeuer]. Er wird Leuten vorgestellt [Maschinengewehrfeuer]. Er wird empfangen [Rufe aus der Menge, Schüsse] sogar während der General geht [Ausbruch von Gewehrsalven] – sogar während der General in die Kathedrale geht [Pause im Bericht] ... Nun, das war eine der dramatischsten Szenen, die ich je gesehen habe. Gerade als General de Gaulle die Kathedrale von Notre Dame betreten wollte, krachten auf dem ganzen Platz Schüsse."

Obwohl er auch in der Kathedrale Schüsse hörte, ging de Gaulle ruhig und gelassen das Hauptschiff entlang zu einem Stuhl, der im nördlichen Querschiff für ihn aufgestellt worden war. Das Schießen dauerte an, hinderte die Gemeinde aber nicht, das Magnificat zu singen. Das Te Deum wurde allerdings ausgelassen. Reid beschrieb dann de Gaulles Aufbruch: „Ich sah ihn das Seitenschiff hinuntergehen, diese sehr große Gestalt, mit emporgerecktem Kinn und aufrechten Schultern. Es gab Kämpfe – Knallen, Blitzen überall, und er schien einen Schutzengel zu haben, als er das Seitenschiff hinunter auf den Ausgang zuging, weil ihm nichts etwas anhaben konnte und er keinen Augenblick zögerte."

Offiziell waren versprengte Einheiten der *Milice* und der Deutschen dafür verantwortlich, aber für de Gaulle waren es die Kommunisten gewesen. Sie wollten de Gaulle nicht töten, aber demütigen, indem sie ihn zwangen, öffentlich in Deckung zu gehen. Ihr spektakuläres Scheitern verhalf de Gaulle stattdessen zu einem politischen Sieg. Er handelte rasch, um daraus Kapital zu schlagen, und bat Eisenhower, ihm mit einer Machtdemonstration den Rücken zu stärken. Das amerikanische Oberkommando hatte nach wie vor Probleme, politische und militärische Ziele in Einklang zu bringen, stimmte aber zu, dass die 28. US-Division, die vor Paris stand, auch gleich durch die Stadt marschieren konnte. So zogen die Amerikaner am 29. August über die Champs Elysées und Tausende Pariser bejubelten sie. Mädchen drängten sich durch, um die Soldaten zu umarmen, und steckten ihnen Champagner in die Taschen. „Es war der Tag, an dem der Krieg hätte enden sollen", erinnerte sich einer Jahre später. Doch schon an diesem Abend waren sie östlich von Paris wieder im Einsatz. Vor ihnen lagen noch acht Monate harten Kampfes.

KAPITEL SIEBEN

ARNHEIM

Nach dem raschen Vorstoß im August und Anfang September wollten die Alliierten mit einem Überraschungsschlag schnell in das Herz Deutschlands vordringen: der Operation *Market Garden*.

Der August 1944 war für die Alliierten ein außergewöhnlicher Monat. Zu Beginn lag die Front, wie seit Mitte Juni, in der Normandie; zu Monatsende standen die britischen, kanadischen und amerikanischen Armeen weit jenseits der Seine, Charles de Gaulle war in Paris und eine französisch-amerikanische Armee rückte an die Rhône vor. Teile von Pattons 3. Armee hatten am 18. August die Seine bei Mantes-Gassicourt, südöstlich von Paris, erreicht. Zwei Tage später starteten sie einen Angriff von den Brückenköpfen am östlichen Flussufer aus. Weiter südöstlich erreichte die Vorhut von Pattons 4. Panzerdivision am 25. August die Peripherie der noch immer heftig verteidigten Stadt Troyes am linken Seineufer. Ihr Kommandeur, Colonel Bruce C. Clarke, stationierte seine Panzer nördlich von Troyes, wo etwa 2750 m von der Stadt entfernt ein Kanal Deckung bot. Clarke stellte eine Kompanie mittelschwerer Panzer auf, unterstützte sie mit zwei motorisierten Infanteriekompanien und griff an. Er nahm die Stadt ohne Verlust an Männern oder Gerät ein. Am 28. August eilte Clarke 80 km ohne Probleme von Troyes nach Vitry-le-François, überquerte die Marne und stieß entlang des Ostufers Richtung Norden vor, um Châlons-sur-Marne am 29. August mittags einzunehmen. Die 4. Panzerdivision schwenkte dann südöstlich von Châlons ein und zog am Morgen des 31. August bei starkem Regen an die Maas.

Die Überquerung der Maas

Eine leichte Kompanie, die der Haupttruppe voraus war, neutralisierte die feindlichen Artilleriestellungen bei Commercy, indem sie deren Mannschaften erschoss, bevor diese laden konnten, und nahm die Brücke über die Maas intakt ein. Anschließend besetzte sie die östliche Hochebene nahe St.-Mihiel, wo Patton im 1. Weltkrieg gekämpft hatte und schwer verwundet worden war. Inzwischen stießen die Divisionen von Pattons XX. Armeekorps von Châlons-sur-Marne 112 km nach Osten Richtung Verdun vor. Der unwirtliche Wald von Argonne verzögerte den Vormarsch, doch die französischen *Résistance* vereitelte den Versuch der Deutschen, die Maas-Brücke bei Verdun zu sprengen. Am 31. August gelangten die Panzer der amerikanischen Vorhut in die Stadt und über die Brücke und am 1. September stand das XX. Korps in voller Stärke an der Maas. Pattons vordere Einheiten waren nun in der Mitte zwischen Seine und Rhein, das Land wurde jedoch unwegsamer. Vor ihnen lag die Hügelkette von Lothringen, die wie das Glacis einer Burg von Norden nach Süden verlief, gekrönt vom Verteidigungswall von Metz, unter dem die Befestigungen der Siegfriedlinie lagen.

GEGENÜBER:
Britische Soldaten marschieren am 3. September 1944 in Brüssel ein. Ihnen wurde ein stürmischer Empfang bereitet. Hier in Brüssel planten Montgomery und Eisenhower fünf Tage später die Luftlandungen an den Rhein übergängen.

Mittlerweile waren die Briten, die Kanadier und die 1.US-Armee nordöstlich an den unteren Lauf der Seine zwischen Paris und Rouen vorgerückt – die weite Flussmündung und die starke Gezeitenströmung machten den Fluss oberhalb von Rouen unüberbrückbar. Ein Regiment der 79.US-Division fand bei der Ankunft am 19. August in Mantes-Gassicourt keine Deutschen mehr vor und überquerte bei Nacht und Regen die Seine auf einem unzerstörten Wehr. Weiter flussabwärts traf in der Nacht des 24. August die Spitze der britischen 2. Armee, die 43. (Wessex) Division, im Wald von Breteuil nahe Vernon ein. Am folgenden Abend deckte die Artillerie des britischen XXX. Korps Feindstellungen am Ostufer mit hochexplosiven Geschossen und Rauchbomben ein. Gleichzeitig begannen britische Truppen in Sturmbooten den Fluss zu überqueren, gerieten jedoch unter heftigen Beschuss und verloren sieben Boote. Nach Einbruch der Dunkelheit versuchten es die Briten nochmals und sie konnten vor Morgengrauen eineinhalb Bataillone übersetzen. Während sie feindliche Gegenangriffe abwehrten, errichteten Pioniere eine Pontonbrücke und brachten Schützenpanzer, Panzerabwehrkanonen und Panzer hinüber. Die 11. Panzerdivision war am 28., die Gardepanzerdivision am 29. August am anderen Ufer. Die kanadische 4. Division überquerte am 27. und 28. August die Seine weiter flussabwärts bei Elbeuf. Sie verlor 600 Mann, aber dank der Unterstützung von etwa 500 leichten und mittelschweren Bombern konnte sie den Nordosten einnehmen.

Die Truppen stürmen voran

Nach der Überquerung der Seine rückte die 21. Armeegruppe rasch vor. Die kanadische 1. Armee schwärmte aus, um Le Havre und Dieppe einzunehmen und um den nördlichen Küstengürtel nach Brügge zu räumen. Britische Truppen, an der Spitze die 11. Panzerdivision, jagten durch die weiten, offenen Felder zwischen Seine und Somme und erreichten am 29. August Gisors, 32 km nordöstlich der Seine. Der folgende Tag war ein großer Tag in der Geschichte der britischen Panzerverbände: Die 11. Panzerdivision rückte zügig gegen den abnehmenden Widerstand vor und erreichte Beauvais um 17 Uhr. Sie fuhr dann in strömendem Regen durch die Nacht und erreichte um 6 Uhr das Zentrum von Amiens, indem sie neben den zurückweichenden Deutschen fuhr, die nicht bemerkten, wer sie waren. Kurz nach 8 Uhr nahmen die Briten das Stabshauptquartier der 7. Deutschen Armee ein, darunter den überraschten und verärgerten General Heinrich Hans Eberbach, der die Briten noch immer

RECHTS:
Mit seinem natürlichen Instinkt für Eigenwerbung überquert General George Patton als erster US-Kommandant mit seiner 3. Armee am 22. August 1944 die Seine. Am nächsten Tag setzen die amerikanischen Kräfte ihren raschen Vormarsch zur deutschen Grenze fort.

an der Seine wähnte, und eine deutsche Feldbäckerei, die die Spitzen der 11. Panzerdivision mit Frühstück versorgte. Am 1. September überschritt die Panzergardedivision zu Mittag den Kamm von Vinny nördlich von Arras und am 2. September fuhren die britischen Panzer in Belgien ein. Da das belgische Telefonnetz großteils intakt war, telefonierte ein Fernmeldeoffizier mit dem Fernsprechamt in Brüssel und erfuhr, dass die Deutschen zurückwichen. An diesem ruhmreichen Spätsommertag des 3. September, genau 5 Jahre nach Großbritanniens Kriegserklärung 1939, preschte die Gardedivision hinter den Panzerwagen der Gardekavallerie durch Südbelgien und zog am Abend in Brüssel ein. Chester Wilmot, der in Paris war, beschrieb, dass der Empfang in Brüssel „der wildeste überhaupt war. Nur eine Stunde zuvor waren noch Deutsche in den Straßen gewesen und keine Fahne zu sehen. Aber als wir ankamen, war jedes Haus voller Fahnen und Wimpel, und die Straßen waren mit Bannern geschmückt: ‚Willkommen unseren Befreiern', ‚Willkommen unseren Verbündeten', ‚Durch Brüssel nach Berlin', ‚Durch Brüssel zum Sieg' stand geschrieben. Tausende Frauen und Kinder hatten sich in den belgischen Farben gekleidet – mit roten Röcken, gelben Blusen und schwarzen Schals oder Kopftüchern."

In den letzten beiden Augustwochen 1944 überwanden die britischen und amerikanischen Armeen Distanzen, die sogar jene übertrafen, die die Deutschen während des spektakulären Blitzkriegs vom Mai bis Juni 1940 zurückgelegt hatten. Einige Einheiten überwanden an die 800 km, nahmen Tausende Gefangene und wurden von überglücklichen Pariser und Brüsseler Zivilisten gefeiert. Die deutschen Verluste waren enorm: 450.000 Gefallene in Frankreich und 900.000 in Weißrussland im Juni und Juli, das machte unglaubliche 1,35 Millionen. Das Deutsche Reich steckte in einer politischen Krise und loyale Nazis führten eine Säuberungsaktion im Offizierskorps der Wehrmacht durch.

„Die Siegeskrankheit"

Im Sommer 1940 hatte die Wehrmacht, nach dem spektakulären Sieg über Frankreich und die britische Expeditionsstreitmacht, an der später von Berlin so genannten „Siegeskrankheit" gelitten, einem berauschten Gefühl, dass der Krieg so gut wie vorbei und alles möglich sei. Nun erlagen die Alliierten dieser Täuschung. Am 23. August meinte der SHAEF-Nachrichtendienst, dass zweieinhalb Monate bittere Kämpfe, die für die Deutschen in einem auch für ihren extravaganten Geschmack enormen Blutbad enden sollten, das Kriegsende in Sicht, ja in Reichweite gebracht hätten. US-Generalstabschef General George

OBEN:
Brennende deutsche Fahrzeuge auf der Straße nach Brüssel. Mangel an Treibstoff und Nachschub beeinträchtigte ständig den alliierten Vormarsch, da die Geschwindigkeit, mit der die Streitkräfte an der Front vorrückten, zu einer Überbeanspruchung der Verbindungslinien führte.

RECHTS:
Ein Coldstream-Posten deckt mit einem leichten Bren-Maschinengewehr eine Straße in Arras. Hier fand im Mai 1940 eine berühmte britische Gegenattacke statt, die fast den Vorstoß von Rommels Panzern zur französischen Küste unterbrochen hätte. Nun trieben die britischen Panzer die zurückweichenden Deutschen noch schneller voran.

Marshall meldete seinen vorgesetzten alliierten Befehlshabern, dass die Einstellung der Feindseligkeiten in Deutschland jederzeit möglich wäre, wahrscheinlich aber zwischen 1. September und 1. November stattfinden könnte. Eisenhower informierte die verbündeten Befehlshaber, dass er mit der Besetzung Deutschlands früher als erwartet rechnen müsse, und am 2. September verkündete sein Stabschef, Major General Bedell Smith, in einer Pressekonferenz, „militärisch ist der Krieg in Europa gewonnen". Sogar der normalerweise vernünftige Chef des Königlichen Generalstabs, General Alan Brooke, erlag der Siegeskrankheit und schrieb an General „Jumbo" Wilson, den enorm fetten Oberbefehlshaber im Mittelmeerraum: „Es ist nun klar, dass der Boche an allen Fronten geschlagen ist."

Scharmützel um den Ruhm

In dieser berauschten Atmosphäre begann die angloamerikanische Allianz zu bröckeln, weil Generäle, die bisher (manchmal widerstrebend) gegen einen gemeinsamen Feind zusammenarbeiteten, nun um die Siegeslorbeeren stritten. In den USA war ein Wahljahr, und so wurde es für Roosevelt politisch immer wichtiger, sicherzustellen, dass der Verdienst für den bevorstehenden Sieg an einen Amerikaner ging. Am 14. August vereinte Eisenhower die 1. und 2.US-Armee zu der neuen 12. Armeegruppe, die er unter das Kommando von General Omar Bradley stellte. Dieser britische Presse interpretierte dieses Arrangement als Degradierung Montgomerys. Diesen Eindruck stärkte noch die Schlagzeile der US-Militärzeitung *Stars and Stripes* vom 16. August: „Bradley befehligt Armeegruppe. Gleicher Status wie Monty". Die Attacken der britischen und amerikanischen Presse auf die jeweils gegnerischen Generäle veranlassten Marshall, am 18. August an Eisenhower zu schreiben: „...Stimson (der US-Kriegsminister) und ich und offenbar alle Amerikaner sind der festen Überzeugung, dass Sie jetzt direkt das Kommando über das amerikanische Kontingent übernehmen sollten, da die Reaktionen der US-Journalisten auf die britische Kritik so heftig waren, dass sie den kommenden Wahlkampf beeinflussen könnten. Nach den erstaunlichen Erfolgen und dem daraus resultierenden Vertrauen in Sie und Bradley, hat diese Kritik nun den öffentlichen Enthusiasmus gedämpft."

Angetrieben von der in der amerikanischen und auch britischen Presse weit verbreiteten Spekulation, er sei nur Montgomerys Galionsfigur gewesen, erwiderte Eisenhower am 19. August, dass zwar Montgomery die

Landschlacht koordinierte, doch dass er stets „...nach den von mir bewilligten Kampfplänen handelte. Es gab keinen einzigen wichtigen Schritt, über den ich nicht unterrichtet war oder der meinen Plänen zuwiderlief." Eisenhower drängte Marshall zu einer Presseerklärung, um den Amerikanern klar zu machen, „dass auf diesem Kriegsschauplatz kein wesentlicher Schritt zu Land, auf See oder in der Luft ohne meine Zustimmung passiert, und dass niemand im alliierten Kommando meine höchste Autorität und Verantwortung für den gesamten Feldzug anzweifelt".

Leider sah Montgomery diese Beziehung anders. Am 17. August traf er Bradley und war nach längerer Diskussion davon überzeugt, dass der Amerikaner mit ihm in seinen Vorstellungen von der künftigen Vorgangsweise übereinstimmte: Die 21. und die 12. Armeegruppe sollten nach der Überquerung der Seine unter Montgomerys Generalkommando bleiben und in einem gemeinsamen Vorstoß nördlich der Ardennen in Richtung Ruhr vorrücken. Um 8.30 Uhr am folgenden Morgen sandte er ein Telegramm an General Brooke, in dem er eindeutig die Funktion des Oberbefehlshabers an sich riss: „Habe über zukünftige Pläne nachgedacht, aber die Sache noch NICHT mit IKE besprochen. Meine Ansicht ist folgende: Nach Überquerung der Seine sollten die 12. und 21. Armeegruppe als solide Masse von 40 Divisionen zusammenbleiben, die aufgrund ihrer Stärke nichts zu fürchten bräuchte. Der Verband sollte nordwärts ziehen. Die 21. Armeegruppe sollte auf der Westflanke die Kanalküste, den PAS-DE-CALAIS und WESTFLANDERN erobern und ANTWERPEN sichern. Die amerikanischen Armeen sollten mit der rechten Flanke gegen die ARDENNEN nach BRÜSSEL,

UNTEN:
Jubelnde Massen umringen britische Panzer beim Einmarsch in Brüssel. Die britischen Fahrzeuge trugen zur Identifizierung einen weißen „amerikanischen" Stern, aber jeder Zweifel über die Nationalität der Befreier wurde schnell zerstreut.

AACHEN und KÖLN vorstoßen ... BRADLEY stimmt diesem Konzept voll zu. Wüsste gerne, ob Du einverstanden bist? Nach Deiner Antwort rede ich mit IKE." Brooke, auf dem Sprung nach Italien, erwiderte: „Stimme dem am 18. August übermittelten Plan voll zu."

Während Montgomery eine Strategie ersann, die beiden alliierten Armeegruppen unter seiner Führung zu vereinen, in der Hoffnung, dass dadurch seine herausragende Rolle bei der bevorstehenden Vernichtung Nazi-Deutschlands klar hervortreten würde, hatte Bradley Patton einen Besuch abgestattet. Die beiden Amerikaner entwarfen eine andere Strategie, was wenig überrascht. Drei amerikanische Korps sollten nach Osten in Richtung Rhein nach Karlsruhe, Mannheim und Wiesbaden marschieren. Bradley und Patton hatten die Werke des Militärphilosophen Carl von Clausewitz gelesen und begriffen, dass die Niederlage des Feindes nicht allein durch physische Zerstörung, sondern auch durch die Zersetzung des feindlichen Willens erreicht werden muss. Beide waren der Ansicht, dass „die Überschreitung der deutschen Grenze" eine so „gewaltige psychologische Wirkung" auf die Bevölkerung und den Naziapparat hätte, dass ein deutscher Kollaps, ähnlich dem im November 1918, möglich wäre. Vor dem Treffen mit Montgomery hatte Bradley ein informelles Gespräch mit Eisenhower gehabt und war überzeugt, die Unterstützung des Oberbefehlshabers zu besitzen.

Am 19. August kündigte Eisenhower in einem Memorandum an Montgomery und Bradley an, dass er bald persönlich die Kontrolle über die Landschlacht übernehmen werde. Sein Kampfplan sah vor, die 21. Armeegruppe nordöstlich Richtung Antwerpen und Ruhr zu senden, während die 12. Armeegruppe geradewegs von Paris nach Metz ziehen sollte. Das war, im Kern, die „Breitfront-Strategie". Das Auseinanderreißen der beiden Armeegruppen verletzte zwar das militärische Prinzip von der Konzentration der Kräfte, doch da man glaubte, dass Deutschland geschlagen wäre, schien das unwichtig. Wesentlicher war, dass eine breite Front sicherstellen würde, dass sowohl der Beitrag der amerikanischen als auch der der britischen Befehlshaber an der deutschen Niederlage deutlich wurde.

UNTEN:
Nach der Befreiung Brüssels rückte die britische 2. Armee so rasch wie möglich vor, um Antwerpen einzunehmen. Diese Geschwindigkeit überraschte die deutsche Garnison. Hier werden deutsche Gefangene in ein Durchgangslager abgeführt.

Politische Naivität

Leider fehlten Montgomery sowohl die Bildung als auch die Vorstellungskraft, sich in die Besessenheit seiner amerikanischen Verbündeten durch die politische Lage einzufühlen. Die letzte britische Wahl hatte 1935 stattgefunden, und wer wusste, wann die nächste sein würde. Im Glauben, nicht nur die Zustimmung des britischen politischen Establishments, sondern auch die Bradleys zu haben, sandte er seinen Stabschef, Major-General Freddie de Guingand, mit einer Erwiderung zu Eisenhower. Montgomery bestand auf dem einheitlichen Vorgehen des Armeeverbandes: „Einheitliche Kontrolle und Leitung der Landoperationen ist lebenswichtig für den Erfolg. Das ist ein Ganztagsjob für einen Mann. Der große Sieg in NW-Frankreich gelang nur durch persönliche Führung. Nur so werden zukünftige Kriege gewonnen werden ... Das Befehlssystem nach dem errungenen Sieg zu ändern würde den Krieg verlängern." Als de Guingand berichtete, dass Eisenhower nicht zurückstecken wollte, suchte Montgomery Bradley auf, um sich seine Unterstützung zu sichern. Konsterniert stellte er

OBEN:
Auf einer vorgefertigten Bailey-Brücke überqueren britische Panzer am 7. September 1944 den Albertkanal in der Nähe von Beeringen. Auch belgische Flüchtlinge benützen die Brücke, um dem Frontgebiet zu entkommen.

fest, dass er zu viel vorausgesetzt hatte. Bradley gefiel weder Eisenhowers breite Front noch Montgomerys schmaler Vorstoß im Nordosten. Nach einem Gespräch mit Patton bevorzugte er nun einen großen Vorstoß der Alliierten südlich der Ardennen. Er hatte Patton schon zwei Sonderdivisionen für einen Vorstoß zur Siegfriedlinie zugesagt. Zu Montgomery meinte er, dass die 1. und 3. US-Armee mitten durch Frankreich an die Saar vorrücken, übersetzen und in der Nähe von Frankfurt an den Rhein ziehen sollten.

Mit der Aussicht, dass seiner 21. Armeegruppe zweitrangige Säuberungsaktionen zugewiesen würden, lud Montgomery am 23. August Eisenhower in sein taktisches Hauptquartier in Conde zum Essen ein. Eisenhower kam in Begleitung von Bedell Smith aus Granville. Montgomery empfing ihn – keine Spur Bittsteller – mit kalter Wut und verweigerte Bedell Smith den Zugang zu seinem Wohnwagen, obwohl sein Stabschef, de Guingand, während der gesamten Diskussion anwesend war. Breitbeinig, die Hände hinter dem Rücken, stand Montgomery vor seiner Landkarte und belehrte Eisenhower – als wäre dieser ein Sandhurst- oder Westpointkadett – über die Wichtigkeit, strategische und operative Kommandoebene zu trennen. Doch Eisenhower wollte – und konnte – nicht nachgeben. Der US-Oberbefehlshaber insistierte, dass die amerikanische Öffentlichkeit fordern würde, dass ein amerikanischer General die Landschlacht befehligte. Deshalb hätte ihm General Marshall bereits den Befehl erteilt, ab 1. September das Kommando zu übernehmen. Nachdem sich Eisenhower in der Kommandofrage unnachgiebig gezeigt hatte, verhielt er sich in Bezug auf die Angriffstaktik – breite versus schmale Front – offener. Nach einer weiteren Stunde überließ er Montgomery die Kontrolle über die strategische Reserve der Alliierten (die neu formierte alliierte Luftlandearmee), über die operative Koordination zwischen der 21. Armeegruppe an der rechten Flanke und Bradleys linker Flanke, und er überantwortete der 21. Armeegruppe das Nachschubvorrecht.

Eisenhower in der Mitte

Sein Einlenken gegenüber Montgomery bescherte Eisenhower einen zornigen Bradley und einen wütenden Patton. Bei einer gemeinsamen Strategieplanung argumentierte Patton, dass das südliche Gebiet zum Vorrücken für Panzer geeigneter wäre als das sumpfige Gelände im Norden. Patton schlug Bradley vor, ihren Rücktritt anzudrohen, da „wir eine solche Kraftprobe gewinnen würden, denn Ike wagt es nicht, uns abzulösen". Bradley wollte nicht so weit gehen, aber sein Lobbying wurde am 29. August mit einem neuen politischen Zug belohnt: Eisenhower verfügte, dass Montgomery nicht die Einsatzkontrolle über die 1. US-Armee innehätte, sondern notwendige Koordinationen zwi-

OBEN:
Field Marshal Bernard Montgomery und Lieutenant General Brian Horrocks, Kommandeur des britischen XXX. Korps. Dieses war die Angriffsspitze von Market Garden *zu Land und sollte die Fallschirmjäger und andere Luftlandeeinheiten erreichen, bevor die Deutschen die Brücken zurückerobern konnten.*

schen seiner eigenen und der 1. Armee nur über Bradley durchführen dürfte. Drei Tage später übernahm Eisenhower das Landkommando. Montgomery wurde zum Field Marshal befördert. Damit rangierte er theoretisch über dem General. Pattons Kommentar in einem Brief an seine Frau Patty: „Die Feldmarschallsache machte uns krank, Bradley und mich."

Eisenhower steckte in der schlimmstmöglichen Situation. Beim Versuch, es Montgomery und der 21. Armeegruppe einerseits sowie Bradley, Patton und der 12. Armeegruppe andererseits recht zu machen, wollte er neutral bleiben, indem er für die Breitfrontstrategie optierte, doch unter dem Druck schwankte er hin und her. Er wusste, dass er nur durch die Befürwortung der breiten Front alle Interessen vereinen konnte. Doch Ende August befand sich das alliierte Nachschubsystem in einer Krise, die nur schlimmer werden konnte. Ein bleibendes Bild waren die immensen Mengen an Versorgungsgütern, die angloamerikanische Schiffe im noch bestehenden Mulberry-Hafen oder auf den weißen Sandstränden der Normandie ausluden. Die dafür errichteten riesigen Depots nahmen Ende Juli fast die Hälfte des eingenommenen Gebietes ein. Trotz der spektakulären Anstrengung waren Anfang September nur die Hälfte der 175 Schiffe, die im August vor der Normandie ankamen, entladen. 80 vor der Küste ankernde Schiffe dienten als schwimmende Warenhäuser. Das Problem war nicht der Mangel an Nachschub, sondern das Unvermögen, ihn zu den vorrückenden 12. und 21. Armeegruppen weiterzuleiten. Wegen des zerstörten Eisenbahnnetzes in Nordfrankreich blieben nur die Straßen, um den Großteil der Versorgung zu transportieren. Der Cheflogistiker, General J. C. H. Lee, errichtete einen Einbahnkreisverkehr zwischen St.-Lô und Chartres, den jeder verfügbare Lastwagen rund um die Uhr benutzte. Diese Konvois wurden *Red Ball Express* genannt, nach einem Slangwort der Eisenbahner für Eilfracht. Sie liefen am 25. August an und am 29. August lieferten 5958 Lastautos 12.242 Tonnen Nachschub.

Das stellte sich als außergewöhnlich heraus. Pannen (bis Ende September waren 8000 US-Lastwagen ausgefallen) reduzierten die tägliche Menge auf durchschnittlich 7000 Tonnen. Die Briten setzten zur selben Zeit den weniger bekannten *Red Lion Express* ein, doch auch hier gab es Pannen, und wegen Kolbendefekten mussten 1.400 britische 3-Tonner ausgemustert werden. Die alliierten Armeen benötigten vor allem Benzin, doch Anfang September waren die Hälfte der nach Frankreich geschifften 22 Millionen Benzinkanister verschwunden. Das verminderte die Kapazität von *Red Ball* und *Red Lion*, Benzin, Öl und Schmiermittel zu transportieren. Allein der *Red Ball Express* verbrauchte täglich 1,4 Millionen Liter Benzin, fast so viel wie eine Feldarmee.

Grassierende Korruption

Die alliierte Medienmaschine machte die Logistiker zu Helden. Doch die Wirklichkeit sah ganz anders aus: Lee, inkompetent und korrupt, hatte politisch einflussreiche Freunde in Washington, die ihn schützten. So leitete er am 26. August Transporthilfsmittel um, die für Pattons und Hodges' vorrückende Panzer bestimmt waren. Damit brachte er sein mit 8000 Offizieren und 21.000 Männern überbelegtes Hauptquartier in das eben erst befreite Paris, wo seine Organisation 296 Hotels beschlagnahmte. Gleichzeitig beschleunigte er die Lieferung tausender Tonnen vorgefertigter Unterkünfte, um Depots zu bauen, für die er dann 13 Infanteriebataillone zur Bewachung gegen den Schwarzmarkt anforderte. Der gesamte Logistikapparat – von Lee abwärts – war in ein riesiges Korruptionsnetz verstrickt. Lee selbst ließ sich täglich von einem Bomber zum Frühstück Orangen aus Afrika holen. Paris hatte ein ungeheures schwarzes Loch, in dem beträchtliche Teile des amerikanischen Nachschubs und der logistischen Arbeitskräfte verschwanden (geschätzte 10 Prozent seiner Untergebenen desertierten, um in der Stadt Geschäfte zu machen). Die Pariser hatten Grund zur Freude: Sie hatten Zigaretten, Benzin und Essen in Mengen, wie sie sie seit 1939 nicht mehr genossen hatten. Vor allem die französischen Frauen freuten sich über Seide und Nylon – leider auf Kosten der amerikanischen Luftlandetruppen und ihrer Reservefallschirme.

Sämtliche Fronteinheiten ärgerten sich

UNTEN:
Lieutenant-General Lewis H. Brereton, Kommandeur der alliierten 1. Luftlandearmee, überreicht einem Offizier aus einer seiner Truppentransportstaffeln den amerikanischen DFC. Im Hintergrund sind Waco-Hadrian-Segler aufgestellt.

über die Logistiker, besonders Pattons Soldaten der 3. Armee, die buchstäblich Krieg gegen ihre eigenen Versorgungslinien führten. Colonel Walter J. „Maud" Muller, Pattons Logistikoffizier, lokalisierte bei Erkundungsflügen Lees Lager und plünderte sie bei Nacht. Patton begrüßte diese Aktion nicht nur, er könnte sie sogar gefördert haben. Man erzählte sich, dass er an einer Kreuzung stand und die für die 1. Armee bestimmten *Red-Ball*-Lastwagen zur 3. Armee umleitete. Logistiker der 3. Armee gaben sich beim Ausfassen des Nachschubs als Mitglieder der 1. Armee aus. Mullers Leute unterhielten im Hinterland mit erbeuteten deutschen Helmen, Gewehren, Bajonetten und Messern einen enormen Tauschhandel gegen Benzin. Muller „vergaß" auch, eroberte deutsche Nachschubdepots anzugeben, aus denen er die 3. Armee versorgte, auch wenn der synthetische Wehrmachtstreibstoff die amerikanischen Motoren verschmutzte. In zwei Fällen wurden 455.000 Liter Benzin erbeutet. Damit kam die 3. Armee bis an die Marne und später an die Maas.

Logistisches Durcheinander

Von den Possen der amerikanischen Logistiker animiert, entstanden nach dem Krieg auf Papier und Fernsehschirm verschiedenste Comicfiguren, wie Milo Mindebender und Ernie Bilko, doch im Krieg war die Situation chaotisch. Aus guten politischen Gründen bevorzugte Eisenhower eine breite Front. Doch Anfang September wurde klar, dass ohne die Bereinigung des logistischen Durcheinanders kaum Versorgung für auch nur einen einzigen Vorstoß vorhanden war. Am 2. September traf Eisenhower in Versaille ein, um Bradley, Hodges und Patton zu treffen und „um Patton die Hölle heiß zu machen, weil er seine Front zu weit auseinander zog und die Versorgung erschwerte". Patton notierte in sein Tagebuch, dass „Ike sehr päpstlich war und uns Clausewitz zitierte, die wir größere Einheiten kommandierten, als sich C. je vorstellen hätte können." Nach mehrstündigem Verhandeln überzeugte Patton Eisenhower, dass er Patrouillen bis Metz hatte, und wenn er weiterhin seine reguläre Benzinzuteilung bekäme, „könnten wir zur deutschen Grenze vordringen und die verdammte Siegfriedlinie zerreißen". Zuletzt gestattete Eisenhower Patton, Richtung Mannheim und Frankfurt vorzudringen, und er genehmigte Bradley, die 1. Armee südlich der Ardennen an Pattons linke Seite zu stellen. In einem Memorandum vom 5. September fasste Eisenhower das Treffen in Chartres zusammen: „Die Niederlage

UNTEN:
Fallschirmtruppen der 82. US-Luftlandedivision warten am 17. September 1944 in Cottesmore an Bord eines C-47-Transporters auf den Start. Cottesmore war die Basis der 316. USAAF Truppentransportgruppe.

LINKS:
Die 75-mm-Pack-Haubitze M1A1 war ein sehr erfolgreiches Modell, das an allen Kriegsschauplätzen im Zweiten Weltkrieg eingesetzt wurde. Einige wurden von den Luftlandetruppen bei der Operation Market Garden *verwendet.*

der deutschen Armee ist komplett. Was wir nun zur Umsetzung des Konzeptes brauchen, ist Schnelligkeit ... Es ist wichtig, Patton wieder in Bewegung zu bringen, sodass wir voll auf die letzten Schritte dieses Feldzuges gemäß ursprünglichem Plan vorbereitet sind."

Montgomerys Plan

Genau zur gleichen Zeit plante Montgomery, Richtung Wesel und Arnheim vorzurücken und die Rheinbrücken mittels Luftlandetruppen für seine Panzer zu erobern. Sein Stabsoffizier, Brigadier Charles Richardson, dachte bereits an einen raschen Vorstoß nach Osnabrück – das als Sitz für das taktische Hauptquartier der 21. Armee dienen sollte –, obwohl er davon überzeugt war, dass Deutschland bereits vorher kapitulieren würde. Montgomery hatte dem Chef des Königlichen Generalstabs anvertraut, dass er erwarte, in zwei bis drei Wochen in Berlin zu sein. Die Nachricht, dass Eisenhower in Chartres seine Pläne neuerlich geändert hatte, erzürnte den britischen General. In einem eiligen Memorandum vom 7. September forderte er jeden verfügbaren Nachschub, um nach Berlin vorstoßen zu können. Er fügte hinzu, „es ist sehr schwierig, diese Dinge in einer solchen Nachricht zu erklären. Wäre es möglich, dass Sie zu mir kommen?" Eisenhower, der sich auf dem Rückflug von der Konferenz in Chartres am 2. September bei einer Notlandung das Bein schwer verrenkt hatte, flog am 10. September mit seinem persönlichen Transportflugzeug, einem B-25-Bomber, nach Brüssel. Da er wegen seiner Schmerzen nicht fähig war, aus der Maschine zu steigen, bat Eisenhower Montgomery an Bord. In der engen Atmosphäre der Flugkabine kam es zu heftigem Wortwechsel, in dem Montgomery andeutete, dass Patton und nicht Eisenhower den Krieg führte. Schließlich bot Eisenhower Montgomery die Stirn. Er lehnte sich nach vor, legte seine Hand auf Montgomerys Knie und sagte: „Ruhig, Monty! So können Sie mit mir nicht reden. Ich bin Ihr Chef."

Während der nächsten Stunde flauten die Emotionen der beiden Männer wieder ab. Allmählich war Eisenhower von Montgomerys gewagtem Plan und den glänzenden Erfolgen, die dadurch in Aussicht gestellt waren, gefesselt. Mit ähnlichen Argumenten wie Patton und Bradley erklärte der sonst eher vorsichtige Montgomery, dass ein rapierartiger Vorstoß nach Berlin den Zusammenbruch der deutschen Moral, wie 1918, herbeiführen könnte. Die alliierte 1. Luftlandearmee sollte dazu einen 100 km langen Korridor von der belgischen Grenze bis zum unteren Rhein bei Arnheim besetzen. Diesen könnte die 21. Armeegruppe, mit dem XXX. Korps an der Spitze, entlang stürmen. Auch wenn Deutschland nicht kollabierte, hätten die Alliierten die

OBEN:
Waco-Hadrian-Segler landen bei Son, wo die 101. US-Luftlandedivision wichtige Brücken über den Wilhelminakanal sowie über die Flüsse Dommel und Aa besetzen sollte. Dann sollten die Fallschirmtruppen nach Eindhoven vorrücken.

RECHTS:
Deutsche, die auf dem Vormarsch der Alliierten nach Holland im September 1944 gefangen genommen wurden. Dieses Foto stammt vom 19. September, als die verzweifelt kämpfenden britischen Fallschirmtruppen noch immer darauf warteten, vom XXX. Korps entsetzt zu werden.

Siegfriedlinie umgangen und einen Brückenkopf über den Rhein gesichert. Einen weiteren Grund lieferte ein streng geheimes Telegramm des Königlichen Generalstabschefs: 24 Stunden zuvor hatte der lang erwartete V-2-Angriff auf London begonnen. Die Deutschen feuerten die Raketen von mobilen Abschussrampen aus den Vororten von den Haag ab. Außer der Bombardierung der niederländischen Stadt bestand die einzige Hoffnung, weitere deutsche Attacken zu verhindern, darin, Holland mit der 21. Armeegruppe von Deutschland abzuschneiden. Dieses Ziel wäre erreichbar, auch wenn man mit dieser Operation nicht gleich den gesamten Krieg gewinnen sollte. Eisenhower war, wie er später sagte, von der Kühnheit dieses Planes verzaubert – der asketische, abstinente Montgomery hätte ihn nicht mehr überraschen können, wenn er stockbetrunken aufgetaucht wäre. Die Operation bekam den Codenamen *Market Garden* – „Market" bezeichnete den Luftlandeteil und „Garden" die Bodenstreitkräfte. Die beiden Befehlshaber einigten sich darauf, dass sie am Sonntag, dem 17. September, stattfinden sollte.

Diese Nachricht wurde im Hauptquartier der alliierten 1. Luftlandearmee in Ascot mit tiefer Skepsis aufgenommen. Seit dem D-Day waren die Truppen 17-mal in volle Bereitschaft versetzt worden und jedes Mal wurde der Einsatz abgeblasen. Eben erst, am 2. September war der Absprung dreier Divisionen bei Lille und Courtrai, für den die britische 2. Armee sogar ihren Vormarsch gestoppt hatte, abgesagt worden, als die Fallschirmspringer bereits in den Transportmaschinen zum Start rollten, weil Bradley stattdessen die 1.US-Armee umleitete, um das Gebiet zu befreien. Im Allgemeinen hatte man bei den Luftlandetruppen das Gefühl, auch die neue Aktion würde abgeblasen werden, und bei den meisten Einheiten machte sich eine gleichgültige, träge Stimmung breit, ganz im Gegensatz zur äußersten Anspannung, welche die Fallschirmjäger vor dem D-Day ausgezeichnet hatte.

Brüskierung der Briten

Die 1. Luftlandearmee war nicht vom Glück verfolgt. Jener Offizier, der 1940 die ersten britischen Fallschirmtruppen rekrutiert und trainiert hatte, Lieutenant General Sir Frederick Browning, war seit 1944 Befehlshaber des britischen 1. Luftlandekorps. Er hatte erwartet, mit dem Kommando über die alliierte 1. Luftlandearmee betraut zu werden und besaß außerdem Empfehlungsschreiben für hohe Kommandos in der britischen Armee. Ausgebildet in Eton und Sandhurst und dann zu den Gardegrenadieren einberufen, zeichnete er sich 1916 – mit nur 20 Jahren – an der Westfront als Kompaniekommandeur aus und trug seitdem den Spitznamen „Boy". Browning hatte zu vielen Mitgliedern der militärischen und politischen Elite Großbritanniens ein vertrautes Verhältnis. Das zählte jedoch nichts im neuen, den USA untergeordneten Status, den Großbritannien jetzt einzunehmen begann. Das Kommando der 1. Luftlandearmee ging an General Lewis Brereton, einen trinkfesten *Airforce*-Offizier der US-Armee. Er hatte als Kommandeur nicht weniger als drei – auf den Philippinen, in Birma und in Nordaustralien – Flugzeugabstürze überlebt. Das Kommando erhielt er, weil er Amerikaner war und sich mit Transportflugzeugen auskannte, doch die meisten Piloten betrachteten seine Anwesenheit als Vorzeichen der Katastrophe. Browning musste als Beretons Stellvertreter fungieren, was beiden nicht passte. In den drei Wochen vor Arnheim expandierte der 1. Luftlandearmeestab von 323 auf 1385 Mannschaften und Offiziere, was bedeutete, dass die meisten unerfahren waren. Brereton und Browning sprachen kaum miteinander. Am 4. September, 48 Stunden vor Einsatzbeginn, entdeckten sie, dass sie mit ihren jeweiligen Stabsoffizieren völlig unterschiedliche Operationen geplant hatten. Als Browning seinen Rücktritt androhte, um Breretons Plan zu verhindern, war die Beziehung auf dem Tiefpunkt angelangt.

Die Kommandokette und der Planungsprozess von *Market Garden* waren, gelinde gesagt, problematisch, ebenso die Kommunikationssysteme. Brownings Nachrichtenabteilung bestand erst seit 2. September und hatte keine Zeit für Übungen gehabt, um festzustellen, ob die Geräte unter Einsatzbedingungen funktionierten. Außerdem waren keine direkten Verbindungen zwischen den Stäben der 1. Luftlandearmee oder zu einer anderen Einheit hergestellt worden. Zudem konnten die 1300 C-47-Dakotas, die 250 Albemarles, Halifax-Maschinen und Stirlings der RAF gemeinsam mit den 2000 Lastenseglern – obwohl sie die größte Flotte an Transportflugzeugen war, die es je gab – nur ein Drittel der Armee auf einmal befördern.

Luftlandetruppen

Es gab genügend Schwierigkeiten, doch die Männer unter Brereton und Browning gehörten zu den am besten ausgebildeten der alliierten Streitkräfte und sie waren, trotz der ständig enttäuschten Erwartung, zum Einsatz zu kommen, sicher auch die am höchsten motivierten unter den alliierten Soldaten. Das XVIII.US-Luftlandekorps unter Lieutenant-General Matthew Ridgeway umfasste die 82.

UNTEN:
17. September 1944: Soldaten der 1. Luftlandedivision bei der letzten Überprüfung ihrer Ausrüstung, bevor sie an Bord der Horsa-Segler gehen. Die Flugzeuge im Hintergrund sind Short Stirling-Segelschlepper des 38. Geschwaders des RAF-Transportkommandos.

und 101. Luftlandedivision und bestand aus 24.000 Fallschirmjägern und Seglerlandetruppen. Etwa 10.000 davon waren Ersatz für die Verluste in der Normandie. Die britische 1. Luftlandedivision unter Major-General E. „Roy" Urquhart und die polnische 1. Fallschirmbrigade unter Generalmajor Stanislav Sosabowski hatten zwar kampferprobte Bataillone, aber keine Erfahrung als gemeinsamer Verband. Auf Abruf zum Flugtransport in C-47-Dakotas stand die 52. *Lowland*-Division – britische Infanteristen – bereit, um den Fallschirmspringern und Seglerlandetruppen, die feindliche Flugfelder besetzten, nachzufolgen. Insgesamt waren 35.000 Mann für die Luftlandekomponente von *Market Garden* bereitgestellt.

Am 15. September umfasste der vollständige Luftlandeplan die wichtigsten Fluss- und Kanalbrücken in drei Städten: Eindhoven, ca. 21 km, Nijmegen, ca. 85 km, und Arnheim, ca. 103 km vom Ausgangspunkt entfernt. Die 101. Luftlandedivision unter Major-General Maxwell Taylor sollte nördlich von Eindhoven abspringen, um die Brücken über den Fluss Aa und den größeren Willemskanal bei Veghel, über die Dommel bei St. Oedenrode und über den Wilhelminakanal bei Son einzunehmen, und dann bei Einbruch der Dunkelheit Eindhoven erobern. Inzwischen sollte die 82. Luftlandedivision unter Brigadier General James Gavin die Groesbeekhöhe – ein hügeliges Waldgebiet östlich von Nijmegen - besetzen und in der Folge über die Maasbrücke bei Grave, über den Maas-Waal-Kanal und über die Straßenbrücke über die Waal im Zentrum von Nijmegen vorstoßen. Weiter nördlich würde die 1. Luftlandedivision unter Major General Urquhart auf dem Heideland westlich von Arnheim herunterkommen und anschließend über die untere Rheinbrücke ins Stadtzentrum vordringen. Als er die Einzelheiten dieses Plans betrachtete, meinte Browning zu Montgomery: „Ich denke, wir gehen eine Brücke zu weit." Aber es war zu spät, den Plan zu ändern.

Rascher Vorstoß

Verglichen mit dem komplexen Luftplan war die Bewegung des XXX. Korps unter Lieutenant-General Sir Brian Horrocks höchst einfach. Seine Aufgabe war, im Gefolge der Gardepanzerdivision eiligst auf der einzigen zweispurigen Allee, die durch nahezu flaches, sumpfiges Gelände führte, vorzurücken. Doch diese scheinbar einfache Bewegung verursachte enormen administrativen Aufwand. Das britische VIII. Korps und drei amerikanische Divisionen saßen fest, ebenso kamen schwere, mittlere und Luftabwehrartillerie der Alliierten sowie viele Pioniereinheiten ins Stocken. Die Hälfte der Fahrzeuge der 1. Welle,

UNTEN:
Dakota-Transportmaschinen setzen Männer der britischen 1. Luftlandedivision ab. Da man Segler am Boden sieht, ist es wahrscheinlich die 2. Welle. Es waren nicht genügend Flugzeuge verfügbar, um die gesamte Division mit einem einzigen Einsatz abzusetzen oder zu landen.

OBEN:
Soldaten des 2. Fallschirmjägerbataillons unter Lieutenant John Frost machen sich auf den langen Marsch nach Arnheim auf. Je tiefer sie in die Stadt vordrangen, umso langsamer kamen sie wegen der jubelnden Mengen voran. Sie wussten noch wenig von dem Martyrium, das ihnen bevorstand.

alle Fahrzeuge der 2. Welle sowie alle Fahrzeuge der 3. Welle der 21. Armeegruppe mussten eingesetzt werden, um den Vormarsch aufrechtzuerhalten.

Der Erfolg der Operation hing davon ab, ob die Deutschen an der Grenze zur Niederlage waren, und bis Anfang September hatte tatsächlich alles darauf hingedeutet. Aber die Deutschen hatten zwei Wochen Zeit gehabt, sich zu regenerieren, und schafften einen beachtenswerten Umschwung. Die Überreste der 85. Division unter Generalleutnant Kurt Chill hatten am 4. September Turnhout in Nordbelgien erreicht und wurden ins Rheinland beordert, um sich zu erholen und zu verstärken. Die Nachricht über den Fall von Brüssel bewegte Chill jedoch, den Befehl zu ignorieren und sich am Nordufer des Albertkanals zu verschanzen. Er installierte Auffangzentren für Nachzügler und konnte auf diese Weise innerhalb von 72 Stunden dutzende versprengte Einheiten in der relativ einheitlichen Kampfgruppe Chill vereinen. Inzwischen wurden zerstreute Fallschirmtruppen, insgesamt an die 20.000 Mann, zu einer Art Kern der 1. Fallschirmjägerarmee zusammengefasst und am 5. September unter das Kommando des höchsten Luftlandekommandeurs, General Kurt Student, gestellt. Gleichzeitig zog sich die großteils intakte 25. Armee vom Pas-de-Calais die Küste aufwärts zurück. Bis Mitte September hatte sie neun Divisionen mit 65.000 Mann, 750 Lastwagen und 225 Geschütze nach Holland gebracht. Bis 17. September hatten Bataillone der Fallschirmtruppen zwischen Eindhoven und Nijmegen eine zusammenhängende Verteidigungszone gebildet und die gesamte Straßenlänge mit 88-mm-Flak gedeckt. Im Westen lag die Kampfgruppe Chill und dahinter die schlagkräftige 15. Armee. In den Wäldern westlich der Stadt übte ein holländisches SS-Bataillon und im Osten erholten sich Teile der 9., 10. und 11. SS-Panzerdivision. Durch alliierte Luftaufklärung, Abhören des deutschen Funks und Berichte des holländischen Widerstandes gelang es bis zum 10. September, sich Stück für Stück ein brauchbares Bild von der Stärke der deutschen Einheiten – zumindest, was ihre Zahl betraf – zu machen. Das alliierte

RECHTS:
Deutsche Soldaten bemannen eine ihrer hastig errichteten – aber sehr effektiven – Sperrlinien, die erfolgreich verhinderten, dass sich das 1. und 3. Fallschirmjägerbataillon mit dem 2. Bataillon bei der Brücke von Arnheim vereinigen konnten.

Oberkommando war noch immer überzeugt davon, dass den Deutschen der Kampfgeist abhanden gekommen war, und erwartete von der Operation *Market Garden* eine Fortsetzung der Erfolge, die die alliierten Armeen seit dem Überqueren der Seine erzielt hatten.

Market Garden begann am Samstag, dem 16. September, eine Stunde vor Mitternacht. 200 Lancasters und 23 Mosquitos des RAF-Bomberkommandos warfen 890 Tonnen Bomben auf vier deutsche Flugfelder in Nordholland ab. Am nächsten Tag griffen fast 1000 B-17-Bomber und P-51-Mustang-Jäger mehr als 100 deutsche Luftabwehrstellungen zwischen den Ausgangspositionen und Arnheim an. Gleichzeitig stieg an diesem Spätsommersonntag von 22 Flugfeldern in Süd- und Ostengland die größte Luftarmada auf, die je bei Tageslicht gesehen wurde, und flog Richtung Osten. Über der südlichen Nordsee teilte sich der endlose Strom aus Flugzeugen und Seglern: Die 101. Luftlandedivision drehte südlich Richtung Holland, die 82. und die britische 1. Luftlandedivison drehten nach Norden. Browning flog, begleitet von seinem taktischen Stab, seinem Küchenchef und seinem Weinkeller, in den Lastenseglern, die in der Luft zur 82. Luftlandedivision (die einen 160 km langen und 5 km breiten Strom bildete) stoßen sollten. Brereton, der eigentlich zur Überwachung der Versorgungsflüge in Ascot bleiben sollte, flog trotzdem in einer B-17 mit, um den Absprung der 101. Luflandedivision über Eindhoven zu beobachten,

Gegen 13 Uhr geriet die südliche Luftflotte über Eindhoven in schweres Flakfeuer deutscher Batterien, die von der Luftaufklärung übersehen worden waren. General Breretons Maschine wurde getroffen: Wie gewöhnlich überlebte er, doch nahe fliegende Dakotas und Segler wurden abgeschossen. Die 101. Luftlandedivision verlor insgesamt 33 Dakotas und 40 Segler. Die Flugzeuge kämpften sich durch die Flak zur Absprungzone vor, wo Major General Maxwell Taylor mit 7000 Mann der 101. absprang. Zur selben Zeit sprang Brigadier General Gavin südlich von Nijmegen mit 6500 Mann ab, der ersten Welle der 82. Luftlandedivision. Um 13.30 Uhr landete Brownings Stab des I. Luftlandekorps bei Groesbeek südöstlich von Nijmegen. Von hier aus wollte Browning die Schlacht lenken.

Inzwischen gingen die Lastensegler der 1. Luftlandedivision, 1. Luftlandebrigade, auf den Feldern westlich von Arnheim nieder, gefolgt von Urquharts Artillerie- und Divisionstruppen sowie den Fallschirmtruppen der 1. Fallschirmjägerbrigade. Um 14 Uhr waren 20.000 Soldaten, 511 Fahrzeuge, 33 Geschütze und 500 Tonnen Ausrüstung entlang des 60-km-Korridors gelandet.

Hitler alarmiert

Es war Pech für die Alliierten, dass Feldmarschall Walther Model 3 km östlich der Landezone der 1. Luftlandearmee in seinem Hauptquartier im Hotel Taffelberg in Oosterbeek beim Essen saß. Kaum hatte er die Armada gesehen, telegrafierte er Hitler und fuhr in das Hauptquartier von Generalleutnant Willi Bittrich, Kommandeur des II. SS-Panzerkorps, das sowohl die 9. als auch die 10. SS-Panzerdivision befehligte. Kurz nach 14.30 Uhr setzten sich die 9. SS nach Arnheim und die 10. SS nach Nijmegen in Be wegung. 60 km weiter im Süden saß General Kurt Student in seinem Hauptquartier an seinem Schreibtisch in Vught, einem kleinen Dorf, das nur 11 km westlich von der Absprungzone der 101. Luftlandedivision lag, und hörte das unverkennbare Dröhnen der Transportflugzeuge. Als Student auf seinen Balkon eilte, sah er „einen endlosen Strom feindlicher Transport- und Lastenflugzeuge, soweit das Auge reichte". Der Gründer der deutschen Luftlandetruppen wandte sich an einen Offizier, der neben ihm auf dem Balkon stand, und meinte mit einem Seufzen: „Was hätte ich erreicht, wenn ich diese Kräfte zu Verfügung gehabt hätte!"

Die von Student beobachteten Truppen, das 506. Regiment der 101. Luftlandedivision, hatten Befehl, zwei Hauptbrücken und zwei kleinere Brücken über den Wilhelminakanal bei Son zu besetzen, doch die Deutschen vereitelten dies buchstäblich in letzter Minute. Die 101. erreichte auch nicht, wie vorgehabt, Eindhoven. Weiter nördlich landete das 504. Regiment der 82. Luftlandedivision auf beiden Seiten der neunbögigen Maasbrücke und nahm sie ein. Während die Vorbereitungen für den Empfang der Seglerverstärkungen getroffen wurden, rückte die

LINKS:
Britische Panzer und Infanterie überqueren eine Bailey-Brücke über den Bois-le-Duc-Kanal an der belgisch-holländischen Grenze. Kanalbrücken waren Hauptziele, da sie meist sehr tief und schwer zu überqueren waren.

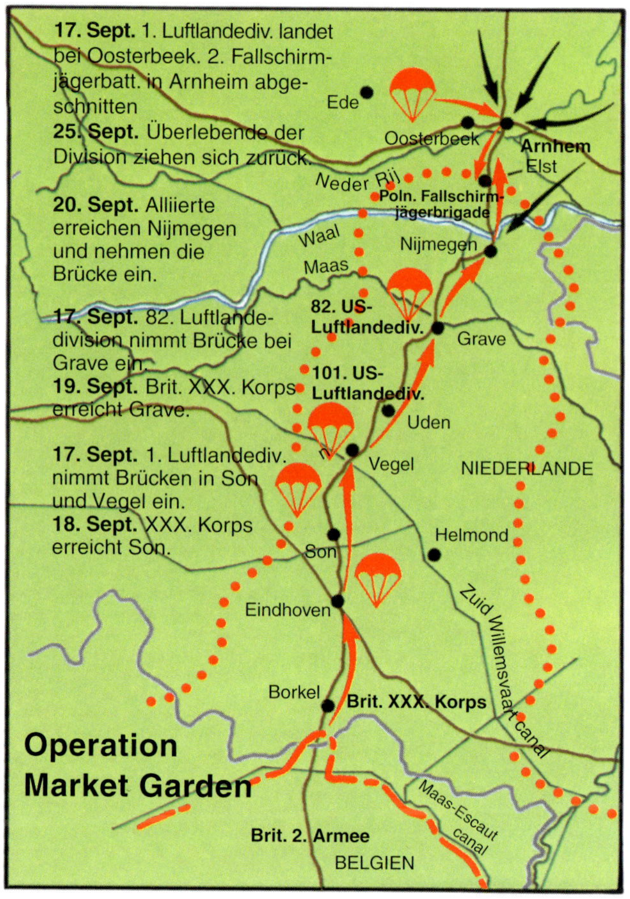

101. am 18. September frühmorgens Richtung Süden vor und nahm auf dem Weg nach Eindhoven vier Brücken ein. Sie erwartete, das britische XXX. Korps anzutreffen, aber stattdessen wurden sie von erfreuten Holländern begrüßt.

Zu diesem Zeitpunkt stand die Vorhut des XXX. Korps, die Gardepanzerdivision, noch 8 km südlich. Ihre Spitze, die Irische Garde, hatte sich um 14 Uhr hinter einem dichten Sperrfeuer auf der einzigen Straße in Bewegung gesetzt, während über ihnen Typhoon-Jagdbomber kreisten, die auf Identifizierung der Ziele durch die Luftaufklärung warteten. Die ersten 5 km verlief der Vorstoß bis zur holländischen Grenze gut, doch dann eröffneten acht-achter das Feuer und setzten neun Panzer außer Gefecht. Nach einem Jagdbomberangriff und anschließendem Artillerieeinsatz, der die acht-achter vernichtete, ging der Vorstoß weiter. Die Irische Garde erreichte um 17.30 Uhr die intakte Brücke südlich von Valkenswaard, setzte über und stand vor erbittertem deutschem Widerstand. Die Stadt war ein Schlachtfeld mit drei, vier großen Bränden. Während einige Deutsche schossen, irrten andere auf der Suche nach dem Rückweg nach Deutschland umher. Der BBC-Reporter Wynford Vaughan Thomas, Begleiter des XXX. Korps, bereitete am 19. September die Briten in seiner Sendung auf eine Enttäuschung vor: „Es ist offensichtlich, dass der Feind in voller Stärke im Feld steht. Der Colonel sah auf seine Karte, strich gedankenvoll sein Kinn und sagte zu mir: ‚Es sieht aus, als wäre das Picknick vorbei.‘ Das Picknick, die fantastische, wilde Jagd hinter einer geschlagenen Armee durch halb Frankreich ist offensichtlich vorbei. Natürlich rücken wir noch immer vor. Wir bereiten einen Angriff auf diese Stellung vor, aber er muss stark sein, wenn wir den Feind verjagen wollen."

Verstopfte Straßen

Die 20.000 britischen Versorgungsfahrzeuge verursachten auf der einzigen verfügbaren Straße ein Verkehrschaos, das der erstarkende deutsche Widerstand vergrößerte. Der Vorstoß des XXX. Korps verkam zu einem Kriechen. Erst am Nachmittag des 19. September erreichten die Panzer der 82. Luftlandearmee ihre Position südlich der Nijmegenbrücke, die wegen eines Kommandostreites zwischen Model und Bittrich nicht von den Deutschen gesprengt worden war. Nachdem das 3. Bataillon der 504. Fallschirminfanterie scheinbar endlos darauf gewartet hatte, dass seine Sturmboote durch das Verkehrschaos des XXX. Korps transportiert würden, paddelten sie am 2. September, angeführt von Lieutenant-Colonel Reuben Tucker, hektisch über den Fluss, während alliierte Kampfbomber das entfernte Ufer bombardierten. Diese gewagte Aktion zahlte sich aus: Das deutsche Feuer war leicht und schlecht koordiniert und Tuckers Männer näherten sich dem nördlichen Brückenzugang. Zur selben Zeit erreichten 30 Shermans der Gardegrenadiere den Südzugang und begannen über die Brücke zu rollen. Die Panzer waren auf halbem Weg, als die Deutschen die am Mittelpfeiler angebrachten Sprengkörper zünden wollten – doch nichts geschah. Nach Überquerung der Waal war die Vorhut des 30. Korps nur noch 16 km südlich von Arnheim, doch der Vorstoß kam noch am selben Nachmittag wegen erbitterter Gegenwehr zum Stehen.

Zu diesem Zeitpunkt (20. September) kämpfte die britische 1. Luftlandedivision bereits drei Tage lang in und um Arnheim. Ihre Lage wurde hoffnungslos: Von Beginn an war die Operation schief gelaufen. Die Aufklärungsstaffel der 1. Luftlandedivison hätte in einem Überraschungsangriff sofort die Arnheimbrücke einnehmen sollen. Leider kamen die Lastensegler mit den gepanzerten Jeeps nie an. Um 15 Uhr machten sich drei Bataillone der 1. Fallschirmjägerbrigade auf verschiedenen Wegen auf nach Arnheim. Das 1. und 3. Bataillon wurde von der deutschen Infanterie und von Panzerwagen aufgehalten, doch das 2. Bataillon unter Lieutenant-Colonel John Frost schlüpfte zwischen deutschen Einheiten durch und erreichte im Morgengrauen das nördliche Ende der Brücke von Arnheim. Es schnitt damit dem deutschen Nachschub die kürzeste Route nach Nijmegen ab. Nun hätte es für Frost einfach sein müssen, bis zum Eintreffen der Verstärkung durchzuhalten, doch im Divisionshauptquartier war leider gar nichts in Ordnung.

Urquhart vermisst

Am Abend des 17. September traf die 1. Luftlandedivison der härteste Schlag: Major-General Roy Urquhart wurde von seinem Stab abgeschnitten und musste sich 36 Stunden lang vor deutschen Spähtrupps verstecken, denen er mehrmals nur knapp entkam. Während seiner Abwesenheit gerieten seine nachgeordneten Kommandeure in heftige Gefechte, weshalb die 1. Luftlandedivision angreifen musste, um die Höhen oberhalb von Arnheim zu sichern, anstatt sich auf die Verstärkung für Frost zu konzentrieren. Wegen Nebels über den englischen Flugplätzen traf der Nachschub am 18. September erst um 16 Uhr ein und viele Maschinen wurden von den nun bereits sehr wachsamen Deutschen abgeschossen.

Isoliert und, da es Kommunikationsprobleme gab, ohne Unterstützung aus der Luft, kämpften Frost und sein 2. Bataillon gegen Bittrichs Panzerkräfte. Unglaublicherweise zerschmetterte das 2. Bataillon eine Kolonne von 22 SS-Schützenpanzern, die seine Position stürmen wollten. Entschlossen, die Brücke zurückzuerobern, forderte Bittrich zwei 100-mm-Geschütze an. Damit sprengten die Deutschen die Fallschirmtruppen buchstäblich aus Arnheim hinaus, während schwere Waffen aus dem ganzen Reich, darunter das Sturmgeschütz III der 208. Sturmbrigade, in das Kampfgebiet geschafft wurden. Am Abend des 19. September waren nur 250 von

UNTEN:
Die Brücke von Arnheim. Während der Schlacht flogen die bei Watton in Norfolk stationierten Mosquitos der 654. schweren Aufklärungsstaffel der USAAF stündlich über die Brücke, um zu erkunden, was mit den britischen Fallschirmtruppen passiert war. Auf der Zufahrt zur Brücke sieht man die zerstörte SS-Panzerkolonne.

Frosts Männern unverwundet und ihr Aktionsradius hatte sich von 18 auf zehn Häuser reduziert. Doch jeder deutsche Angriff wurde abgewehrt. Als er aufgefordert wurde, ein Aufgeben zu besprechen, erklärte Frost den Deutschen, dass er nicht die Möglichkeiten hätte, ihre Kapitulation zu akzeptieren. Dieses bewusste Missverständnis wurde zum Stoff für Legenden. Der Beschuss dauerte bis zum 20. September. Die Deutschen sprengten die von Briten besetzten Häuser und bliesen die Fallschirmtruppen mit Flammenwerfern von den Schutthaufen. Zu Mittag wurde Frost von einer Granate schwer verwundet und sein Stellvertreter, Major Gough, übernahm das Kommando. Kurz nach 18 Uhr preschten Tiger-Panzer von Norden nach Süden über die Brücke, doch den Deutschen war das Feuer der alliierten Fallschirmtruppen noch zu heftig für schwach gepanzerte Fahrzeuge. Nach durchkämpfter Nacht flaute das Feuer der Fallschirmtruppen am Vormittag des 21. September aus purer Erschöpfung oder wegen fehlender Munition ab, und ein Außenposten nach dem anderen wurde überrannt. Sie hatten 88 Stunden ohne Unterbrechung gekämpft, die letzten zwölf Stunden ohne Essen und Trinken. Um 12 Uhr überquerte eine SS-Kampfgruppe die Brücke von Arnheim.

Während sich Frost und seine Männer heldenhaft wehrten, wurden weitere Versuche gestartet, Verstärkung zur 1. Luftlandedivision zu fliegen, doch schlechtes Wetter, Probleme in der Kommandokette und Kommunikationsfehler verhinderten den Erfolg. Die heftigen Angriffe hatten die 1. Luftlandedivision in einen immer enger werdenden Kreis um Oosterbeek, westlich von Arnheim, zurückgeworfen. Ihre einzige Verstärkung waren 200 polnische Fallschirmjäger, die am 21. September mit der polnischen Fallschirmbrigade bei Driel auf dem Südufer des unteren Rhein landeten und durch den Fluss schwammen.

Montys Mut

Am 23. September erreichten Teile der 21. Armeegruppe schließlich in großer Stärke die Südseite des Flusses. Nachdem es jedoch dem 4. Bataillon des *Dorsetshire*-Regiments nicht gelungen war, die Brücke in der Nacht des 24. September zu überqueren, beschloss Montgomery, die Überreste der 1. Luftlandedivision zu evakuieren. Wie Wynford Vaughan Thomas bereits am 19. September in seiner Sendung sagte: „Das Picknick war vorbei." Die Operation *Market Garden* hatte mit dem Zusammenbruch der deutschen Moral spekuliert. Doch der deutsche Kampfeswille war ungebrochen. Deshalb entschied Montgomery, keine britischen Soldaten durch weitere Niederlagen zu verlieren. Nur 2163 der 10.500 in Arnheim gelandeten Männer kamen in der Nacht vom 25. auf den 26. Sep-

RECHTS:
Zwei britische Fallschirmjäger in der Oosterbeekschule während der Schlacht um Arnheim. In Oosterbeek unternahmen die Überreste der britischen 1. Luftlandedivision ihren letzten Verteidigungsversuch. Die Deutschen nannten die Schlacht „Hexenkessel".

tember auf die Südseite des Flusses – starke Verluste, aber es wären mehr gewesen, hätte Montgomery nicht den moralischen Mut gehabt, die Schlacht zu beenden.

Die alliierte Propaganda versuchte, die Operation als zu 90 Prozent erfolgreich zu verkaufen, weil die britische 2. Armee nun in einem 100 km langen Frontbogen in Südholland steckte. Für die Öffentlichkeit war zwar die Gelegenheit versäumt worden, den Krieg bereits 1944 zu gewinnen, die Luftlandesoldaten waren jedoch Helden. *Market Garden* hätte den Krieg beenden können, wenn die Deutschen tatsächlich kurz vor dem Zusammenbruch gestanden hätten. Doch wie die Sache lag, war es schließlich günstig gewesen, dass die 21. Armeegruppe nicht imstande gewesen war, den unteren Rhein zu überqueren. Inadäquate Logistik und ein zunehmend entschlossener Feind wären ihr Los gewesen. Eine „erfolgreiche" Operation hätte auch zum Verlust eines Großteils der britischen Armee führen können.

OBEN:
Unrasiert, schmutzig und erschöpft, aber noch fähig, zu lächeln. Luftlandesoldaten nach neun Tagen Kampf bei Arnheim-Oosterbeek auf dem Weg in die Gefangenschaft. Auch wenn die Operation erfolgreich gewesen wäre, hätte ein Vorstoß nach Deutschland ein Desaster werden können.

LINKS:
Lt.-Col. John Frost, der das 2. Fallschirmbataillon im berühmten Kampf bei der Arnheimbrücke im September 1944 anführte. 7212 Männer der 1. Luftlandedivision wurden getötet, verwundet oder gefangen. Die Zahl der Toten betrug 1130.

WH-1694997

KAPITEL ACHT

DER LANGE MÜHSAME WEG

Nach dem Scheitern von *Market Garden* wurde den Alliierten klar, dass die Deutschen noch lange nicht geschlagen waren und sie noch einen langen, harten Kampf vor sich hatten.

Das Scheitern von *Market Garden* war ein heftiger Schock für das alliierte Oberkommando. Es würde die Deutschen nicht mehr unterschätzen. Im Gegenteil, in den kommenden Monaten basierten die Pläne der Alliierten häufig auf viel zu pessimistischen Einschätzungen der deutschen Stärke. Sie hatten angenommen, der August 1944 würde, ähnlich wie der August 1918, mit dem deutschen Zusammenbruch enden. Nun kam ihnen der Verdacht, dass es der August 1916 war, der Parallelen aufwies. Der Krieg in Europa konnte noch mindestens zwei Jahre dauern. In dunklen Momenten dachte Eisenhower sogar an einen bis in die 50er-Jahre andauernden Guerillakrieg.

Die Deutschen erholen sich

Die Deutschen hatten sich erstaunlich gut erholt. Das hatte auch psychologische Gründe. Das Bombenattentat vom 20. Juli 1944 gab Hitler, der Nazihierarchie und Millionen von einfachen Deutschen eine Erklärung für die Niederlagen, die die deutsche Armee seit dem Herbst 1942 erlitt. Nach dem 20. Juli schien sicher, dass ein innerer Feind – die preußische Junkeraristokratie – die Kriegsanstrengungen des Reiches sabotierte. Diese wollte die Führung eines vulgären, populistischen Diktators nie hinnehmen. Da nun Hitler die Feinde innerhalb der Militärmaschinerie ausgerottet hatte, bestand berechtigte Aussicht auf ein neues Erstarken der Wehrmacht.

Der Optimismus beruhte auch auf dem enormen Anstieg der militärischen Produktion – dank der Reorganisation durch Albert Speer 18 Monate zuvor –, die nun ins Rollen kam. Schon im Herbst waren deutsche Fabriken dabei, die 40.000 Militärflugzeuge für das Jahr 1944 auszuliefern (ebenso viele, wie die UdSSR produziert hatte). Die westlichen Alliierten produzierten dreimal so viele, aber die neuesten Modelle der deutschen Maschinen war allen britischen oder amerikanischen überlegen, besonders der Me-262-Düsenjäger und der Arado-Ar-234B-Düsenbomber, die beide im Sommer zum Einsatz kamen – ein Hinweis darauf, dass es mit der angloamerikanischen Luftüberlegenheit vorbei sein könnte. Seit Jahresbeginn wurden in deutschen Fabriken auch 48.000 Panzer und Selbstfahrlafetten gebaut, dreimal so viele wie 1941. Der Panther- und der Tiger-Panzer waren besser als alles, was die westlichen Alliierten besaßen. Außerdem lieferten Krupp, Skoda und andere Firmen an die 70.000 Geschütze an die Wehrmacht – sechsmal so viele wie 1941.

Obwohl die Verluste im Juni, Juli und August Schwindel erregende 1,35 Millionen erreicht hatten, begann ab dem 25. September mit Hitlers „Volkssturm" die Einberufung

GEGENÜBER
Mit erbeuteten gepanzerten Mannschaftswagen werden verwundete deutsche Kriegsgefangene unter der Fahne des Roten Kreuzes transportiert. Die großen Fahnen und Markierungen dienten eher zum Schutz vor alliierten Jagdbombern; in dieser Phase des Krieges sah man die deutsche Luftwaffe kaum über der Front.

ganisierte drei Heeresgruppen: Heeresgruppe H unter Kurt Student war für das Gebiet von der Nordsee bis unterhalb von Roermond verantwortlich; Heeresgruppe B unter Feldmarschall Walther Model sicherte die Grenze südlich bis an die Mosel; der Verantwortungsbereich der Heeresgruppe G unter General Hermann Balck reichte von der Mosel bis nach Karlsruhe. Eine SS-Gruppe unter Heinrich Himmler persönlich besetzte die restliche Grenze zur Schweiz. Mitte September präsentierte sich bereits eine einheitliche und besser bemannte Front, doch es war zweifelhaft, ob die neuen deutschen Armeen die Willenskraft hatten, der westlichen Allianz Widerstand zu leisten. Ende August sprach man von einem anhaltenden moralischen Tief, das sogar die Eliteeinheiten mit zersetzendem Zynismus und Defätismus befiel. Doch Ende September war die Moral – die Bereitschaft der Soldaten, nicht nur ihre Pflicht zu tun, sondern auch ohne Aufsicht der Unteroffiziere und Offiziere ihr Äußerstes zu geben – auch bei den neu formierten „Volkssturm"-Divisionen sehr hoch. Das lag zum Teil an der Abwehr des britischen Angriffes bei Arnheim, aber vor allem an den Wochenschauen, die Kolonnen von britischen Elitefallschirmjägern auf dem Weg in Kriegsgefangenenlager zeigten. Doch noch wesentlicher für die Wiederherstellung des deutschen Kampfwillens waren Nachrichten, die aus Washington eintrafen.

UNTEN:
Der kanadische General Henry Crerar, der die kanadische 1. Armee befehligte, in Nordwesteuropa. Diese Formation, der auch europäische Einheiten angehörten, sollte ursprünglich die Scheldemündung säubern.

Nachkriegspläne

Am 12. September trafen sich Roosevelt, Churchill und ihre Stäbe zu einer Konferenz mit dem Codenamen *Octagon* in Quebec. Zu Roosevelts Delegation gehörte der US-Finanzminister, Henry Morgenthau, der einen Plan für die Nachkriegsordnung in Deutschland mitgebracht hatte. Darin schlug er vor, Deutschland nach der Aberkennung der erbeuteten Gebiete in zwei Staaten, einen nördlichen und einen südlichen, zu teilen. Es wurden keine finanzielle Reparationen gefordert, denn für deren Bezahlung hätte ein Teil der deutschen Industriekraft erhalten bleiben müssen. Stattdessen sollten alle industriellen Anlagen abmontiert und in alliierte Länder, vorrangig nach Russland, transportiert werden. Die Deutschen sollten entindustrialisiert und auf den Lebensstandard einer Bauernfamilie vor 100 Jahren gebracht werden. In Morgenthaus kühlen Worten sollten die Deutschen „die Holzfäller und Wasserträger für Europa" werden. Im Laufe der Zeit sollte die deutsche Bevölkerung durch sorgfältig gesteuerte Deportationen und Emigrationen nach Nord- und Südamerika, Südafrika und Australien auf 20 Millionen, etwa ein Viertel ihrer gegenwärtigen Zahl, reduziert werden. Dadurch sollte Deutschland nie mehr in der Lage sein, den Frieden in Europa zu gefährden.

Morgenthaus Plan sickerte schnell durch und sorgte Mitte und Ende September in der amerikanischen Presse für heftige Diskussionen. Und er war ein Propagandageschenk an Goebbels, der die Bekanntmachung des Plans in ganz Deutschland eilig vorantrieb. Goebbels behauptete, dass die Konsequenzen einer Niederlage seit dem Sieg der Römer über Karthago vor 2000 Jahren nicht mehr so schrecklich gewesen waren. Jetzt, wo nichts mehr zu hoffen war, nahm die Entschlossenheit der Deutschen zu. „Freut euch am

LINKS:
Kanadische Truppen rücken durch Holland vor. Wegen der britischen Niederlage bei Arnheim erreichte die deutsche Moral ein neues Hoch und den alliierten Streitkräften standen erbitterte Kämpfe bevor.

Krieg", munterten sie einander auf, denn der Friede schien noch furchtbarer.

Da es mit der Operation *Market Garden* nicht gelungen war, einen deutschen Kollaps herbeizuführen, stand nun ein strapaziöser Zermürbungskrieg bevor. Peinlich für die Alliierten war, dass die Deutschen sich in der besseren Position befanden, um die aufreibende Auseinandersetzung zu gewinnen. Ihre Nachschublinien verliefen nur 80 bis 240 km bis ins Ruhrgebiet, das trotz heftigen Bombardements die 5- bis 6fache Kapazität von 1941 aufbrachte. Im Gegensatz dazu war die alliierte Logistik nach wie vor das reinste Chaos. Bevor der Hafen von Antwerpen – der größte Nordwesteuropas, mit einer täglichen Ladekapazität von 40.000 Tonnen – nicht in Betrieb ging, hatten die Alliierten kaum Chancen, einen Materialkrieg gegen Deutschland zu gewinnen. Die Briten hatten den Hafen von Antwerpen am 7. September mit intakten Einrichtungen eingenommen, doch Zangens 15. Armee, ein Teil der Heeresgruppe H unter Student, kontrollierte das Ufer der 65 km langen Flussmündung der Schelde. Für die Säuberung dieses Gebietes war Montgomerys 21. Armeegruppe verantwortlich. Montgomery, der mit *Market Garden* beschäftigt war, übertrug die Aufgabe General Harry Crerars kanadischer 1. Armee. Admiral Ramsay, Verantwortlicher für die Seeoperationen in Nordwesteuropa, konstatierte in einem Brief an Eisenhower, dass es den Kanadiern unmöglich wäre, die Säuberung der Schelde durchzuführen, da sie auf heftigen Widerstand gestoßen und knapp an Munition waren. Ein sehr beunruhigter Eisenhower sandte Montgomery nun eindeutige Befehle: „Wenn Antwerpen bis Mitte November nicht liefert, kommt unsere gesamte Operation zum Stillstand. Ich betone, dass Antwerpen von all unseren Operationen an der Front, von der Schweiz bis zum Kanal, die größte Bedeutung hat, und ich meine, dass die Räumung der Hafenzufahrt Ihre persönliche Aufmerksamkeit erfordert."

OBEN:
Kommandos auf den Weg zum Strand von Walcheren. Nach der Errichtung eines Brückenkopfes stießen sie nördlich und südlich am Ufer vor und setzten deutsche Anlagen samt den schweren Geschützen, die den alliierten Schiffsverkehr in der Schelde bedrohten – außer Gefecht.

Während der nächsten Wochen war die Beziehung zwischen Montgomery und Eisenhower kurz vor dem Zerbrechen. In einem Telefonat mit Eisenhowers Stabschef Bedell Smith leugnete Montgomery Ramseys Verantwortlichkeit ab. Der „hart gesottene" Smith explodierte. „Rot vor Zorn" informierte er Montgomery, dass sein Nachschub gestrichen würde, sollte Antwerpen nicht bald offen sein. Montgomery schlug zurück. Er gab dem seiner Meinung nach unbefriedigenden Kampfplan der SHAEF die Schuld am Desaster von Arnheim und deutetet an, dass die Besessenheit, die Schelde zu räumen, ein Versuch war, ihn kaltzustellen. Eisenhower durchschaute den Bluff. Falls Montgomery fand, der SHAEF-Plan wäre wirklich „unbefriedigend, dann muss dieser Sachverhalt im Interesse der zukünftigen Leistungsfähigkeit bereinigt werden … und falls Sie, als einer der alliierten Kommandeure hier, meinen, dass meine Konzepte und Anweisungen den Operationsplan gefährden, ist es unsere Pflicht, die Angelegenheit höheren Autoritäten zu unterbreiten, damit sie Aktionen setzen können – wie drastisch diese auch sein mögen." Montgomery gab schließlich nach und verfügte am 16. September, dass die Räumung der Schelde für die 21. Armeegruppe höchste Priorität hätte.

Furcht erregende Befestigungen

Zu diesem Zeitpunkt hatten die polnischen Panzerdivisionen und die Kanadier ca. 32 km am Südufer der Schelde im Westen von Antwerpen gesäubert, doch 40 km lagen noch vor ihnen. Am 3. Oktober hatte Generaloberst Alfred Jodl von Rundstedt daran erinnert, dass die Öffnung der Schelde für die Alliierten lebenswichtig war und die Flussmündung um jeden Preis gehalten werden müsste. Die deutschen Befestigungen hier waren Furcht erregend. Am Südufer der Mündung hatte der Befehlshaber der 15. Armee Generalmajor Eberdings 64. Infanteriedivision, erfahrene Soldaten von der Ostfront, rund um die Stadt Breskens stationiert, die nun eine 19 km lange und 8 km breite Insel war, da das Land vom Canal de la Lys und vom Leopoldkanal aus geflutet wurde. Sie reichte von Seebrügge an der Nordsee bis zur 6,5 km langen Braakman-Bucht in der Schelde. Teile der Marine und Luftwaffe miteingerechnet, brachte die 64. Division etwa 11.000 Offiziere und Soldaten, über 500 Maschinengewehre und Granaten, ungefähr 200 Panzerabwehr- und Flakgeschütze (darunter 23 88-mm-Kanonen und etwa 70 75-mm-Artilleriegeschütze) auf. Außerdem standen fünf Batterien weit tragender Marinegeschütze in einer Bunkerstellung nahe der Küste zwischen Breskens und Knocke-sur-Mer. An diesem Punkt, den die Alliierten *Breskens Pocket,* die Deutschen *Scheldefestung Süd* nannten, endete der polnisch-kanadische Vormarsch.

Inselbefestigungen

Das Nordufer der Schelde wurde von der 32 km langen Halbinsel Süd-Beveland geformt, die durch einen 1100 m langen und rund 36 m breiten Damm mit der Insel Walcheren verbunden war. Die 70. Division, eine so genannte Magendivision, weil sie aus Männern gebildet worden war, die alle an Gastritis litten und infolgedessen mürrisch waren, hatte sich auf Süd-Beveland verschanzt. Dies war eine besonders günstige Position, da sie bei Rilland, wo die Halbinsel vom Festland vorsprang, nur 2,5 km breit war. Die besten Befestigungen befanden sich alle auf Walcheren. Hier bemannten an die 12.000 Deutsche ungefähr 50 schwere Geschütze in massiven Betonstellungen. Darüberhinaus war auch die Stadt Vlissingen durch mehrere in ihrem Umkreis stationierte Batterien in eine Festung verwandelt worden. Unzählige Häuser und Lagerhäuser waren zu Stützpunkten umfunktioniert worden, die sich gegenseitig Unterstützung geben konnten.

Gerade als die kanadischen und britischen Sturmangriffe im Gang waren, schlug das Wetter um. Der erste Regen kam mitten in der Operation *Market Garden* und wurde immer heftiger. Den Aufzeichnungen zufolge war der Herbst 1944 in Nordwesteuropa einer der feuchtesten, und in einigen Regionen regnete es dreimal so viel wie sonst. Dies machte Truppenbewegungen schwierig und reduzierte die Einsatzfähigkeit der Luftwaffe. Zwischen dem 10. und 14. Oktober konnte das Bomberkommando nur 1150 Tonnen Bomben auf *Breskens Pocket* abwerfen, etwa ein Fünftel der Tonnage, die alliierte Bomber vor der Operation *Goodwood* am 18. Juli in einem Tag abgeworfen hatten. Die kanadische 3. Di-

UNTEN:
Angriff auf die Insel Walcheren in der Scheldemündung. Britische Kommandoeinheiten und kanadische Truppen trafen hier auf heftigen Widerstand. Die Insel lag großteils unter Wasser, da alliierte Bomber die Deiche gesprengt hatten. Erst am 4. November konnte die letzte Stellung überrannt werden.

vision griff nun die Schelde hinunter in Rudeln von Buffalos – Amphibien-Panzerkampfwagen mit jeweils 24 Mann Besatzung – an und konnte mit Unterstützung der kanadischen 4. Panzerdivision am 24. Oktober Breskens einnehmen. Die Kanadier arbeiteten sich nun zur Küste vor und besetzten am 2. November den letzten Brückenkopf bei Knocke-sur-Mer. Insgesamt machten sie zwar 12.700 Gefangene, erlitten aber selbst mehr als 2.000 Mann Verluste.

Inzwischen griff am 24. Oktober die kanadische 2. Division bei Nebel und Sprühregen entlang der Halbinsel Süd-Beveland an. Sherman-Panzer rutschten beim Versuch, über die Deiche zu setzen, ab und waren ein leichtes Ziel für Panzerabwehrkanonen. Die Infanterie rückte in der Nacht ohne Panzerunterstützung vor und nahm im Morgengrauen Rilland, ca. 5 km vom Ausgangspunkt der Kanadier entfernt, ein. Inzwischen überquerten Teile der britischen 52. Division die Schelde in Buffalos, landeten etwa 24 km westlich der Halbinsel und rückten gegen Osten vor, um die Deutschen gegen die Kanadier zu drücken. Am 31. Oktober hatten Briten und Kanadier die Deutschen westwärts über den Damm auf die Insel Walcheren gedrängt.

Die Briten waren dabei, Walcheren sturmreif zu machen, als Bomber Flugzettel abwarfen, auf denen die holländische Zivilisten vor einem intensiven, langanhaltenden Bombardement gewarnt wurden. Tatsächlich gingen die britischen Pläne über ein Bombardement hinaus. Da 70 Prozent von Walcheren unter dem Meeresspiegel lagen, wollten die britischen Strategen die Insel neutralisieren, indem sie eine Bresche den Damm bei der Westkapelle, einen der ältesten und längsten Deiche Hollands (der ungefähr 5 km lang war und rund um die Westküste verlief), schlugen. Am nächsten Tag machten 259 Lancasters und Mosquitos mit 1270 Tonnen Sprengstoff den ersten Versuch, den Westkapelle-Deich zu brechen. Am 7., 11. und 17. Oktober setzten die Bomber wieder 2672 Tonnen hochexplosiven Sprengstoff ein, bis die Insel unter Wasser stand, ausgenommen die Dünen, Vlissingen, Middelburg und ein Landstück im Osten.

Hart erkämpfter Vormarsch

Nach weiteren, zwei Tage dauernden Luftangriffen landeten britische Kommandotruppen im Morgengrauen des 1. November an der Westkapelle und in Vlissingen, unterstützt von den 381-mm-Geschützen des Kriegsschiffes *Warspite* und den Küstenmonitoren *Robert* und *Erebus*. Die Kanadier griffen um 11 Uhr über den Damm von Süd-Beveland an, wurden aber rasch von einem deutschen Gegen-

UNTEN:
Ein LCT landet Räumpanzer bei Walcheren. Diese und andere gepanzerte Spezialfahrzeuge der 79. Division erwiesen sich für die alliierten amphibischen Angriffe als unschätzbar und besiegelten das Schicksal der deutschen Besatzung in Nordwesteuropa.

angriff zurückgeworfen. Die Kämpfe wogten zwei Tage lang hin und her, doch die Kanadier kamen nicht über den 1100 m langen Damm hinaus, den ein kanadischer Veteran „als gerade wie ein Kanonenrohr" beschrieb. Die britischen Kommandos hatten es leichter. Im ansteigenden Wasser hatten sich kleine Inseln gebildet, die sie nach und nach einnehmen konnten. Ihr schwerster Kampf fand im Hafengebiet von Vlissingen statt, wo die Deutschen von Kränen und ankernden Schiffen aus schossen. Die Briten überrannten am 4. November die letzte Stellung und überredeten Stunden später in Middelburg Generalmajor Daser und seine 2000 überlebenden deutschen Soldaten, zu kapitulieren.

Am selben Tag segelte eine Flottille Minenräumer der *Royal Navy* die Schelde hinauf und beseitigte 50 Minen und am Abend erreichte ein Verband von sechs kleinen Schiffen Antwerpen. Die Flussmündung war mit Minen übersät, und während der nächsten drei Wochen entfernten zehn Flottillen von Minenräumern insgesamt 276 Minen. Am 28. November kam der erste Konvoi mit 19 Schiffen, die meisten über 7000 Tonnen, sicher an. Anfang Dezember verluden 17.000 Hafenarbeiter unter britischer Leitung täglich mehr als 20.000 Tonnen Fracht und revolutionierten damit die logistische Situation. Nahezu über Nacht stieg die Hafenkapazität der Alliierten von einem Drittel zu wenig auf ein Drittel Überschuss an. Damit konnten die erwarteten Materialschlachten versorgt werden.

Während die 21. Armeegruppe die Schelde gesäubert hatte, hatte Hodges 1. Armee am

OBEN:
Britische Cromwellpanzer auf einer holländischen Straße, etwa 2 km vor der großen Brücke über den Hollands Diep, dem Tor zu Dordrecht und Rotterdam. Der Vormarsch durch Holland war schwierig und mühsam. Im Dezember 1944 hatten die Alliierten wenig Fortschritte gemacht.

OBEN:
Soldaten springen im Dezember 1944 nahe Nijmegen in Holland aus einem gepanzerten Schützenwagen. Montgomery gab Eisenhowers Politik die Schuld am Stillstand an der alliierten Front und war entschlossen, die Deutschen zu mobiler Kriegsführung zu zwingen.

12. September eine Offensive gegen Aachen begonnen. Das vom Norden angreifende XIX. Korps der 1. Armee steckte bald im Morast fest, während Collins' VII. Korps, vom Süden angreifend, im Hürtgenwald auf heftigen Widerstand traf. Nördlich und südlich von Aachen wurde erbittert gekämpft. Das XIX. und VII. Korps wehrten schwere Gegenattacken ab und schlossen am 16. Oktober den Ring um Aachen. Hitler gab Befehl, die Stadt bis zuletzt zu verteidigen, was der Kommandant, Oberst Gerhard Wilck, und die Truppe der 246. Volksgrenadierdivision zu befolgen gedachten. Im hitzigen, sechstägigen Straßenkampf, in welchem die Deutschen die Amerikaner aus den Abflusskanälen heraus angriffen, kämpften sich Soldaten der 26. Infanteriedivision durch die zerbombte Stadt. Am 22. Oktober reduzierte sich der deutsche Aktionsradius auf die Gegend um die Rutscherstraße im Nordwesten der Stadt, wo Wilck in einem vierstöckigen Luftschutzbunker aushielt. Die Amerikaner attackierten den Bunker mit 155-mm-Haubitzen aus kürzester Entfernung. Wilck und sein Stab ergaben sich nach einem Tag.

So blutig die Schlacht um Aachen auch war, verglichen mit dem Geschehen im Hürtgenwald verblasste sie. Der Hürtgen, ein zerklüftetes, hügeliges Gebiet mit dichtem Pinienwald, verlief von Südwest nach Nordost und war 40 km lang und 20 km breit. Er wurde vom nordsüdlich verlaufenden Westwall gekreuzt. Hier wimmelte es von Minen, Stacheldrahtsperren und Unterständen, und geschickt positionierte Tiger versperrten die besten Zugänge. Zwischen September und November wurden fünf amerikanische Divisionen, insgesamt 120.000 Mann, in den Wald geschickt. Dabei gab es 33.000 Mann Verluste. Es war die schlimmste Schlacht der amerikanischen Armee in Nordwesteuropa, und Ernest Hemingway, der einen Teil davon miterlebte, beschrieb sie als „Passchendaele with tree bursts". Eines der Hauptziele war die Stadt Schmidt, die die Straße zum Schwammenauel-Damm am Oberlauf der Rur kontrollierte. Bevor der Damm nicht eingenommen war, bestand die Gefahr, dass die Deutschen, sobald alliierte Flugzeuge landeten, die Rur überfluten würden. Die 28. Armee (die am 29. August in Paris einmarschiert war) griff Schmidt am 2. November hinter heftigem Artilleriesperrfeuer an, kam aber gegen den aus mit Baumstämmen bedeckten Erdbunkern kämpfenden Feind schwer an.

Das 112. Regiment der 28. Division gelangte schließlich nach Schmidt, geriet jedoch am 4. November in einen Gegenangriff der Panzergrenadiere und floh in Panik. Bei diesem Debakel verlor die 28. Division 6184 Mann – dies war einer der blutigsten Einsätze einer amerikanischen Division in diesem Krieg.

Schweres Bombardement

Am 16. November versuchte es die 5. Division noch einmal, an ihrer Spitze die 1. US-Infanteriedivision, *the Big Red One* (nach der roten „1" in ihrem Divisionsabzeichen). Während des größten Luftangriffes in Unterstützung einer Bodenoperation warf praktisch die gesamte 8. US-Luftflotte mehr als 10.000 Tonnen Bomben auf verschiedene deutsche Stellungen ab. Mehrere Städte im Hürtgen wurden zerstört, bevor die Amerikaner am 8. Dezember die Ufer der Rur erreichten.

Patton und die 3. Armee waren inzwischen nicht faul gewesen. Wütend und frustriert, weil die logistische Priorität Montgomerys 21. Armee zugewiesen wurde, schrieb Patton am 3. September in sein Tagebuch: „Wir werden uns mit der „Steinsuppe"-Methode Übergänge in Metz und Nancy verschaffen, und heute gab ich die Befehle. ... Eines Tages kam ein Landstreicher zu einem Haus und verlangte Wasser, um eine „Steinsuppe" zu kochen. Neugierig gab ihm die Dame Wasser, in das er zwei polierte Steine legte. Er verlangte noch Kartoffeln und Karotten, um dem Suppenwasser Geschmack zu verleihen und am Ende bekam er auch noch Fleisch. Anders gesagt: Um anzugreifen, müssen wir zuerst so tun, als ob wir nur auskundschaften, dann die Aufklärung verstärken und schließlich angreifen. Es ist eine traurige Art, Krieg zu führen."

Anstatt an der Maas zu kämpfen, zog Patton 48 km weiter und nahm südlich von Metz Brückenköpfe an der Mosel ein. Da er bloß ein Minimum an Benzin erhielt, benutzte Patton erbeutete Depots und jonglierte mit Benzin und Artillerie, um Vormärsche zu verlängern. Er begann simultane Einkesselungsbewegungen Richtung Nancy sowie nördlich und südlich von Metz, während er Truppen in Marsch setzte, die sich westlich von Dijon mit Patchs 7. Armee vereinen sollten.

Patton fegte unwirksame deutsche Gegenangriffe beiseite und sandte seine 5. Division

UNTEN:
Amerikanische Infanterie und Panzer rücken auf einer französischen Straße an der französisch-deutschen Grenze nach Aachen vor. Die von General Hodges' 1. Armee angeführte Offensive gegen Aachen begann am 12. September 1944 und versank bald im Morast.

gegen Metz, wo er unter Verlust von 5000 Mann zurückgeschlagen wurde. Die Deutschen kämpften nun in Lothringen, das sie gut kannten und das Vorteile für die Verteidiger bot. Mosel und Saar liefen von Süden nach Norden, entlang der Grenze des Dritten Reiches, und die Wälder und Steindörfer in der Region boten Sammelpunkte für Verzögerungsaktionen und Gegenangriffe. Dazu kam das Wetter. Durchschnittlich betrug die Regenmenge in Lothringen im November 63 mm; 1944 waren es 178 mm. Für Pattons Panzer wurde es zusehends schwieriger, abseits der Straßen zu manövrieren. Noch stärker wirkte sich der Regen auf die Lufteinsätze aus. Im August hatte das XIX. *Tactical Air Command* 12.292 Einsätze durchgeführt, im November fiel die Anzahl auf 3.509.

Am 8. November sandte Patton sein XII. Korps bei starkem Regen hinter einem Sperrfeuer von 42 Geschützgruppen, die 20.000 Granaten abfeuerten, nach Metz. Tags darauf überquerte das XX. Korps der 3. Armee unauffällig die Mosel nördlich von Metz. Trotz der ansteigenden Fluten konnten die Panzer schließlich übersetzen und bald schwächten drei Divisionen mit einer konzentrischen Attacke systematisch die Befestigungen von Metz. Die am 19. November eingekesselten Garnisonen ergaben sich zwei Tage später. Anfang September erreichte die 3. Armee endlich den Westwall entlang der Saar. Sie hatte 55.182 Gefechtsopfer, davon 6.657 Tote, zu beklagen. Die Zahl der Opfer durch Erfrieren und Krankheiten war fast gleich hoch.

Mangelnder Fortschritt

Mitte Dezember machten die alliierten Armeen an allen Fronten wenig Fortschritt. Montgomery kritisierte Eisenhower wieder

RECHTS:
Soldaten der französischen 1. Armee mit einer Panzerabwehrkanone im Einsatz gegen im Chateau de Belfort verschanzte Deutsche. Die historische Stadt Belfort war das Tor zum Gebirgszugang nach Süddeutschland.

GANZ RECHTS:
Ein französischer Mechaniker arbeitet an einem erbeuteten Panzer. 1941 entworfen, wurde der Panther erstmals in der Schlacht von Kursk im Sommer 1943 eingesetzt. Er wog 43,6 Tonnen und erreichte 45 km/h Höchstgeschwindigkeit. Zunächst war er unzuverlässig, aber Mitte 1944 war er schließlich ein bedrohlicher Gegner geworden.

lautstark. Der Oberbefehlshaber wäre ein Koordinator und kein Kommandeur, meinte Montgomery, und anstatt Siege zu bringen, hatte seine lahme Politik des „have a go, Joe" überall in eine Sackgasse geführt. General Allan Brooke stimmte seinem Protégé zu. Am 24. November schrieb er in sein Tagebuch, er sei beunruhigt über „die unbefriedigende Sachlage, dass keiner die Landschlacht anführte. Eisenhower, der dies tun sollte, ist auf dem Golfplatz von Reims – abgehoben und am Kriegsgeschehen praktisch nicht beteiligt."

Am 28. November hatten Eisenhower und Montgomery im Hauptquartier der 21. Armeegruppe ein turbulentes Treffen. Montgomery berichtete Brooke, Eisenhower hätte zugestimmt, dass der SHAEF-Plan gescheitert war und „wir einen strategischen Rückschlag erlitten haben". Am 5. Dezember trafen Eisenhower und Montgomery einander in Maastricht wieder. Montgomery insistierte, dass der einzige Ausweg aus der Sackgasse und Zermürbung darin bestände, die Deutschen zu mobiler Kriegsführung zu zwingen. Nur elf Tage später erfüllten die Deutschen Montgomerys Wunsch und beseitigten jede schleichende Selbstgefälligkeit der Alliierten.

KAPITEL NEUN

DIE ARDENNEN-OFFENSIVE

Das Scheitern von *Market Garden* beunruhigte die Alliierten, aber Ende 1944 erhielten sie einen noch größeren Schock: Eine deutsche Offensive schien den Erfolg von 1940 zu wiederholen.

Als die Alliierten die westlichen Befestigungen des Reiches beschossen, bewegten sich Ihre Armeen langsam auf unterschiedlichen Routen nördlich und südlich entlang der Ardennen, einem hügeligen, stark bewaldeten Grenzgebiet zwischen Belgien, Luxemburg und Deutschland. Weiter nördlich saß die 21. Armeegruppe, mit den Kanadiern an der linken und den Briten an der rechten Seite, an der Maas mit einer schmalen, hervorspringenden Verteidigungslinie bis südlich von Arnheim fest. Seit der Räumung der Schelde hatte sie östlich Richtung Venlo und Roermond mit geringem Erfolg angegriffen. Unterstützt wurde die 21. Armeegruppe von der neu aufgebauten 9. US-Armee unter General William H. Simpson, einem Teil von Bradleys erweiterter 12. Armeegruppe, die gegen heftigen Widerstand in Richtung Rur drängte. Rechts davon befand sich Hodges' 1. Armee, deren VII. und V. Korps noch immer im Hürtgenwald kämpfte. Die Hürtgenschlacht hatte Hodges' Gruppe nach Norden geworfen, weshalb die Front, die im Süden 112 km lang durch die Ardennen verlief, nur von vier Divisionen des VIII. Korps unter Major-General Troy Middleton gehalten wurde. Rechts von ihm war Pattons 3. Armee tief nach Lothringen vorgedrungen und stand überall vor dem Westwall. Nach ihrem Vormarsch zur Rhône hatte Patchs 6. Armeegruppe tatsächlich den Rhein bei Straßburg erreicht, obwohl sich rechter Hand in den Vogesen ein gefährlicher Frontbogen, der „Colmar-Kessel" mit der deutschen 9. Armee befand. Südlich des Kessels brach die französische 1. Armee, geschützt durch die Schweizer Grenze, an der rechten Flanke durch die Lücke bei Belfort an den Rhein unterhalb von Basel durch.

Pläne für eine Gegenoffensive

Gerade als sich die deutsche Front Anfang September zu konsolidieren begann, studierte General Alfred Jodl, Chef des Führungsstabes der Wehrmacht, die Möglichkeit einer Gegenoffensive. Im Führerhauptquartier in Rastenburg in Ostpreußen argumentierte Jodl am 6. September gegenüber Hitler, das größte Problem für einen Gegenstoß wäre die alliierte Luftüberlegenheit, welche die für eine Offensive erforderliche Konzentration der deutschen Streitkräfte erschwerte. Dieses Problem könne, so Jodl, durch die Verlegung der Offensive in den Herbst überwunden werden, da die Wirksamkeit der alliierten Aufklärungs- und Jagdflugzeuge durch tief hängende Wolken und dichten Nebel reduziert würde. Auch müssten Informationen, zumindest im Frühstadium, auf eine kleine Anzahl von Planern beschränkt werden. Bestehen blieb das Problem, wo der Angriff beginnen

GEGENÜBER: Private First Class *Thomas W. Gilgore vom 212. Infanterieregiment, 8. Infanteriedivision der 1. US-Armee, nützt am 5. Dezember 1944 eine Kampfpause während der Schlacht im Hürtgen in Deutschland.*

sollte. Bis zum 20. September stellte sich aufgrund von Berichten des Nachrichtendienstes heraus, dass die Alliierten überzeugt waren, die Wehrmacht wäre zu keiner Offensive mehr fähig, und die Ardennen ignorierten. An diesem Tag deutete Hitler auf einer überfüllten Führerkonferenz in einer Ansprache an die versammelten Offiziere an, dass Deutschland mit dem Rücken zu Wand stünde: „Wir können keine Großoperation mehr durchführen. Alles, was wir tun können, ist, unsere Position zu halten oder zu sterben!“ Gleich nach Ende der Konferenz lud Hitler Keitel, Jodl, Guderian und General Kreipe, ein Mitglied der Luftwaffe, in ein Extrazimmer ein. Über einer ausgerollten Karte von Nordwesteuropa rief er aus: „Ich habe eine bedeutsame Entscheidung getroffen. Ich gehe in die Offensive. Hier, von den Ardennen aus! Über die Maas und nach Antwerpen!“

Sichelschnitt in Aktion

Großteils auf Hitlers Druck wurde im Frühling 1940 statt der konventionellen Spielarten des alten Schlieffen-Plans aus dem 1. Weltkrieg der radikale Sichelschnitt angewandt. Damals hatte der Hauptteil der deutschen Panzerdivisionen in nur zwei Tagen die Ardennen überquert, anschließend die Maas überschritten und, nach Norwesten einschwenkend, die Kanalküste bei Abbeville in insgesamt nur zehn Tagen erreicht. Dadurch saßen die französische 1. Armeegruppe und

OBEN:
Ein deutscher Soldat überwacht in einem gut getarnten Beobachtungsposten amerikanische Bewegungen vor einer deutschen Gegenoffensive am 16. Dezember 1944. Die Deutschen konnten die widrige Wetterlage voll ausnutzen.

RECHTS:
Deutsche Soldaten verstecken sich in Unterständen entlang des Rheins vor alliierten Flugzeugen. Nach Monaten des Rückzuges stärkten die Vorbereitungen für eine Gegenoffensive die deutsche Moral.

PzKpfw VI Tiger II
Deutschland

die britische BEF in einem Kessel in Nordostfrankreich und Flandern in der Falle. Im Herbst 1944 war der Frontverlauf fast derselbe. Hitler plante, in den Ardennen durchzubrechen, Antwerpen einzunehmen und die 12. US- und die britische 21. Armeegruppe gegen die Maas und den nördlichen Westwall zu drücken. Britische und amerikanische Presse lieferte genügend Hinweise, dass die angloamerikanische Kooperation kaum mehr als Fassade war, was bedeuten würde, dass die Alliierten auf einen deutschen Angriff langsam und unkoordiniert reagieren würden. Dieser brächte nicht den totalen Sieg, könnte aber in London und Washington eine politische Krise auslösen, die zur Ablöse Churchills und zu Friedensverhandlungen mit den westlichen Alliierten führen könnte. Damit hätten die Deutschen freie Hand für die UdSSR.

Hitler redete detailliert über den Weg zum Erfolg. Er schätzte, dass eine Offensive mindestens 30 Divisionen – zehn davon mit

OBEN
Der Tiger II war ein Furcht erregender Gegner für alliierte Panzerbesatzungen.

UNTEN:
Deutsche Fallschirmjäger auf einem Tiger II. Hunderte dieser wertvollen Panzer und Selbstfahrlafetten wurden für die Operation eingesetzt.

OBEN:
Deutsche Soldaten rücken durch eine amerikanische Stellung vor, die bereits überrannt wurde. Nebel und Schnee verhinderten die alliierte Luftaufklärung und ermöglichten den totalen Überraschungsangriff der Deutschen.

Panzern – erforderte, die in vier Armeen gegliedert werden müssten. Die im Norden und Süden des Angriffsgebietes wären fast ausschließlich Infanteristen mit der Aufgabe, vorwärts zu drängen und die Flanken des Hauptangriffs vor Attacken zu schützen. Für den Hauptangriff wollte Hitler zwei Panzerarmeen einsetzen, die aus Panzer- und Infanterieeinheiten bestanden. Das oberste Ziel war Antwerpen, komme, was wolle. Die Panzer hatten am 2. Tag die Maas zu bezwingen, dann nordwestlich um Brüssel herumzuschwenken und am 7. Tag Antwerpen zu erreichen, bevor das alliierte Oberkommando reagieren konnte.

Äußerste Geheimhaltung

Um absolute Geheimhaltung zu garantieren, erfuhren nur wenige Auserwählte von der Offensive. Jede Kommandoebene benutzte unterschiedliche Codes, die alle 14 Tage geändert wurden. Über Telefon oder Telegraph durfte über die Operation nicht gesprochen werden. Auf Geheimhaltung eingeschworene

Offiziere, denen bei Durchsickern des Planes die standrechtliche Hinrichtung drohte, wurden als Kuriere eingesetzt. Nur so war laut Hitler die Sicherheit zu gewährleisten.

Deutsche Vorbereitungen

Am 25. September wurde Feldmarschall Gerd von Rundstedt, Oberbefehlshaber West, beauftragt, das I. und II. Panzerkorps scheinbar zur Erholung und Reorganisation von der Front abzuziehen. Tatsächlich sollten sie das Rückgrat der neuen 6. SS-Panzerarmee bilden, die Hitler unter die Führung eines Freundes und Vertrauten aus der Frühzeit der Nazipartei, SS-Oberstgruppenführer Josef „Sepp" Dietrich, stellte. Die zweite Angriffsformation für den Vorstoß im Zentrum sollte die 5. Panzerarmee unter dem Kommando von General Hasso von Manteuffel sein, der gerade Patton im Süden gegenüberstand, aber Ende Oktober zur Reorganisation abgezogen wurde. Alle Einheiten sollten Teil der Heeresgruppe B unter Feldmarschall Walter Model werden, die theoretisch unter von Rundstedts

Die Ardennenschlacht
101.Luftlandebrigade, Bastogne, 1. Dezember

Im Dezember 1944 wurden 24 deutsche Divisionen in die letzte Offensive gegen die vorrückenden Alliierten an der Westfront geworfen. Hitler plante einen Durchbruch durch die Ardennen, der die alliierten Truppen teilte und nach Antwerpen vorstieß. Die Offensive kam für die Alliierten völlig überraschend, und vom 16. bis 20. Dezember drängten die deutschen Divisionen vorwärts nach Stavelot, St. Vith, Houffalize und Bastogne. General Eisenhower übertrug die Verteidigung von Bastogne der 101. Luftlandedivision. Die Stadt lag auf einer wichtigen Kreuzung und kontrollierte Nord-Süd- und West-Ost-Bewegungen. Am 20 Dezember war Bastogne umstellt, doch die 101. hielt durch und verzögerte die Ausdehnung des Bogens, was das Ende der deutschen Offensive bedeuten sollte.

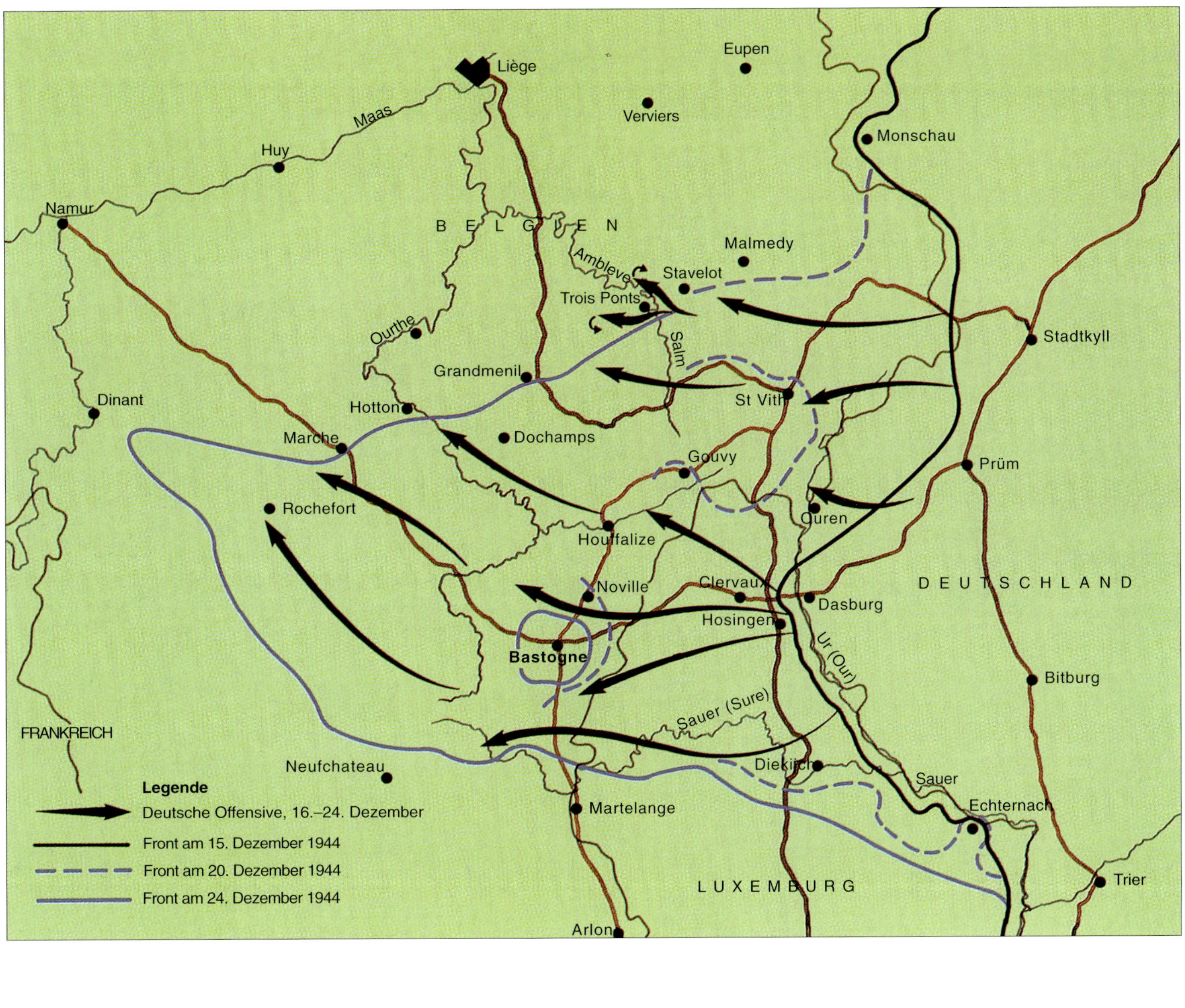

UNTEN:
Deutsche motorisierte Einheiten rasen in der Frühphase des Angriffes durch die Ardennen.

GANZ UNTEN:
Diese von den Amerikanern errichtete Brücke wurde von den Deutschen bei der Ardennenoffensive intakt erobert und sofort verwendet.

Kommando stand. Doch für diesen Angriff waren sie direkt Hitler und dem Führerhauptquartier unterstellt. Der Codename der Operation war *Wacht am Rhein*: Er sollte eine ruhende, defensive Geisteshaltung vermitteln.

Hitlers kühner Plan

Am 21. Oktober setzte Hitler SS-Obersturmbannführer Otto Skorzeny über seine Rolle in Kenntnis. Skorzeny war Deutschlands herausragendster Planer und Kommandeur von Sondereinsätzen. Er hatte den gewagten Segelfliegereinsatz zur Rettung Mussolinis auf dem Gran Sasso im September 1943 durchgeführt und die ungarische Regierung entführt, als diese im August 1944 mit der UdSSR Frieden schließen wollte. Der Auftrag, den ihm der Führer nun erteilte, war in seiner Kühnheit atemberaubend. Er sollte innerhalb der Streitkräfte englisch sprechende Soldaten rekrutieren, sie in der so genannten 150. Panzerbrigade organisieren und sie die amerikanischen Linien infiltrieren lassen (Operation *Greif*). In amerikanischen Uniformen und Fahrzeugen sollten sie während des Hauptangriffes für größte Verwirrung sorgen.

Am folgenden Tag informierte Hitler von Rundstedt und Model und stand vor denselben Problemen wie im Frühling 1940. Die in Stabsschulen ausgebildeten Offiziere waren darauf programmiert, alles derart Unvernünftige abzulehnen. Model las den Plan und rief aus: „Diese verdammte Sache hat weder Hand noch Fuß!" Von Rundstedt teilte seine Zweifel und bot einen Gegenplan an, einen bescheideneren Angriff von 20 Divisionen auf 64 km Frontbreite. Bei einem Treffen mit seinen Generälen hielt Hitler einen Vortrag über deutsche Militärgeschichte: „Anscheinend erinnern Sie sich nicht an Friedrich den Großen", sagte er zu von Rundstedt. „Bei

Rossbach und Leuten schlug er den doppelt so starken Feind. Wie? Mit einem kühnen Angriff ... Wieso lernen Sie nicht Geschichte?“ Sein einziges Zugeständnis an die Bedenken der Generäle war die Verlegung des Angriffsdatums auf den 10. und später auf den 16. Dezember. Durch die Verschiebung hatte man mehr Zeit für die Bereitstellung von Nachschub, aber zugleich lag die Operation dadurch gefährlich nahe beim Ende der Herbstnebel und am Beginn der Schneefälle, mit Temperaturen unter Null Grad, was die Ardennen in ein Bild wie von Schweizer Schokoladepackungen verwandelte – schneebedeckte Nadelbäume gegen einen blauen, wolkenlosen Himmel.

Im Schutz der Dunkelheit

In den ersten beiden Dezemberwochen rückten zehntausend Mann, tausende Panzer und Geschütze täglich bei Dunkelheit in die Eifel, die Ausläufer der Ardennen in Deutschland,

OBEN:
Obersturmbannführer Jochen Peiper in seinem Kommandofahrzeug an der Kreuzung zwischen St. Vith und Malmedy in den Ardennen. Peipers SS-Truppen waren während des Vorstoßes für die Massaker an Soldaten und Zivilisten verantwortlich.

LINKS:
Jochen Peiper war vor dem Krieg Himmlers Adjutant gewesen und wurde vor dem Massaker bei Malmedy intensiv an der Ostfront eingesetzt. Nach dem Krieg wurde er in Dachau wegen Kriegsverbrechen verurteilt.

OBEN:
Mitglieder der SS-Division Hitlerjugend *überwachen amerikanische Gefangene, die zu Beginn des deutschen Angriffes gemacht wurden. Diese SS-Division wurde in der Normandie schwer geschlagen und wurde bald nach Deutschland zurückgezogen.*

vor. Deutsche Nachtjäger flogen die ganze Nacht im Tiefflug über die Ardennen, um den Lärm, den die Bewegung von so starken Bodentruppen und das Verladen von so viel Material verursachte, zu überdecken. Alle Aktivitäten endeten eine Stunde vor Morgengrauen und die Soldaten verwischten mit Zweigen und Besen die Panzer- und Reifenspuren auf den Straßen, damit sie nicht von der alliierten Luftaufklärung entdeckt würden. Letzte Befehle kamen am 11. Dezember. Nun standen 23 Divisionen, davon 10 Panzerdivisionen, in den Ardennen, zwei weitere in Reserve. Im Norden befehligte Dietrich vier Panzerdivisionen (1. SS, 2. SS, 9. SS und 12. SS), die 3. Fallschirmjägerdivision und vier Volksgrenadierdivisionen. Er hatte 450 Panzer und Selbstfahrlafetten im Feld. Zu seiner Linken hatte Manteuffel ebenfalls vier Panzerdivisionen, die 2., die 9., die Panzerlehrdivision und die 116. – mit ca. 350 Panzern und Schützenpanzern –, die 15. Panzergrenadierdivision und vier Volksgrenadierdivisionen. Links von Manteuffel stand im Süden des Kampfgebietes die 7. Armee unter General Erich Brandenberger mit der 5. Fallschirmjägerdivision und vier Volksgrenadierdivisonen. Zusätzlich hielt das OKW zwei Divisionen und zwei Elitebrigaden in Reserve, die nur auf Hitlers ausdrücklichen Befehl eingesetzt werden durften. Insgesamt hatten die Deutschen 300.000 Mann massiert, 1000 Panzer und Selbstfahrlafetten sowie 2000 schwere Artilleriegeschütze. Dazu kamen 1000 Jagdflugzeuge und Jagdbomber, davon 200 Me-262-Düsenjäger. Das bedeutete, dass sie unter gewissen Umständen vorübergehend die lokale Lufthoheit erlangen konnten.

Fehler des Nachrichtendienstes

Die Amerikaner nannten die Ardennen „Geisterfront", weil die Größe der hier aufmarschierten alliierten Truppen großteils nur in der Vorstellung existierte. Tatsächlich gab es hier sechs schwache Divisionen, höchstens 75.000 Mann. Zum Beispiel wurden die 28. und 4. in die Ardennen abgezogen, um sich von der blutigen Schlacht im Hürtgenwald zu erholen, und zwei gerade in Europa angekommene Divisionen, die 99. und 106., sollten in der ruhigen Umgebung militärische Grundkenntnisse erwerben.

Während der folgenden Monate hatte der alliierte Nachrichtendienst Informationen aufgeschnappt, die bei richtiger Interpretation SHAEF vor der geplanten deutschen Offensive gewarnt hätten. Doch die Geheimdienstoffiziere übergingen die Anzeichen in der

M3 Halbkettenfahrzeug
USA

Überzeugung, dass die deutsche Wehrmacht zu keiner großangelegten Offensive mehr fähig wäre. Pattons Nachrichtenoffiziere hatten über den Austausch von Manteuffels 5. Panzerarmee durch Volksgrenadierdivisionen berichtet. Die Aufklärung hielt dies jedoch für eine Krise des Ersatzwesens in Deutschland. Gleichzeitig empfingen alliierte Nachrichtenoffiziere aus ganz Deutschland Beschwerden über knappe Benzinvorräte, was man als tatsächlichen Benzinmangel der Deutschen wertete und nicht als Beweis, dass (zugegebenermaßen limitierte) Treibstoffvorräte für andere Zwecke gehortet wurden. Anfang November zeichnete der alliierte Geheimdienst sogar den Aufruf an Englisch sprechende Sol-

OBEN:
Das M3-Halbkettenfahrzeug war bei der US Army und ihren Alliierten weit verbreitet im Einsatz. Es wurden über 40.000 solcher Fahrzeuge produziert. Im letzten Kriegsjahr waren sie ein vertrauter Anblick in Nordwesteuropa.

LINKS:
Diese Aufnahme von einem beschlagnahmten deutschen Film zeigt einen SS-Soldaten vor einem zerstörten und brennenden Halbkettenfahrzeug. Die Deutschen hatten für die Ardennenoffensive eine gewaltige Einheit von 30.000 Mann aufgestellt – viele davon waren erfahren und kampfgestählt.

daten auf, sich für Sonderaufgaben zu melden. Die Geheimdienstanalysten wussten zunächst nicht, was sie davon halten sollten, vermuteten dann aber, dass die Deutschen die Befragung der alliierten Gefangenen beschleunigen wollten, um zusätzliche Informationen zu erhalten.

Überraschungsangriff

Am 16. Dezember eröffneten 2.000 deutsche Geschütze um 4 Uhr früh das Feuer auf die amerikanischen Nachschubwege und verursachten Unruhe und Verwirrung unter den amerikanischen Einheiten. An vielen Orten wurden die GIs, die sich an der Front geglaubt hatten, von Jeeps überrascht, in denen bis zu sechs amerikanische Soldaten saßen und die mit alarmierenden Informationen und neuen Befehlen westwärts rasten: „Die Deutschen sind durchgebrochen – ihr müsst euch schleunigst zurückziehen – zerstört die Brücke nicht, das erledigen wir" – und so weiter. Skorzeny hatte gehofft, die amerikanischen Stellungen mit mindestens 2.000 Männern zu infiltrieren, aber letztendlich war das Kommando nur 800 Mann stark. Und obwohl sie Englisch sprachen, traute er nur einem Dutzend davon zu, als Amerikaner zu überzeugen. Überdies hatte er nur wenige Fahrzeuge bekommen (viele deutsche Einheiten hatten

RECHTS:
Englisch sprechende Soldaten wurden von Obersturmbannführer Otto Skorzeny rekrutiert, um alliierte Linien zu infiltrieren, Schlüsselpositionen zu besetzen und Verwirrung zu stiften. Für sie gab es keine Gnade: Hier wird einer standrechtlich hingerichtet.

GEGENÜBER OBEN:
Schwer bewaffnete SS-Soldaten greifen über eine belgische Straße an. Das rasche Erbeuten alliierter Treibstoffdepots war ein Schwerpunkt der Offensive. Aber dank hartnäckiger Widerstandsnester wie Bastogne schlug der Plan fehl.

GEGENÜBER UNTEN:
Getarnte deutsche Fahrzeuge und Ausrüstung, die im Ardennenwald vor alliierten Kampfbombern versteckt sind. Bei günstigen Flugbedingungen konnte jede Bewegung auf der Straße einen Angriff provozieren.

die erbeuteten Jeeps versteckt, als sie hörten, dass Skorzeny sie konfiszieren wollte), und so mussten die Kommandos zu sechst oder mehr in einem Jeep fahren – was echte amerikanische Soldaten nie getan hätten.

Das Chaos breitet sich aus

Aufgrund dieser Schwierigkeiten wurden die meisten deutschen Kommandos innerhalb der ersten drei Tage ausgemacht und viele von ihnen exekutiert, aber bis dahin hatten sie genug Chaos verursacht. Nach der Entlarvung des ersten Jeeps verbreitete sich über das amerikanische Fernmeldenetz in den Ardennen Gerüchte, die die Stärke der deutschen

Kommandos auf ein Vielfaches aufbauschten. Überall errichteten amerikanische Einheiten Straßensperren. Die Fahrzeuginsassen wurden angehalten und eingehend befragt, sodass eine Fahrt von 30 Minuten bis zu vier Stunden dauerte. Dies geschah nicht nur einmal, sondern tausend Mal. Alle Armeen gleichen empfindlichen Mechanismen, und Skorzenys „Greif"-Kommando war wie Sand im Getriebe einer Schweizer Uhr.

Die Macht der Panzer

Manteuffels 5. Panzerarmee überrollte im Zentrum der Ardennen Teile der 28. und 106. US-Divisionen, die beide schnell ihren Zusammenhalt verloren. Dann nahm die 5. Panzerarmee Kurs auf die Verbindungsstraßen von St. Vith und Bastogne. Deutsche Kamerateams folgten den Panzern und filmten für Wochenschaubeiträge stundenlang amerikanische Gefangene, die in langen Reihen nach Osten marschierten. Damit sollten die deutschen Zuschauer überzeugt werden, dass sich das Blatt, zumindest für einige Zeit, gewendet hatte. Im Süden schlug Brandenbergers 7. Armee das 109. Regiment der 28. US-Division und fegte sie in den Südwesten zurück. Den entscheidenden Vorstoß machte die 6. SS-Panzerdivision im Norden. Deren Spitze bildete eine Kampfgruppe unter Obersturmbannführer Jochen Peiper, einem 29-jährigen SS-Offizier, der sich an der russischen Front einen hervorragenden Ruf erworben hatte. Beim Bilden der Marschformation seiner Kampfgruppe stellte er die Tiger-Panzer an die Spitze, da er sich davon eine große psychologische Wirkung auf den Feind erwartete.

48 Stunden lang stürmte Peiper durch die Ardennen nach Stavelot, 40 km von seinem Ausgangspunkt entfernt, und hinterließ eine Spur von ermordeten amerikanischen Gefangenen und belgischen Zivilisten – 19 amerikanische Kriegsgefangene in Honsfeld, acht in

UNTEN:
Frank Vukasin, Soldat der Kompanie C, 331. Infanterieregiment, 83. Division, hält neben zwei toten Deutschen auf dem schneebedeckten Frontabschnitt bei Houffalize (Belgien), um das Magazin seines Garand-Gewehrs zu laden.

Ligneuville, 86 südlich von Malmedy und ungefähr 100 unbewaffnete Belgier.

Schockoffensive

Die Nachricht vom deutschen Angriff fand nur langsam aus den Ardennen heraus. Zum einen hatten Skorzenys Kommandos die Telefon- und Telegrafenverbindungen unterbrochen und die Funkverbindung in den Bergen war, besonders bei feuchtem Wetter, ständig gestört. Ein Teil des Problems bestand jedoch auch in der Unfähigkeit der niedrigeren Offiziere, das volle Ausmaß des Geschehens zu begreifen. Sie hatten sich so an die deutsche Defensivhaltung gewöhnt, dass sie den Deutschen nur begrenzte Gegenschläge, aber keine groß angelegte Gegenoffensive zutrauten. Erst am späten Nachmittag erreichte die Nachricht von der Offensive Eisenhower im SHAEF-Hauptquartier in Versailles. Der kurz zuvor eingetroffene Bradley tat die Meldung als eine vereitelte Störaktion ab. Doch Eisenhower konnte in einer begrenzten Offensive in den Ardennen keinen Sinn erkennen. Es gab für die Deutschen keine wirklich wertvollen Ziele. Der einzige Angriff, der in den Ardennen Sinn machte, war eine groß-angelegte Offensive, um die Erfolge vom Sommer 1940 nachzuahmen.

Eisenhowers Scharfsinn

Ohne Zweifel rettete Eisenhowers rasche und genaue Einschätzung der Situation die Amerikaner vor einer noch größeren Katastrophe. Mit Bradley, der noch immer dachte, dass Eisenhower überreagierte, studierte er die

OBEN:
Field Marshal Montgomery und Lieutenant-General William H. Simpson, Kommandeur der 9. US-Armee, betrachten ein Gebiet, das jenseits einer deutschen Verteidigungslinie liegt. Während der Ardennenoffensive wurden Simpsons Männer Bradleys Kommando entzogen und unter Montgomerys Befehl gestellt, sehr zu Bradleys Verdruss.

Karte, um Middletons Korps zu verstärken. In dieser Nacht beorderte er Pattons 10. Panzerdivision an die Südflanke des deutschen Durchbruches, während die 7. Panzerdivision die Kreuzung bei St. Vith an der Nordflanke besetzen sollte.

Strategische Reserve im Einsatz

Am nächsten Morgen setzte Eisenhower seine letzte strategische Reserve, die Luftlandedivisionen, ein. Die 101. sandte er gemeinsam mit einer Kampfgruppe der 10. Panzerdivision nach Bastogne (ein weiterer Verkehrsknotenpunkt), die 82. Luftlandedivision an den Nordrand des Durchbruchs. Eisenhower war beim Aufstellen seiner Reservedivisionen

OBEN:
Der beschlagnahmte deutsche Film zeigt deutsche Fallschirmjäger, die amerikanisches, im Dezember 1944 erbeutetes Gerät inspizieren. Treibstoff, den sie am meisten brauchten, konnten sie jedoch nicht an sich bringen.

RECHTS:
Deutsche Kraftradtrupps, aufgenommen während der Ardennenoffensive. Einheiten wie diese konnten sich schnell durch die dichten Wälder der Region bewegen – wenn das Wetter mitspielte.

OBEN:
Ausgelaugte, vom Kampf gezeichnete Männer der 101. Luftlandedivision am Weihnachtsabend während einer Messe in Bastogne. Priester aller Konfessionen zeigten im Kampf große Tapferkeit und trugen viel dazu bei, den Geist der Männer aufrechtzuerhalten.

hervorragend. Andere Aspekte der Schlacht handhabte er weniger effektiv. Mit seiner Zustimmung ordnete die SHAEF *Public Relations* eine Nachrichtensperre an und ließ damit die Gerüchte blühen. Für die Soldaten war es nicht undenkbar, dass die amerikanische Armee schwer angeschlagen war. Innerhalb von 24 Stunden kursierte eine weiteres Gerücht über deutsche Eliteeinheiten in US-Uniformen und US-Fahrzeugen, die auf dem Weg nach Paris waren, um Eisenhower zu töten. Sofort wurden um das SHAEF-Hauptquartier Geschützstände und Stacheldrahtverhaue aufgestellt. Selbst Bradley und Bedell Smith hatten wegen der Sicherheitsvorkehrungen Schwierigkeiten, ihren Oberbefehlshaber zu sprechen. Diese Überreaktion führte zu einer Krisenstimmung, und das schwer gepanzerte Geleit bei Eisenhowers Ausfahrten verstärkte die Panik noch. Die Soldaten, die nur den Ausbau der Befestigungen um das SHAEF-Hauptquartier sahen und nichts über die wirkliche Lage erfuhren, vermuteten das Schlimmste.

Notmaßnahmen

Die zum Teil selbst verursachte Atmosphäre ergriff offensichtlich auch Eisenhower, der pessimistisch reagierte. Er verstärkte die Krise, indem er Tausenden GIs, die in England und Europa in Armeegefängnissen einsaßen, ein Angebot machte: Jeden Mann, der mit einem Gewehr in der Hand in die Schlacht zog, erwartete eine Begnadigung und eine weiße Weste nach dem Krieg. Eisenhower bot zudem in einem Rundschreiben schwarzen Soldaten, die fast alle im Versorgungsdienst tätig waren, die Chance, „ohne Unterschied von Farbe und Rasse" zu einer Kampfeinheit zu wechseln. Da dies der Politik des Kriegsministeriums widersprach – schwarze Soldaten konnten nicht gemeinsam mit weißen Soldaten in einer Einheit dienen, da schwarze Offiziere und Unteroffiziere Weißen keine

OBEN:
Manna vom Himmel: C-47-Transportflugzeuge werfen Nachschub in die belagerte Bastogne-Garnison ab. Vom 23. bis zum 28. Dezember versorgten 842 Dakotas Bastogne aus der Luft und ermöglichten den Amerikanern, weitere entscheidende Tage durchzuhalten.

Befehle erteilen durften –, beschränkte ein weiteres Rundschreiben den Dienst der Schwarzen auf gesonderte Kampfeinheiten unter weißen Offizieren und Unteroffizieren.

Ein noch deutlicheres Anzeichen dafür, wie ernst Eisenhower die Situation nahm, war sein Ansinnen, Montgomery den Befehl über alle US-Einheiten nördlich der Ardennen – 9. und 1. US-Armee – zu übertragen, wodurch Bradleys 12. Armeegruppe nur noch aus Pattons 3. Armee bestand. Bradley konnte diesen Schritt nur als massiven Mangel an Vertrauen in seine Führung sehen und reagierte extrem. Er schrie ins Telefon: „Bei Gott, Ike, wenn Du das tust, kann ich vor dem amerikanischen Volk keine Verantwortung übernehmen. Ich trete zurück." Eisenhower weigerte sich, den Rücktritt anzunehmen, gab ihm Zeit abzukühlen und bot Montgomery die Führung der 1. und 9. US-Armee an. Darauf hatte Montgomery seit Ende August gewartet. Jemand mit besserem Einfühlungsvermögen in die Psyche anderer hätte mit Großmut reagiert. Nicht Montgomery. Innerhalb von zwei Stunden hatte er Hodges und Simpson aufgesucht und deren Hauptquartier „wie Christus, der den Tempel reinigte" durchschritten. Unsensibel wie immer, berichtete Montgomery an Brooke: Simpson und Hodges „schienen erfreut, dass ihnen endlich jemand klare Befehle gab".

Deutsche Probleme

Noch bevor Eisenhowers Reserven die Ardennen erreichten, wurde es klar, dass der Dezember 1944 nicht wie der Mai 1940 verlaufen würde. Damals folgten die Deutschen mit relativ leichten Panzern der Ost-West-Achse der Ardennen bei Sonnenschein und trockenem Boden. Nun versuchten sie, auf Nebenstraßen, kaum mehr als Feldwegen, und über durchweichte Böden von Süden nach Norden zu ziehen. Viele Kolonnen imitierten Peiper und setzten die 68 Tonnen schweren Königstiger an ihre Spitze, um den Feind einzuschüchtern, aber sie verwandelten nur die Straßen in Schlammbäder, und die mächtigen Tiger II mussten sich darauf beschränken, leichtere Fahrzeuge durch den von ihnen verursachten Morast zu schleppen. Das stundenlange Fahren im niederen Gang steigerte auch den Benzinverbrauch,

LINKS:
Soldaten der 101. Luftlandedivision bergen eine Kiste mit Sanitätsnachschub, der eben nach Bastogne abgeworfen wurde. Vor dem Ende der Kämpfe hatten die Amerikaner 50 Prozent Verluste.

UNTEN:
Belgische Flüchtlinge überqueren vor dem deutschen Vormarsch die Maas in Dinant. Damit die Brücke nicht in Feindeshand fiel, verminten die Amerikaner die Brücke, die sie Wochen zuvor noch erobern wollten.

und innerhalb von 24 Stunden hatten die meisten Kolonnen Versorgungsprobleme.

Die Hauptschwierigkeit bestand jedoch darin, dass die isolierten amerikanischen Einheiten (anders als die Franzosen 1940) – manche bloß ein Zug mit einer Bazooka oder eine Panzerabwehrkanone – auch dann weiterkämpften, wenn sie den Kontakt zu ihrer Einheit verloren hatten. Die Amerikaner hatten begonnen, sich für unbesiegbar zu halten, und kein Soldat wollte als erster gegenüber einer Armee aufgeben, die von US-Armeen bereits von der Normandie bis zur deutschen Grenze gejagt worden war. Am zweiten Tag der Offensive verbreitete der Divisionsfunk Gerüchte über Peipers Massaker, die die Motivation der Amerikaner steigerten – man konnte ebenso gut im Kampf sterben,

UNTEN:
US-Soldaten bemühen sich, das Panzerabwehrgeschütz an der deutsch-belgischen Grenze in Stellung zu bringen. Der gleiche Morast verzögerte auch den deutschen Vormarsch.

weil die Deutschen keine Gefangenen machten. In Echternach an der äußersten Südflanke der Spitze der 7. Armee hielt eine einzelne Kompanie des 12. Infanterieregiments der 4. Division fünf Tage in einer Hutfabrik aus und verzögerte ernsthaft den Vormarsch einer ganzen deutschen Division. Peiper wurde am 17. Dezember oberhalb von Stavelot 13 Stunden lang von 13 amerikanischen Kampfpionieren mit einer Bazooka und einigen Minen aufgehalten. Sein Führungspanzer wurde von einer Bazooka gestoppt, worauf sich Peiper zurückzog. Bei Trois Ponts bremste ihn eine kleine Sondereinheit des 51. Pionierbataillons, die die Brücken sprengte, knapp bevor Peipers Spitze sie erreichte. Diese Verzögerung gab der 82. Luftlandedivision Zeit, durch das Tal zur Ambleve vorzurücken und Peipers direkte Route an die Maas und nach Liège, nur 27 km nördlich, zu blockieren.

Die Verteidigung greift

Eisenhowers schnelle Reaktion am Abend des 16. Dezember trug nun Früchte. Die führenden Einheiten der 7. Panzerdivision erreichten unter Brigadier-General Bruce C. Clarke St. Vith vor den Deutschen. Sie errichteten schnell eine hufeisenförmige, 16 km lange Verteidigungslinie östlich der Stadt. Besetzt wurde sie mit Kampfgruppen, die aus zurückweichenden US-Soldaten gebildet wurden. Manteuffel schickte zwei SS-Panzerdivisionen gegen St. Vith, aber Clarke konnte die Stellung bis 23. Dezember halten und zwang damit die Deutschen, die Stadt auf

Nebenstraßen zu umfahren, was viel Zeit kostete. Im Süden traf eine Gruppe der 10. Panzerdivision östlich von Bastogne auf die Spitze von Manteuffels 5. Panzerarmee und verzögerte deren Vormarsch um 24 Stunden. Deshalb konnte die 101. Luftlandedivision am 19. Dezember vor Morgengrauen nach Bastogne einsickern. Brigadier-General Anthony McAuliffe, Befehlshaber in Vertretung von Maxwell Taylor, der in Washington auf Urlaub war, begann sofort mit dem Aufbau der Verteidigung. Bis 20. September hatte er vorwiegend aus Fallschirmjägern und Panzern der 10. Panzerdivision eine Gruppe in Divisionsgröße gebildet, und aus Überresten zerschlagener Einheiten Kampfgruppen (z. B. die Spezialeinheit SNAFU) aufgestellt.

Bastogne war die strategisch wichtigste Stadt in den Ardennen. Durch sie liefen die Hauptrouten nach Namur und Dinant an der Maas. Wenn die Deutschen es nicht einnehmen konnten, mussten sie auf Nebenstraßen ausweichen, was zu einem Verkehrschaos und logistischen Problemen und folglich zu langen Verzögerungen führen würde. Die ersten deutschen Angriffe kamen am 19. Dezember von der Panzerlehrdivision und der 26. Volksgrenadierdivision. Sie zerstörten Teile der 10. US-Panzerdivision im abseits gelegenen Dorf Longvilly, brachen aber nicht zur Stadt durch. Am 21. Dezember war Bastogne umstellt und stand unter schwerem Feuer, aber am nächsten Tag erwiderte McAuliffe auf das Angebot, zu ehrenwerten Bedingungen aufzugeben, nur ein Wort: „Nuts!", was die Deutschen zunächst verwirrte. Die Antwort wurde ihnen klar, als die amerikanischen Fallschirmjäger das Feuer eröffneten. Der deutsche Angriff war unbarmherzig, und am 23. Dezember hatte die Garnison 50 Prozent Verluste und kaum mehr Munition.

Pattons Gegenangriff

Am 19. Dezember traf sich Eisenhower mit seiner Armeegruppe und den Armeekommandeuren in Verdun. Bradley, Simpson, Deers und Hodges waren besorgt, nur Patton betrachtete die deutsche Offensive als wun-

GEGENÜBER OBEN:
Bastogne, Belgien, am 26. Dezember 1944. Soldaten des 969. Feldartilleriebataillons und Fallschirmjäger der 101. Luftlandedivision entladen 155-mm-Haubitzenmunition aus einem CG-4-Waco-Segler, der eben innerhalb des Kessels gelandet ist.

UNTEN:
Soldaten eines US-Feldartilleriebataillons verschanzen sich neben einer belgischen Schnellstraße, um gegen die vorrückenden Deutschen Position zu beziehen. Solche kleinen Widerstandsnester warfen den deutschen Vormarsch weit hinter seinen Zeitplan zurück.

derbare Gelegenheit. Bei diesem berühmten Treffen sagte er zum versammelten US-Oberkommando: „Teufel auch, haben wir den Mumm und lassen wir die Hurensöhne bis nach Paris fahren. Dann schneiden wir ihnen den Weg ab und machen sie wirklich fertig." Eisenhower fragte Patton, wie lange er brauchen würde, die Richtung seiner Offensive von Osten nach Norden zu ändern und die Südflanke des nunmehr deutschen Frontbogens in den Ardennen anzugreifen. Patton erwiderte: „Zwei Tage". Dies war der Höhepunkt seiner Karriere. Später schrieb er in sein Tagebuch: „Meine Aussage, ich könnte am 22. angreifen, verursachte ziemlichen Aufruhr – einige schienen überrascht, andere erfreut. Ich glaube, es kann funktionieren."

Was Patton plante, war eine der schwierigsten Kriegshandlungen: die Neuorientierung von einem ostwärts gerichteten auf ein nördlich gelegenes Ziel – eine 90-Grad-Drehung, die logistische Albträume auslösen würde. Sein Stab musste die Divisionen auf neue Straßen bringen und dafür sorgen, dass sie der Nachschub aus Depots, die für andere Operationen gedacht waren, auch erreichte.

Mit der 4. Panzerdivision an der Spitze begann Pattons III. Korps am 22. Dezember um 6.30 Uhr, nach Norden vorzustoßen mit dem Ziel, Bastogne zu entsetzen. Bei Morgengrauen hatte er 11 km geschafft, was unter den vorherrschenden Bedingungen fast ein Wunder war. Doch Patton schrieb in der Nacht an seine Frau: „Ich hatte mir mehr erhofft, aber wir stecken in einem Schneesturm und haben viele Ausfälle. Ich könnte zufrieden sein, bin es aber natürlich nicht." Am Samstag, dem 23. Dezember, schrieb er am Morgen ein Gebet an Gott, den er als „obersten Befehlshaber" ansprach: „Sir, hier spricht Patton. Die letzten 14 Tage waren die reinste Hölle. Regen, Schnee, mehr Regen, mehr Schnee – und ich frage mich langsam, was in Deinem Hauptquartier los ist. Auf welcher Seite stehst Du eigentlich? ... Sir, ich war nie unvernünftig, ich verlange nicht das Unmögliche ... alles, was ich möchte, sind vier Tage klares Wetter." Das Gebet wurde gedruckt und in der 3. Armee verbreitet, um die Moral zu stärken. Und es schien, zumindest kurzfristig, zu wirken. Am 23. Dezember ermöglichte das plötzliche Aufreißen der Wolken den US-Transportflugzeugen, zu Mittag 146 Tonnen Nachschub abzuwerfen, während die US-Luftwaffe die deutschen Stellungen bombardierte. Am Abend zogen wieder Wolken auf, und am Heiligen Abend schickte Manteuffel eine weitere Division zum Angriff.

Die Deutschen unternahmen sämtliche Anstrengungen, um Bastogne am Christtag einzunehmen. Von der Artillerie unterstützte Panzer durchbrachen die Linien der 101. an vielen Stellen, und einigen amerikanischen Einheiten ging die Panzerabwehrmunition aus. Am 26. Dezember war das Wetter zwar klar genug, um Nachschub für Bastogne abzuwerfen, doch da die Deutschen nun viele Abwurfgebiete kontrollierten, wurde der Abwurf gestrichen. Stattdessen flogen zehn Segler Munition und einer ein Ärzteteam und Medikamente in das Herz der US-Stellungen. Stunden später entdeckte die 101. den Grund für die heftigen deutschen Angriffe. Shermans vom 37. Panzerbataillon, der Spitze der 4. Panzerdivision der 3. Armee, hatten die Linien südlich von Bastognes durchbrochen. McAuliffe kam, um dem Kommandeur des Bataillons, Lieutenant-Colonel Creighton Abrams, die Hand zu schütteln. Abrams wurde für seine Rolle in dieser Aktion mit dem *Distinguished Service Cross* (DSC) ausgezeichnet und befehligte später Truppen in Südvietnam.

Der Kampf ist nicht zu Ende

Der 26. Dezember war ein dramatischer Tag für Bastogne, doch die Kämpfe waren noch lange nicht zu Ende. Die 4. US-Panzerdivision steckte in einem schmalen Korridor, an dem rechts und links deutsche Panzerdivisionen standen, und Manteuffel war jetzt entschlossen durchzubrechen. Das war genau die Schlacht, die Patton sich gewünscht hatte. Bis zum Silvesterabend wurden weitere sechs deutsche Divisionen, inklusive von Rundstedts strategischer Reserve, in die Kämpfe hineingezogen. Im Norden des Frontbogens war die Schlacht jetzt zermürbend. Die 2. US-Panzerdivision und die britische 29. Panzerbrigade vernichteten die westlichsten deutschen Einheiten, die 2. Panzerdivision und die Panzerlehrdivi-

GEGENÜBER:
Männer des 54. Feldartilleriebataillons der 3. Panzerdivision halten hinter einer Hecke in der Nähe von Sadzof (Belgien) Ausschau nach Deutschen.

UNTEN:
Ein Gefreiter (Private) *der 101. Luftlandedivision, angemessen gekleidet für den kalten Winter 1944.*

OBEN:
Amerikanische Infanteristen der 4. Panzerdivision der 3. Armee verteilen sich, beim Vorrücken auf den schneebedeckten Hügeln, um die eingekesselten Truppen in Bastogne zu befreien.

RECHTS:
Männer der 4. Panzerdivision decken mit ihren M1-Garand-Gewehren den Vorstoß ihrer Kameraden nach Bastogne.

sion, denen bei Dinant, in Sichtweite der Maas, das Benzin ausgegangen war. Am 28. Dezember verlangte Eisenhower von Montgomery, einen Gegenangriff zu starten und sich mit Patton zu vereinigen, aber Montgomery, der einen weiteren deutschen Angriff erwartete, verzögerte dies bis 3. Januar.

Bis dahin hatten die Deutschen wieder angegriffen, aber nicht, wo Montgomery es erwartete. Am Silvesterabend setzte Hitler Unternehmen *Nordwind* in Gang, einen neun Divisionen starken Angriff gegen Devers Truppen im Elsass, der Patton zum Schutz seiner Versorgungslinien zum Rückzug aus den Ardennen zwingen sollte. Devers fiel zurück und einige Einheiten gerieten in Panik, aber aufgrund der von Ultra gelieferten Details über die deutschen Pläne hielt Devers die Stellung: das zeigte sich jedoch erst Mitte Januar. Am 1. Januar begann die deutsche Luftwaffe eine Großoffensive (ihre letzte) mit 1000 Flugzeugen, um alliierte Flugfelder in Belgien und Nordwestfrankreich auszuradieren. Die Deutschen zerstörten 206 Flugzeuge, beschädigten weitere 300 und dämpften die alliierte Moral nachhaltig.

In Washington bereitete Stabschef Marshall ein Memorandum vor, das ausdrückte, was vier Monate zuvor undenkbar erschienen war – dass die westlichen Alliierten nicht die materielle Stärke oder den Willen haben könnten, nach Nazideutschland durchzubrechen. Es war möglich, dachte Marshall, dass man Friedensverhandlungen in Betracht ziehen musste.

Angriffe mit V1 und V2

Auch Churchill zeigte in London Anzeichen von Verzagtheit. Der deutsche V1- und V2-Feldzug dauerte unvermindert fort und die Regierung dachte daran, die Evakuierung Londons anzuordnen, wo jeden Tag reihenweise Menschen getötet und Hunderte verletzt wurden. In der Nacht zum 4. Januar krachten zum Beispiel innerhalb von drei Stunden 50 V1 in die Stadt, und zwei Nächte später waren es 13. Am 6. Januar schrieb Churchill an Stalin, dass die „Schlacht im Westen sehr schwer ist, und dass jederzeit weit reichende Entscheidungen vom Oberkommando gefordert werden könnten". Er ließ Stalin seine eigenen Schlüsse ziehen, deutete aber stark an, dass es nicht zum Besten stand, und fragte ihn, „ob wir im Januar mit einer russischen Großoffensive an der Weichselfront oder anderswo rechnen können."

Churchills Brief war unselig, denn die Schlacht im Frontbogen war bereits gewonnen. Nun konnte Stalin behaupten, dass die sowjetische Weichsel-Oder-Offensive vom 12. Januar den Westen vor der Niederlage gerettet hätte. Zu diesem Zeitpunkt waren 26 US-Divisionen in die Ardennen vorgerückt, um von Rundstedts Truppen unbarmherzig zu ver-

UNTEN:
Amerikanische Soldaten inspizieren einen PzKpfw VI Tiger II, dem auf dem Weg nach Stavelot das Benzin ausgegangen war. Die Deutschen verfehlten ihr Ziel, intakte alliierte Treibstofflager zu erobern – ein Hauptgrund für das Scheitern der Offensive.

nichten. Vorhutpatrouillen der 1. US-Armee, die vom Norden kamen, trafen am 16. Januar bei Houffalize auf Patrouillen der 3. US-Armee aus dem Süden. Zwei Wochen später eroberten die US-Truppen ihre Stellungen vom 16. Dezember wieder zurück. Die Amerikaner verloren über 80.000 Mann, von denen 19.000 getötet und 15.000 gefangen genommen wurden, aber die Deutschen hatten 100.000 Mann Verluste. Die Briten, die 1400 Mann verloren, spielten in der Schlacht eine nützliche, aber nicht tragende Rolle. Trotzdem beanspruchte Montgomery das Verdienst. Nachdem er endlich die operative Kontrolle über die 1. und 9. US-Armee hatte, gab Montgomery am 7. Januar eine Pressekonferenz, nach der es jedem amerikanischen Befehlshaber politisch unmöglich war, jemals wieder Truppen unter Montgomerys Kommando zu stellen. Zunächst behauptete er, der führende Kopf der Verteidigung gewesen zu sein. Es war eine „interessante Schlacht", sagte er, „ähnlich

RECHTS:
Endlich Verstärkung. Nach dem Ende der Belagerung rollen Nachschubkolonnen durch die hart umkämpfte Stadt Bastogne. Es dauerte 36 Stunden, die 964 Tragbahren zu evakuieren. In der Ardennenschlacht wurden 19.000 Amerikaner getötet.

GEGENÜBER OBEN:
Amerikanische Verstärkungen unterwegs zur Front: ein M8-Panzerwagen zwängt sich im Ardennenwald an einem US-Artilleriezug vorbei.

GEGENÜBER UNTEN:
Major-General Maxwell Taylor, kommandierender General der 101. Luftlandedivision (links), mit seinem Stellvertreter, Brigadier-General Arthur McAuliffe. Taylor war während des deutschen Angriffes in den Ardennen in Washington, weshalb McAuliffe die Verteidigung der Division organisierte.

wie El-Alamein", und „ich glaube, eine der interessantesten und heikelsten Schlachten, die ich jemals geführt habe." Montgomerys ungeheuerliche Vermessenheit hätte als Ausdruck seiner bekannten Eitelkeit abgetan werden können. Aber er sagte weiter, dass die GIs zu den weltbesten Kämpfern gehörten, jedoch nur unter „ordentlicher" Führung. Die amerikanische Führung explodierte vor Wut. Patton beschrieb Montgomery auf einer Pressekonferenz als „kleinen müden Furz" und Eisenhower soll gesagt haben, Montgomery wäre „ein kleiner Mann, innen genauso klein wie außen". Der Krieg sollte noch vier Monate andauern, doch nun wurde die alliierte Planung von persönlichen Aimositäten anstatt von strategischen Überlegungen bestimmt.

KAPITEL ZEHN

DIE ÜBERQUERUNG DES RHEINS

Obwohl die Ardennenschlacht das Ende der Wehrmacht als Offensivkraft markierte, kämpften die Deutschen weiter. Für die Alliierten blieb noch ein Haupthindernis: der Rhein.

Die Ardennenschlacht war für die Amerikaner ein Schock, doch Ende Januar hatten sie ihre dabei verlorenen Stellungen zurückerobert und blickten optimistisch in die Zukunft. Obwohl die Amerikaner während der Ardennenoffensive besonders große Verluste erlitten hatten, mussten die Deutschen ihren Überlebenskampf in Nordwesteuropa fortsetzen. Demoralisiert und knapp an Nachschub fischten sie in immer seichterem Wasser nach Truppenersatz. Diese Schwäche wollte Eisenhower ausnützen, als er die nächste Phase seines Feldzuges plante – Operationen, welche die Alliierten dauerhaft auf deutschen Boden brachten.

Natürliches Hindernis

Trotzdem konnten die Deutschen noch nicht abgeschrieben werden. Obwohl ihre Moral einen Schlag erhalten hatte, war die deutsche Armee durch das Bestreben, ihre Heimat zu verteidigen, motiviert. Daher mussten die nach Berlin drängenden Alliierten mit harten Kämpfen rechnen. Das nächste größere Hindernis für Eisenhowers Einheiten war der Rhein, eine natürliche Verteidigungslinie, die dem Gegner genau die nötige psychologische Unterstützung lieferte, um erbitterten Widerstand gegen den alliierten Angriff zu leisten. Falls den westlichen alliierten Befehlshabern zu Beginn 1945 die Herausforderung, den Rhein zu überqueren, nicht genügen sollte, konnten sie ihre Gedanken noch immer auf die von den Deutschen im Westen errichteten Verteidigungslinien – den Westwall (die Siegfriedlinie) – richten. Diese beträchtlichen Hindernisse sorgten gemeinsam mit dem schlechten Wetter, das in der Angriffsregion für Überflutungen sorgte, dafür, dass die Rheinüberquerung eine komplizierte Operation werden würde. Allein die Planung und Zusammenstellung der für den Angriff erforderlichen Ressourcen kosteten viel Zeit.

Montgomerys Scheitern vom September 1944, den unteren Rhein bei Arnheim in einem konzentrierten Vorstoß zu überqueren (Operation *Market Garden*), wirkte sich 1945 auf Eisenhowers Rhein-Plan aus. Für diese Operationen, deren Ziel die Einnahme des Flusses war, wollte er von Positionen an der deuschen Grenze aus auf breiter Front vorstoßen, um die alliierte Front nicht zu zerreißen. Damit sollten die deutschen Verteidigungstruppen zerstreut werden und die eigenen zwar langsam, aber stetig an Schwung gewinnen und dem Feind keine Zeit zur Umgruppierung lassen. Für die Amerikaner hatte diese Strategie auch den Vorteil, dass ihnen die Briten, besonders Montgomery, nicht mehr die Show stehlen konnten. Montgomerys Versuch, den Krieg in Europa bis Weihnachten 1944 mit der Operation *Market*

GEGENÜBER: *Ein 81-mm-Granatwerfer-Team der US-Armee 1945 in den französischen Alpen in Aktion. Die 6. Armeegruppe (amerikanische und französische Einheiten, unter General Devers) hatte die Aufgabe, durch das schwierige Gelände vorzurücken.*

Garden zu gewinnen, hatte damals Eisenhowers Zustimmung, doch Anfang 1945 war das US-Kontingent in Europa den britischen und Commonwealth-Truppen zahlenmäßig überlegen. Die US-Kommandeure wollten in diesem Kriegseinsatz mehr, als eine Nebenrolle für die 21. Armeegruppe zu spielen.

UNTEN:
Ein Mann der 12. SS-Panzerdivision Hitlerjugend *mit einem MG-42-Maschinengewehr. Die deutschen nannten diese hervorragende Waffe „Hitler-Säge". Sie besaß eine sehr hohe Feuerfrequenz und konnte buchstäblich Bäume fällen. Die* Hitlerjugend-*Division wurde im Januar 1945 nach Kämpfen gegen die Alliierten seit den Normandie-Landungen von der Westfront abgezogen.*

Alliierte Pläne zur Uberquerung

Nach Eisenhowers Plan sollten Montgomerys Truppen, die auch die 9. US-Armee unter Lieutenant-General William H. Simpson umfassten, den Weg zum Rhein gegenüber von Wesel säubern. Zuerst würde Operation *Veritable* starten – mit dem Vormarsch des britischen XXX. Korps östlich von Nijmegen durch den Reichswald. In der nächsten Phase sollte die 9. US-Armee durch Mönchengladbach nach Nordosten stoßen und sich mit den Briten in der Operation *Grenade* verbinden. Nach einer Konsolidierungsphase würde sich die 21. Armeegruppe für einen Sturmangriff über den Rhein vorbereiten, um das Ruhrgebiet (das Herz der deutschen Industrie) zu umgehen und direkt in die norddeutsche Ebene vorzustoßen. Wenn in diesem für Panzer idealen Gebiet alles gut ginge, könnte Montgomery sofort Richtung Berlin vorrücken.

Der Plan für die 12. US-Armeegruppe unter Lieutenant-General Bradley (Operation *Lumberjack*) sah deren Vormarsch an Field Marshal Montgomerys südliche Seite vor, um die Zugänge zum Rhein von Köln bis Koblenz zu säubern. Die 3. US-Armee unter Lieutenant-General Patton sollte dann südöstlich Richtung Mainz und Mannheim schwenken, um sich mit Lieutenant-General Devers' 6. Armeegruppe, die in der Operation *Undertone* von der Saar aus vorrückte, zu verbinden. Sodann sollten im Süden Brückenköpfe besetzt werden, um die deutschen Reserven von Montgomerys Angriff abzulenken und eine südliche Zange gegen das Ruhrgebiet zu schaffen. Der Plan gefiel weder Bradley noch Patton, die für die US-Streitkräfte eine wichtigere Rolle wollten. Eisenhower erfuhr bald vom Unbehagen, das seine Pläne ausgelöst hatten. Dies führte schließlich – nach der Überquerung des Rheins – zu einer Änderung des Plans.

Doch Anfang 1945 lag das Hauptaugenmerk der alliierten Operationen auf dem raschen Vorstoß zum Rhein und auf Vorbereitungen, ihn im Frühling mit einem Sturmangriff zu überqueren. Davor musste der Westwall durchbrochen werden. Diese Abwehrstellung entlang der deutschen Grenze bestand aus Bunkern und Panzerabwehrstellungen und bildete ein beeindruckendes Hindernis für jeden Angreifer. Noch schwieriger

wurde es für die alliierten Panzerkräfte dadurch, dass das Schlachtfeld vom nassen Februarwetter 1945 morastig war. Im Abschnitt der 9. Armee kontrollierten die Deutschen eine Reihe von Dämmen an der Ruhr, deren Öffnung das Gebiet derart überfluten würde, dass ein Vorwärtskommen kaum möglich wäre. So konnte konnte man nicht auf eine gute Koordination der vier Offensivoperationen vertrauen.

Im Norden, wo die Operationen *Veritable* und *Grenade* gleichzeitig stattfinden sollten, bereitete Montgomery mit der für ihn charakteristischen Sorgfalt seine Angriffe vor. Diese Präzision war berechtigt, denn um die deutsche Abwehr auf dem Weg zum Rhein zu durchpflügen, mussten die Briten erhebliche Schwierigkeiten überwinden. Lieutenant-General Crerars kanadische 1. Armee trug die Verantwortung für *Veritable*. Beteiligt war Lieutenant-General Sir Brian Horrocks' britisches XXX. Korps, das aus fünf Divisionen bestand: 2. und 3. kanadische, 14. schottische, 51. *Highland* und 53. Waliser. Zu seiner Reserve gehörte die Garde, die 11. Panzer-, die 43. *Wessex*- und die 52. *Lowland*-Division.

OBEN:
Warrant Officer Millard Grary, ein Soldat schottischer Herkunft, spielt inmitten der „Drachenzähne" der Siegfriedlinie seinen Dudelsack. Kurz nach der Aufnahme des Fotos eröffnete die deutsche Artillerie das Feuer auf den Spieler und zwang ihn, aufzuhören und Deckung zu suchen.

OBEN:
*Truppen der britischen 2. Armee dringen mit einem PIAT-(*Projector, Infantery, Anti-tank*)-Panzerrohr, von einem Crocodile-Flammenwerfer unterstützt, während des Vormarsches durch Holland im Januar 1945 vorsichtig in das Dorf St. Joost vor.*

Zusammen waren das ca. 80.000 Männer und 1000 Tanks. Dieser Verband musste jedoch seine ganze List und Kraft einsetzen, um seinen Gegner, 12.000 Männer und 36 Selbstfahrlafetten der 1. Fallschirmjägerarmee unter Generalleutnant Alfred Schlemm, zu überwinden. Deren tief gestaffelte Abwehr war in der Hochebene gut vorbereitet. Im für den Gegner vorteilhaften Terrain zwang der nasse Boden (sowohl nördlich als auch südlich des XXX. Korps) den alliierten Angriff, die engen Wege durch den dichten Reichswald zu nehmen. Auf einem derartigen Terrain konnte vieles den Angriff der Alliierten zum Stehen bringen.

Operation *Veritable*

Die Operation *Veritable* begann am 8. Februar 1945 um 5 Uhr früh mit einem zweieinhalbstündigen Geschützfeuer aus 1000 Rohren. Der Feind antwortete mit Gegenfeuer, verriet so seine Stellungen und wurde von alliierten Geschützen ins Visier genommen und weitere drei Stunden beschossen. Nachdem so die deutsche Artillerie unschädlich gemacht worden war, rückte die Infanterie im Schutz des entstandenen Rauches vor. Dies geschah langsam – der Regen hatte das Schlachtfeld in einen Morast verwandelt und die Straßen unbrauchbar gemacht. Kommando und Lenkung waren extrem schwierig. An Schwung zu gewinnen war nahezu unmöglich. Unter Bedingungen, die an die Schlachten des Ersten Weltkrieges in Flandern erinnerten, kämpfte sich die Infanterie mit nur geringer Panzer- oder Luftunterstützung allmählich vorwärts.

Das XXX. Korps sollte seine Angriffsziele eigentlich in drei oder vier Tagen erreichen, aber dieser Zeitplan konnte nicht gehalten werden. Daher fiel Cleve erst am 11. Februar. Den Briten gelang trotz heftigen Artilleriebeschusses der Feindesstellungen und Horrocks' Einsatzes der 43. Division kein nennenswerter Geländegewinn. Verkehrschaos und die Entscheidung der Deutschen, einen Ruhrdamm zu öffnen, verhinderten jegliche Bewegung der 9. Armee und ließ den deutschen Truppen Bewegungsfreiheit im Abwehren des anglokanadischen Angriffs. In der vierten Februarwoche wurde Goch eingenommen. Die letzten deutschen Verteidiger

Arado Ar 234
Deutschland

hatten alle Brücken in diesem Gebiet zerstört und sich über den Rhein zurückgezogen Die Briten hatten nun ihre Angriffsziele erreicht, aber bis dahin war es härter gewesen, als sie erwartet hatten – ein unheilvolles Zeichen für die bevorstehenden Kämpfe.

Die Operation *Grenade* sollte 24 Stunden nach *Veritable* beginnen, doch der hohe Wasserstand der Ruhr erzwang einen Aufschub bis zum 23. Februar. Bis dahin war der Wasserpegel endlich etwas gesunken und die Amerikaner trafen auf relativ schwache deutsche Gegenwehr. Am 3. März vereinten sie sich mit den Anglo-Kanadiern in Geldorf. Jetzt waren die Rheinzugänge bei Nijmegen und Düsseldorf gesäubert, und Montgomery konnte nunmehr mit seiner detaillierten Planung zur Rheinüberquerung – deren Datum für den 23./24. März festgesetzt worden war – beginnen.

Fehlende Brücken

Das Problem der 21. Armeegruppe war, dass sie in ihrem Operationsgebiet noch keine Brücke genommen hatte. Am 2. März meldete der US-Nachrichtendienst, dass zwei Brü-

OBEN:
Der im Januar 1945 weltweit erste einsatzfähige Düsenbomber, der Arado Ar 234, wurde von den Deutschen auch zu Aufklärungszwecken benutzt. Er überflügelte unter den meisten Bedingungen die alliierten Jäger und griff oft wichtige Brücken der Alliierten an, um ihren Vormarsch zu behindern.

LINKS:
Ein Comet-Panzer rollt mit durch Holland vorstoßenden angloamerikanischen Einheiten durch eine Stadt. Wegen des gescheiterten Einsatzes der Luftlandetruppen bei Arnheim und der unbeugsamen deutschen Verteidigung wurden viele holländische Städte erst in den letzten Kriegswochen befreit.

cken, bei Oberkassel und bei Uerdingen, intakt waren. Daraufhin rückten Männer der 83. US-Infanteriedivision als Deutsche verkleidet nach Oberkassel aus. Sie gelangten bis einige hundert Meter vor die Brücke, als diese vor ihren Augen in die Luft flog. Inzwischen preschten Männer der 2. US-Panzerdivision und der 95. Infanteriedivision vor, um die Adolf-Hitler-Brücke bei Uerdingen einzunehmen. Einige des Trupps schafften es über die Brücke, mussten jedoch zurückweichen, bevor auch diese zerstört wurde. Deshalb war nun ein überfallsartiger Angriff auf Brücken im nördlichen Frontabschnitt notwendig.

UNTEN:
Britische Panzersoldaten nützen während ihres Vormarsches durch Holland die Gelegenheit zu einer warmen Mahlzeit.

Die Eroberung Kölns

Bradleys Angriff begann am 28. Februar mit Lieutenant-General Hodges' 1. und Pattons 3. Armee. Operation *Lumberjack* lief gut an, hauptsächlich deshalb, weil die deutschen Verteidiger geschwächt waren, da sie die nach Norden vorrückenden Truppen Montgomerys abwehren mussten. Hodges' Truppen zogen auf der linken Seite vorwärts und stießen in die Kölner Ebene vor. Köln wurde am 5./6. März nach einem relativ einfachen Vorstoß eingenommen. Verbleibende deutsche Widerstandsnester wurden durch das enge Zusammenwirken von Panzern und Infanterie zerschlagen. Gleichzeitig rückten weitere Teile der 1. US-Armee nach Bonn vor, während die 9. Panzerdivision nach Südosten schwenkte und sich mit Pattons Männern bei Sinzig an der Ahr verband. Am Abend des 6. März erreichte die 9. Panzerdivision Meckenheim, etwa 16 km westlich des Rheins, und ging sofort daran, die zersplitterte Lage des Gegners auszunützen. An diesem Punkt erhielt Brigadier-General William M. Hoges Kampfgruppe B den Befehl, den Rheinzugang bei Remagen zu sperren, um jene Teile der Division abzuschirmen, die durch das Ahrtal rücken und mit Patton zusammentreffen sollten. Er teilte seine Einheiten in kleine „Einsatzgruppen" auf. Eine Einheit rückte am Morgen des 7. März aus, um Remagen zu erobern. Sie stand unter dem Kommando von Colonel Leonard Engemann und bestand aus einem Teil des 14. Panzerbataillons, aus dem gesamten 27. Panzergrenadierbataillon und aus einigen Pionieren. Am frühen Nachmittag kam eine Einheit der 27. Panzergrenadiere unter Second-Lieutenant Karl Timmermann aus den Wäldern oberhalb der Stadt heraus und traute ihren Augen nicht – die Ludendorff-Eisenbahnbrücke über den Rhein war noch intakt. Für eine genaue Erkundung war wenig Zeit. Engemanns Männer rückten in die Stadt vor und erzwangen schließlich den Übergang, nachdem die deutschen Versuche, die Brücke zu zerstören, fehlgeschlagen waren. Timmermann führte seine Männer über die beschädigte aber noch intakte Brücke und erreichte um 16 Uhr das Ostufer des Rheins.

US-Brückenkopf

Die Nachricht von der gelungenen Flussüberquerung verbreitete sich rasch unter den amerikanischen Truppen und bei der alliierten Kommandokette. Bradley erfuhr schon am 7. März spätabends vom Erfolg und reagierte freudig: „Das wird ihnen den Arsch aufreißen!" Eisenhower ordnete sofort an, so viele Truppen wie möglich über die Brücke zu schicken. Aber die Überquerung bei Remagen hatte auch Nachteile: Sie passte nicht in den ursprünglichen alliierten Plan. Bradley wollte das Problem jedoch nicht sehen: „Eine Brücke ist eine Brücke", argumentierte er, „und jede über den Rhein ist verdammt

GEGENÜBER OBEN:
Britische Panzersoldaten begutachten ein erbeutetes Panzerabwehrgeschütz. Die Deutschen kämpften, um den britischen Vormarsch durch Holland zu verlangsamen, in selbstmörderischen Nachhutaktionen.

UNTEN:
Männer des 1. Bataillons, 327. Segler-Infanterieregiment, 101. Luftlandedivision, bedienen während des Vormarsches an der Westfront ein in einer Scheune getarntes Panzerabwehrgeschütz. Kreuzweise gelegte Torpfosten tarnen das Geschützrohr.

OBEN:
US-Infanteristen der 1. Armee stürmen in Begleitung eines Panzers durch die Ruinen von Köln. Die beiden Türme des Domes sind im Hintergrund sichtbar. Die Stadt hatte sich seit dem Angriff von 1000 Bombern der RAF im Jahr 1942 nicht mehr erholt.

gut". Doch Eisenhower ließ sich durch die Einnahme der Ludendorff-Brücke nicht von seinem Hauptaugenmerk auf Montgomerys Einsatz im Norden abbringen, da der Remagen-Brückenkopf in die Hügel des Westerwaldes führte und dort wenig Gelegenheit für einen raschen Vorstoß und anschließenden Durchbruch bot. Trotzdem war die Einnahme einer intakten Rheinbrücke eine psychologische Stärkung für die Alliierten und ein ernsthafter Schlag für die Deutschen. Sie mussten jetzt, wo die Amerikaner einen Brückenkopf besaßen, Truppen vom Norden in den Süden abziehen. Die Brücke bei Remagen stürzte schließlich am 17. März ein.

Patton rückt vor

Unterdessen bemühte sich Pattons 3. Armee, ihre Angriffsziele der Operation *Lumberjack* einzunehmen, und schloss am 9. März erfolgreich zu Hodges Truppen bei Sinzig auf. Bis 18. März war das Westufer des Rheins bis Koblenz gesichert. Patton, der niemals eine Gelegenheit ausließ, sandte, durch seine guten Fortschritte ermutigt, sofort Einheiten Richtung Südosten nach Mainz und Mannheim. Diese Truppen drohten jene generischen Kräfte im Saargebiet zu spalten, die schon unter dem Feuer von Lieutenant-General Alexander Patchs 7. US-Armee in der Operation *Undertone* standen. Doch Patton hielt nicht am Rhein. Er war wütend, dass der Brennpunkt des Angriffes noch immer im Norden lag, und er war auf Hodges' Erfolg bei Remagen eifersüchtig. Deshalb setzte das 11. US-Infanterieregiment am 22. März bei Nierstein und Oppenheim über den Rhein. Es stieß dabei auf nur schwachen Widerstand.

Die Nachricht von Pattons Flussüberquerung erreichte Montgomery gerade, als die Briten ihre Operation nach äußerst detaillierter Planung in Gang setzten. „Ohne Unterstützung durch Bomben, ohne Vernebelung,

RECHTS:
Infanterie der 84. Division, 1. US-Armee, rückt unter heftigem gegnerischen Heckenschützenfeuer am 24. Februar 1945 in das Dorf Baal, Deutschland, vor.

LINKS:
Noch ein Blick auf den Einmarsch der 1. Armee in Köln am 6. März 1945. Viele deutsche Städte wurden durch die alliierten Bomber in einen ähnlichen Zustand versetzt.

UNTEN:
Das zerstörte Köln, im Februar 1945 aus der Luft aufgenommen. Der Dom steht inmitten von Ruinen. Der letzte der RAF-Bombenangriffe auf Köln fand am 2. März 1945 statt, vier Tage, ehe die Stadt von US-Truppen eingenommen wurde.

Artillerievorbereitung und Luftlandetruppenunterstützung", so die Verlautbarung der US-Armee, „überquerte die 3. Armee am Donnerstagabend um 22 Uhr den Rhein."

Alliierte Unstimmigkeiten

Solche Mitteilungen beabsichtigten, die Engländer in Verlegenheit zu bringen. Die wachsende Antipathie zwischen den Feldkommandeuren spiegelte folgende Bemerkung Pattons über Montgomery wider: „Ich kann diesen kleinen Furz jederzeit schlagen." Eisenhower ließ sich zu diesem Zeitpunkt nicht bewegen, seinen Plan zugunsten der US-Truppen zu ändern – aber diese hofften trotzdem auf ihre ersehnte Führerrolle. Ihr Optimismus beruhte auf dem Abkommen, das bereits im Februar 1945 von den alliierten politischen Führern in der Konferenz von Jalta beschlossen worden war.

Auf Jalta hatte man sich darauf geeinigt, dass Berlin nach dem Krieg in die sowjetische Besatzungszone fallen sollte. Folglich schien es unwahrscheinlich, dass Eisenhower seine Truppen im Kampf um eine Stadt, die den Russen übergeben werden würde, einsetzte. Dies sowie der Gewinn von amerikanischen Brückenköpfen bei Remagen und weiter

RECHTS:
Nach der Einnahme einer deutschen Stellung steht ein stark modifizierter Sherman der 7.US-Panzerdivision neben der Leiche eines SS-Soldaten. Die Sherman-Besatzung benutzte Ersatzrollen und Sandsäcke, um den Panzer besser vor den deutschen Panzerabwehrkanonen zu schützen.

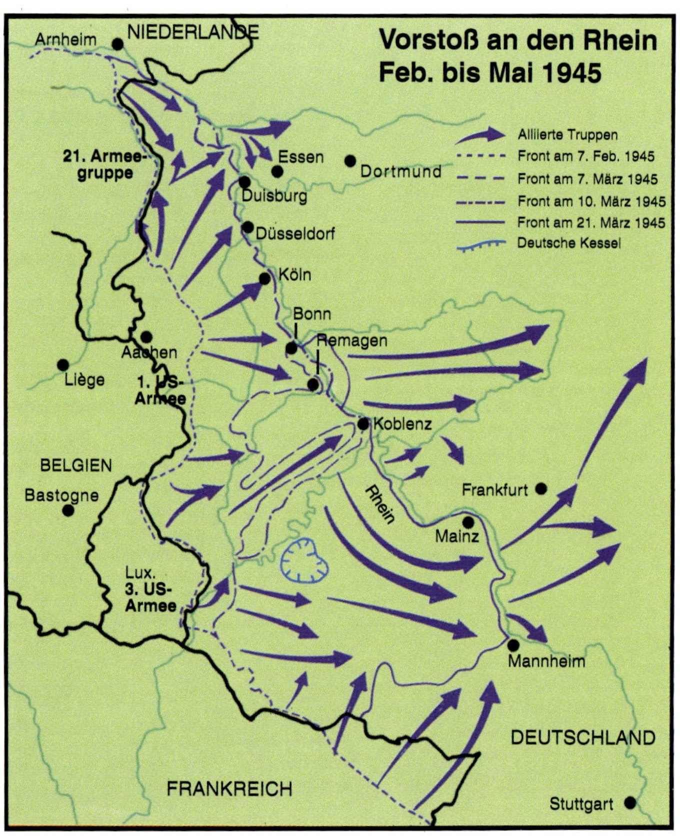

südlich erlaubte Vormärsche weit nach Mittel- und Süddeutschland hinein, wo die feindliche Gegenwehr schwach war. Unter diesen Umständen, dachten die amerikanischen Befehlshaber, wäre es für Eisenhower logisch, den Schwerpunkt des Angriffs zu den US-Streitkräfte zu verlegen.

Bombensicheres Vorgehen

Inzwischen fuhr Montgomery, um die gegen ihn wachsende Antipathie wohl wissend, mit der Vorbereitung zur Überquerung des Rheins – der Operation *Plunder* – fort. Ideen für diese Operation hatte er seit dem D-Day im Juni 1944 im Kopf, da ihm klar war, dass das Hindernis Rhein einmal überwunden werden musste. Die ernsthafte Planung dafür begann aber nicht vor März 1945. Die Art der Aufgabe und sein typischer „bombensicherer“ Zugang zu Operationen veranlassten Montgomery, die wachsenden alliierten Bestände für die Überquerung voll auszuschöpfen. Sein Bestreben, den Feind mit allen Mitteln zu vertreiben, ehe die Infanterie anrückte, erforderte Einsatz, Analyse und Ver-

LINKS:
US-Truppen geraten während ihres Vormarsches durch eine deutschen Stadt unter feindliches Heckenschützenfeuer. Es gab Befürchtungen, dass fanatische „Werwolf"-Gruppen der Nazis auf der Spur der Alliierten folgen würden, doch erfüllte sich die Drohung nicht.

breitung der Aufklärung. Dies war, so der Kommandeur der 21. Armeegruppe, für wirkungsvolle Bombardements und Luftangriffe entscheidend. Montgomery wollte zudem sicherstellen, dass für diesen Angriff die Zusammenarbeit sowohl aller Waffengattungen als auch zwischen den Einheiten so eng wie möglich war. Benötigt wurden die Infanterie, um mit Artillerieunterstützung Brückenköpfe zu errichten, Pioniere zum Bau von Pontonbrücken für Panzerfahrzeuge, Nachschub und Verstärkung, Luftlandetruppen zur Verteidigung gegen Gegenangriffe sowie direkte Luftunterstützung.

Montgomerys Plan wurde am 9. März ausgegeben – festgesetzt war der Angriff für die

UNTEN:
Von einer vorteilhaften Stellung, dem Flakhügel *aus, blickt ein US-Soldat auf die berühmte Brücke bei Remagen, die trotz verzweifelter deutscher Sprengversuche intakt in alliierte Hand fiel.*

RECHTS:
Während US-Truppen die Ludendorff-Brücke queren, werden deutsche Gefangene in die andere Richtung abgeführt.

UNTEN:
Die Ludendorff-Brücke bei Remagen wurde nach einem dramatischen Panzerangriff der 9. US-Panzerdivision eingenommen. Diese brachte die Tafel an, um auf ihre Heldentat hinzuweisen.

Nacht vom 23./24. März. Um den Feind zu überraschen, seine Abwehr zu neutralisieren und Lücken in seine Front zu schlagen, sollten dem Infanterieangriff massive Luft- und Artilleriebombardments vorangehen. Den Hauptangriff sollte Lieutenant-General Sir Miles Dempseys britische 2. Armee – mit der Aufgabe, die Städte Rees und Wesel an der linken Seite der Alliierten zu besetzen – übernehmen. Gleichzeitig sollte an der rechten Seite ein von Simpsons 9. Armee angeführter Nebenangriff die deutschen Verteidiger zwischen Wesel und Duisburg spalten. In vielen Punkten war diese Operation ähnlich aufgebaut wie die der Alliierten in den letzten Tagen des Ersten Weltkrieges. Doch nun erlaubten neue Technologien Montgomery, Dinge zu tun, die seine Vorgänger 30 Jahre zuvor nicht tun konnten: Funk unterstützte die Kooperation auf allen Ebenen, die Infanterie konnte Flüsse in Amphibienfahrzeugen und Landungsbooten überqueren, gute Panzer

konnten nach Errichtung von Brücken rasch ausschwärmen und Flugzeuge Luftlandetruppen absetzen. Die Absicht war, während der ersten 24 Stunden einen Brückenkopf von 64 km Länge und 16 km Tiefe zu errichten. Von dort aus würde der Hauptteil der 21. Armeegruppe vorrücken, um die Ruhr kreisförmig zu umgehen und dann in voller Stärke in der norddeutschen Ebene einmarschieren. In der Schlussphase der Operation *Plunder* sollten die Kanadier, nach erfolgreichem Hauptangriff, den Rhein bei Emmerich an der äußersten Linken überqueren und in der Folge nördlich nach Holland vordringen.

Überwältigende Stärke

Der Plan war zwar sorgfältig ausgearbeitet, aber konservativ, da er den Sieg mit einem überwältigenden Übergewicht der Kräfte sichern wollte. Patton hätte seinen Einsätzen nie einen Plan wie Montgomerys zugrunde gelegt, aber im Abschnitt der 21. Armeegruppe war Umsicht nötig, da die Deutschen hier den Hauptangriff erwarteten. Die britischen Kommandeure hatten kaum eine andere Wahl, als Standardangriffe einzuüben. Auch mussten die Operationen wegen der Probleme mit der Rheinüberquerung in diesem Gebiet haargenau geplant werden. Der Rhein war hier 460 m breit, die westlichen Zugänge waren durchweicht und für schwere Fahrzeuge ungeeignet. Deswegen wurden Pioniere herangebracht, um Straßen und feste Depots für die Lagerung von Vorräten und Munition zu bauen und Möglichkeiten für den Übergang vorzubereiten. Bis zum 19. März wurden 25.400 Tonnen Brückenmaterial geliefert und mehrere passende Plätze ausgesucht, doch am wichtigsten von allem war die Geheimhaltung. Wie beim Vorspiel zu den Angriffen im Ersten Weltkrieg wurden Täuschungsmanöver durchgeführt, um Details des Angriffs vor den Deutschen zu verbergen, und Nebelmaschinen erzeugten entlang des

UNTEN:
Nach tagelanger Überbelastung brach die Brücke von Remagen am 17. März ein. Zu diesem Zeitpunkt hatten sich die Amerikaner bereits am anderen Rheinufer festgesetzt.

RECHTS:
Der Sherman T-34 war ein früher Versuch, einen Raketenwerfer zu produzieren, der sich auf dem Schlachtfeld selbst schützen kann. Er hatte 60 Rohre, jedes mit einer 115-mm-Rakete geladen.

UNTEN:
Dieser einfache Soldat der 1. Infanteriedivision in der letzten Version der US-Kampfuniform ist mit dem Browning-Schnellfeuergewehr bewaffnet.

gesamten Rheinufers dieses Gebiets eine dichte Rauchbarriere von 32 Kilometern Länge.

Nebelwand

Ein britischer Panzerkommandant schilderte die Szenerie: „Schon lange ehe man an den Rhein kam, sah man die Nebelwand. Sie zog sich ohne Unterbrechung entlang der Front: eine große, weiße Wolke, 60 bis 90 m hoch. Sie kräuselte sich am oberen Ende wie ein verharrender Wellenkamm.“ Der Rauch deckte den Aufmarsch von fast einer Million Mann. Ohne ihn hätte die deutsche Artillerie viel Schaden anrichten können.

Unter diesen Umständen gab es keine Chance für eine Überraschungsoffensive. Die Überreste von Schlemms 1. Fallschirmarmee, die ihre Stellungen seit Wochen vorbereiteten, erwartete den Beginn des britischen Sturms. Sie saßen besorgt in ihren Gräben und Abwehrstellungen und erhielten zudem die Nachricht, dass Schlemm bei einem Artillerietreffer in seinem Hauptquartier am 22. März verwundet wurde. Die Verteidigungskapazität der deutschen Truppen hatte schon durch den Ersatz des bereits zurückgetretenen Feldmarschalls von Rundstedt, des fähigen Oberbefehlshabers West, durch den mit der Lage nicht vertrauten Feldmarschall Kesselring am 8. März, einen Schlag erhalten. Schlemms Abgang vom Kampfplatz verschlimmerte die Lage weiter. Alliierte Luft- und Artillerieattacken zielten auf die Kommando- und Kontrollzentren, trafen die rückwärtigen Räume und verursachten den deutschen Kommandeuren enorme Probleme. Schwere Bomber hatten seit Februar den Verkehr auf und an der Ruhr getroffen und so den Transport von Verstärkungen und wichtigem Nachschub vereitelt.

Gegen Ende März begannen Jagdbomber, die Feindesstellungen am Ostufer des Rheins zu attackieren. Sie unterstützen damit die 5500 Artilleriegeschütze, die der deutschen Verteidigung und ihrer Moral größtmöglichen Schaden zuzufügen und ihre Geschütze auszuschalten suchten. Solche Unterstützung verlieh den Angriffsverbänden – der 15. schottischen und der 51. *Highland*-Division sowie der 1. Kommandobrigade im britischen und der 30. und 79. Infanteriedivision im amerikanischen Frontabschnitt – große Zuversicht. Sie waren der Meinung, dass die Operation *Plunder* der Anfang vom Ende des Krieges in Europa sei.

Winston Churchill teilte diese Zuversicht und flog mit Field Marshal Sir Allan Brooke am 23. März in Montgomerys Hauptquartier, um Zeuge der Schlacht zu sein. Während des

OBEN:
Der M10 trug eine 76,2-mm-Kanone in seinem Aufsatz, doch seine relativ schwache Panzerung beeinträchtigte seine Möglichkeiten.

Fluges gab Montgomery seine letzten Angriffsbefehle und schloss mit den Worten: „Über den Rhein lasst uns gehen. Und Weidmannsheil euch allen auf der anderen Seite."

Einleitungsbeschuss

Am 23. März begannen um 18 Uhr 3500 Feldgeschütze und 2000 Panzerabwehrkanonen und Raketenwerfer mit heftigem Beschuss. Während dieser immer stärker wurde, stießen die Sturmtruppen zum Flussufer hinunter und bestiegen verschiedene Landungsboote. Indessen warteten Major-General Percy Hobarts DD-Panzer auf die Anweisung über den Rhein zu „schwimmen". Die Stimmung war gespannt. Major Martin Lindsay,

LINKS:
Ein M-18-Panzerjäger der 4. Panzerdivision, 3.US-Armee, überquert auf einer Pontonbrücke die Mosel. Pattons 3. Armee hatte die Aufgabe, über Frankfurt an die Weser zu fahren. Mit der Überquerung des Rheins einen Tag vor der 21. Armeegruppe versuchte Patton Montgomery die Show zu stehlen.

OBEN:
Der Mate 2nd Class, Maschinist Robert Mooty von der US-Navy setzt Männer der 89.US-Infanteriedivision bei Oberwesel über den Rhein.

Kommandeur des links stehenden 1. *Gordon Highlander*-Bataillons der 51. *Highland*-Division, erinnerte sich an „eine wunderschöne Nacht mit einem Dreiviertelmond", und an „die langen, gespenstischen Reihen aus Männern, die zu den Amphibienpanzern marschierten ... Einige Gestalten bewegten sich plötzlich hier und dort geschäftig im Mondlicht, um Männer in diese oder jene Panzer einzuweisen."

Gewaltige Explosionen

Ein Kommandeur eines Trupps von Crocodiles (Churchillpanzer mit Flammenwerfer)

Andrew Wilson, beschrieb den Beschuss so: „Im Osten und Westen war, soweit (ich) sehen konnte, der Himmel vom Geschützfeuer erleuchtet. Es flackerte durch die Bäume und loderte an der Unterseite der Wolken. Der Boden bebte unablässig, und hie und da gab es eine gewaltige, anhaltende Explosion – wie schnalzende Spielkarten."

Antiklimax

Die Wucht der zahlreichen Angreifer und die Feuerkraft, die sie unterstützte, machte die Rheinüberquerung viel leichter als erwartet. Tatsächlich war die Operation so etwas wie eine Antiklimax, aber eine willkommene. Um 21 Uhr fuhren die Fahrzeuge der 1. Angriffswelle, das 7. Bataillon *Black Watch* und das 7. Bataillon *Argyll* und die *Sutherland Highlander* der 51. *Highland*-Division ins Wasser des kalten Rheins. Sie brauchten zweieinhalb Minuten, um das östliche Ufer westlich von Rees zu erreichen. Minen verursachten ihnen hier einige Verluste, aber mit der Unterstützung der Amphibienpanzer stürmten sie schnell vorwärts, um einen Brückenkopf zu errichten. Um 21.04 Uhr erhielt General Horrocks die Nachricht, die er begierig erwartet hatte: „*Black Watch* sicher am anderen Ufer gelandet." Die linke Flanke war – für die Operation entscheidend – gesichert.

Die 1. Kommandobrigade griff eine Stunde später an und errichtete an der rechten

LINKS:
US-Truppen während der Rheinüberquerung. Wo der Rhein am breitesten war oder wo die Deutschen das Gebiet zur Verteidigung überflutet hatten, wurden Landungsboote benutzt.

UNTEN:
Ein mit Truppen besetztes Amphibiensturmfahrzeug fährt, gedeckt von einer Nebelwand, während der Flussüberquerung der 9. Armee General Simpsons in den Rhein.

Seite des britischen Angriffbereichs nahe bei Wesel einen Brückenkopf. Obwohl einige ihrer Sturmboote und Amphibienpanzer von der deutschen Artillerie getroffen wurden, verlief die Überquerung glatt. Die Kommandos bildeten am Ostufer sofort einen Verteidigungskreis, warteten jedoch einen Luftschlag auf Wesel ab, ehe sie die Stadt einnahmen. Die folgende Bombardierung demonstrierte wieder die alliierte Überlegenheit und das Unvermögen der Deutschen, etwas dagegen zu unternehmen. Um 22.30 Uhr dröhnten über 2000 RAF-Avro-Lancaster- und de-Havilland-Mosquito-Bomber über ihre Ziele und warfen 1000 Tonnen Sprengstoff ab. Nach dem durch die alliierte Artillerie bereits angerichteten Schaden verwüsteten die Bomben die Stadt komplett. Während das Feuer in den Häuserruinen tobte, attackierten die Kommandos (unterstützt vom 1. Bataillon des *Cheshire*-Regiments) Wesel vom Westen her. Die überlebenden deutschen Verteidiger kämpften verbissen, aber das Gebiet war unter alliierter Kontrolle – wenn auch nicht ganz vom Gegner gesäubert.

Schottischer Angriff

Die 15. schottische Division, die dritte des britischen Angriffes, attackierte, sobald beide Flanken gesichert waren. Ihre Überquerung gelang praktisch ohne Widerstand. Am 24. März wurden das 8. *Royal-Scots*-Bataillon und das 6. *Royal-Scots-Fuliliers*-Bataillon um 2 Uhr übergesetzt, um das Dorf Bislich westlich von Wesel einzunehmen. An ihrer Linken setzten das 10. Bataillon, die *Highland* leichte Infanterie und das 2. Bataillon, die *Argyl and Sutherland Highlanders,* über den Fluss, um Haffen einzunehmen und sich dann mit der

UNTEN:
Zwei britischen Artilleristen, die Kanoniere O. Woods und R. F. Jackson, bereiten einen Willkommenstee für den britischen Premierminister Winston Churchill zu, der aus England eingeflogen war, um die Überquerung des Rheins zu beobachten.

OBEN:
Männer des Cheshire-*Regimentes, die am 24. März 1945 zur Unterstützung der 1. Kommandobrigade den Rhein überquerten, erreichen mit Amphibienpanzern das Ostufer des Flusses.*

51. *Highland*-Division zu verbinden. Bei Morgengrauen wurden beide Angriffe verstärkt und die Anfangsziele erreicht. Zu den nachfolgenden Bataillonen gehörte die kanadische leichte *Highland*-Infanterie, zugeteilt der 51. *Highland*-Division – doch im Ganzen war es ein schottischer Angriff.

Weiter südlich führten die Amerikaner einen ähnlich erfolgreichen Angriff durch. Hier begann am 24. März um 1 Uhr der Feuersturm aus 2000 Kanonen mit 65.261 Artilleriegranaten in nur einer Stunde, während 1500 schwere Bomber Luftangriffe auf weitere Ziele flogen. Die Überraschung und Wucht des Beschusses ließ die Deutschen ihren Zusammenhalt verlieren. Um 2 Uhr wurde die 30.US-Infanteriedivision nach Büderich, Wallach und Rheinburg übergesetzt, wo sie unter geringen Verlusten Brückenköpfe bildete. Eine Stunde später landete rechts davon die 79. US-Infanteriedivision am Ostufer bei Walsum und Orsay. Sie kämpfte mit der Strömung in dieser Gegend – einer der Amphibienpanzer kippte in der Strommitte um – aber auch hier gab es nur minimale Verluste. Wieder einmal hatte das Vorausbombardement gewirkt. Mit den Worten von Lieutenant Whitney O. Refvem, Kommandeur einer Kompanie des 117. Infanterieregimentes: „Es gab für uns keinen wirklichen Kampf. Die Artillerie hatte die Arbeit für uns erledigt.“

Fünf Brückenköpfe

Nachdem die Infanterie ihre Positionen gesichert hatte, rückten die Pioniere vor, um Nachschub über den Fluss zu bringen und mit dem zeitaufwendigen Bau von Pontonbrücken zu beginnen. Am 24. März waren frühmorgens fünf Brückenköpfe sicher etabliert. Obwohl bei Rees und Wesel heftig gekämpft wurde, gab es für die Angreifer kaum Grund zur Beunruhigung. Die deutschen Gegenschläge waren schwach und unkoordiniert. Kesselring konnte zwar aus der sehr kleinen Reserve die 116. Panzer- und 15. Panzergrenadierdivision einsetzen, aber Montgomery, der das erwartet hatte, sandte Luftlandetruppen gegen diese Gegenangriffe.

Das Luftlandeelement des Plans war die Operation *Varsity*. Major-General Matthew Ridgeways XVIII. US-Luftlandekorps – es umfasste die 17. US- und die britische 6. Luftlandedivision – sollte am Morgen des 24. März über dem Ostufer des Rheins abspringen, um den Brückenkopf zu verstärken. Die klassische Rolle von Luftlandetruppen war, wesentliche Ziele vor der Bodenoffensive einzunehmen und dann von den Bodentruppen entsetzt zu werden. Das war der Plan der Operation *Market Garden* im September des Vorjahres gewesen. Nachdem damals das XXX. Korps die Brücke von Arnheim nicht erobern konnte, wollte Montgomery diesmal die Luftlandetruppen nicht waghalsig einsetzen und meinte, ihrer Flexibilität wäre in dieser Operation mit der Konsolidierung des von der Infanterie eingenommenen Gebiets besser gedient. Die Luftlandetruppen sollten „die feindliche Verteidigung im Abschnitt Wesel des Rheins durch die Einnahme von Schlüsselpunkten sprengen, um die Brückenköpfe rasch auszuweiten und weitere Offensiven der 2. Armee zu ermöglichen". Sie sollten die Anhöhe nördlich Wesels einnehmen und halten und den Brückenkopf gegen Gegenangriffe verteidigen, bis darin genug Truppen für den weiteren Vormarsch konzentriert werden konnten. Der Schwung musste um jeden Preis aufrechterhalten werden.

Fallschirmjäger-Angriff

Von Beginn an wurde der Einsatz von Luftlandetruppen bei der Überquerung erörtert.

RECHTS OBEN:
Die Rheinüberquerung der 21. Armeegruppe fand unter Deckung durch eine massive Nebelwand statt. Beobachtungsposten wurden vor der Wand, in der gefährlichen 100-Meter-Zone zwischen den Winterdeichen und dem Fluss, eingerichtet.

RECHTS:
Der Sturm an den Rhein wurde vom stärksten Artilleriebeschuss des Krieges unterstützt. Das Foto zeigt ein britisches 140-mm-Geschütz – eines der für diese Operation versammelten 1500 Artilleriegeschütze – während des Beschusses in Aktion.

Der Schwerpunkt lag, im Licht von *Market Garden*, auf den bestmöglichen Einsatz von Ridgeways Truppen. Am 7. November 1944 wurde die erste Fassung des Plans für die Operation *Varsity* vom Hauptquartier der alliierten 1. Luftlandearmee ausgegeben, und am 9. Februar 1945 hatte Ridgeway von Montgomery erste Anweisungen für die Luftlandeoperation erhalten. Ridgeway, verantwortlich für die detaillierte Planung und Ausführung von *Varsity*, richtete eine Luftlandekorps-Kommandostelle ein, um den engen Kontakt mit den Bodenstreitkräften zu fördern. Er hielt auch eine Planungsübung in

UNTEN:
Der LVT 4 (oder „Buffalo", wie ihn die Briten nannten) bewies seinen Wert im Pazifikkrieg gegen die Japaner. Ebenso erfolgreich war er am Rhein.

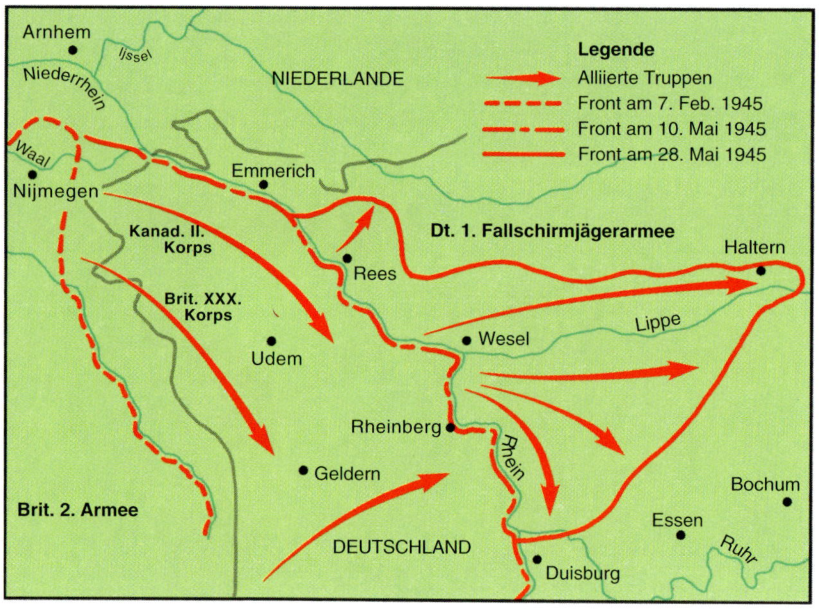

London ab, an der die stellvertretenden Luftlande-Korpskommandeure, Major-General Richard Gale, die beiden Luftlande-Divisionskommandeure und die drei britischen Brigadekommandeure teilnahmen. Ziel war, Situationen, die während der Operation entstehen könnten, durchzugehen und Lösungen dafür zu finden. Am 13. Februar begann der Stab des XVIII. US-Luftlandekorps mit der Planung für Operation *Varsity*, und zwei Wochen später fand die erste Koordinationsbesprechung im Oberkommando der alliierten Expeditionskräfte statt. Am 1. März erhielt die 17. US-Luftlandedivision ihre Ziele und die britische 6. Luftlandedivision begann ihre Planung und ihr Training. Diese Phase verlief so glatt, wie man sich das nur wünschen konnte.

RECHTS:
Männer der Gordon Highlander *marschieren über das Überschwemmungsgebiet des Rheins, bevor sie den Fluss dicht hinter dem Luftlandetruppen und Kommandos überqueren. Bis zum Ende des ersten Tages wurden östlich des Rheins Brückenköpfe von 4570 Meter Tiefe errichtet.*

Angriff bei Tageslicht

Um die alliierte Luftüberlegenheit und die überwältigende Übermacht der Artillerie voll auszunützen, sollte die Operation bei Tageslicht stattfinden. Man erwartete, dass der Einsatz der Fallschirmjäger nach der Rheinüberquerung (statt vor ihr) den Feind verwirren würde. Auch die Luftlandetruppen sollten überraschend in einer Absprungwelle eingesetzt werden und, anders als bei Arnheim, fast genau oberhalb ihrer Angriffsziele abgesetzt werden. Diese sollten innerhalb der Reichweite der eigenen Artillerie liegen; der Zusammenschluss mit den Bodentruppen sollte am ersten Tag erreicht werden. Die spezifischen Luftlandeziele waren der Diersfordter Wald, eine dicht bewaldete Anhöhe oberhalb Wesels und des Rheins, die Straßen zum Landungsgebiet, auf die ein Gegenangriff gerichtet sein könnte, und die Brücken über die Issel östlich des Walds. Der Fluss war nicht tief, hatte aber steile Uferböschungen und war daher für Panzer ein Hindernis. Daher mussten die Brücken für die folgenden Offensiven besetzt und die Deutschen daran gehindert werden, Verstärkungen in dieses Gebiet zu schaffen. Die Briten sollten das nördliche und die Amerikaner das südliche Gebiet sichern. Ridgeway sagte später, „dass der Plan in allen Punkten richtig war" – und dies war der Grundstein für den Erfolg der Operation *Varsity*.

Die britische 6. Luftlandedivision verließ England am 24. März um 7 Uhr an Bord ihrer Transportflugzeuge und Segler. Um 9 Uhr hob die 17. US-Luftlandedivision von

OBEN:
Britische Truppen und Panzer treffen drei Tage nach der Rheinüberquerung, am 27. März 1945, in Brünen in Deutschland ein. Bis zum 1. April war das Ruhrgebiet komplett eingekesselt, die alliierten Armeen rückten bis zu 80 km pro Tag vor.

Stützpunkten in Frankreich ab und vereinigte sich über Brüssel mit der britischen Luftflotte – insgesamt waren so 1572 Flugzeuge und 1326 Segler mit 21.000 Mann versammelt. Obwohl in der Luft keine feindlichen Bewegungen gesichtet worden waren, ging man doch kein Risiko ein. 2000 Jagdflugzeuge eskortierten die Truppen zu ihren Zielen. Schon lange hatten die Alliierten die Lufthoheit inne und in der Operation *Varsity* nutzten sie sie voll aus.

Die Landungen beginnen

Die Landungen begannen um 10 Uhr und wurden von Churchill vom Westufer aus beobachtet. Sie erforderten eine immense Kunstfertigkeit. Beide Divisionen landeten in einem schmalen, nur 8,5 km breiten und 10,2 km langen Gebiet nördlich und östlich von Wesel. Da die Schlacht um den Rhein schon im Gang war und das ausgewählte Landungsgebiet so nahe beim Fluss lag, erwartete man für die Flugzeugbesatzungen keine Schwierigkeiten, die Absprung- und Landungsgebiete zu finden, aber es kam trotzdem zu Verwirrungen. Einige der Transporterpiloten hatten durch die schlechte Sicht schlechte oder keine Orientierung und setzten ihre Fallschirmjäger im falschen Gebiet ab, und einige Segler wurden zu früh oder zu spät von der Leine gelassen. Deshalb konnten deutsche Maschinengewehrschützen und Flakmannschaften (in der Nähe gab es 712 leichte und 114 schwere Fliegerabwehrkanonen), die den Alliierten bis dahin entgangen waren, den Flugzeugen und Männern beträchtliche Verluste zufügen.

Die Landungen dauerten insgesamt zwei Stunden. Mehr als 100 Flugzeuge und Segler wurden zerstört, 332 schwer beschädigt. Da-

UNTEN:
Britische Luftlandetruppen bei einer letzten Instruktion neben ihren Horsa-Seglern am 24. März 1945, ehe sie zu ihren vorbestimmten Landungsgebieten östlich des Rheins abheben. Während des Arnheim-Debakels hatten die Seglerpiloten so viele Verluste, dass für diese Operation RAF-Piloten abgezogen werden mussten.

LINKS:
Die erste Welle der Luftarmada, von Kindern in einem zerbombten deutschen Ort beobachtet, fliegt in Richtung der Absprunggebiete am Rhein. Vor dieser Operation mit Codenamen Varsity *griffen 1800 amerikanische Bomber deutsche Flugplätze an.*

runter waren Curtiss-C-46-Truppentransporter, die bei dieser Operation das erste Mal eingesetzt wurden. Jene, die das 513. US-Fallschirmjäger-Infanterieregiment an Bord hatten, wurden vor dem Erreichen des Absprunggebietes von Flakfeuer getroffen. Insgesamt wurden 22 C-46 abgeschossen und weitere 38 schwer beschädigt. Trotzdem war die Operation *Varsity* dank der Luftüberlegenheit und des flexiblen Plans, der Verluste vorhersah, ein großer Erfolg. Die Briten flogen, angeführt von ihren Fallschirmjägerbrigaden, ein, und trotz des gezielten gegnerischen Flakfeuers begann die 3. Fallschirmjägerbrigade um 10 Uhr über der nordwestlichen Ecke des Waldes abzuspringen. Es kam zu Verlusten, da die Deutschen am Rand der Absprungzone ein Waldgebiet besetzten und einige Fallschirmjäger, die in den Bäumen landeten, abschossen. Auch während der Landung hielten die Gegner die Gegend noch unter Feuer. Die Brigade säuberte den Wald innerhalb einer Stunde und traf am Nachmittag auf die führenden Einheiten der 15. schottischen Division.

Inzwischen sprang die 5. Fallschirmjägerbrigade – unter heftigem Flakfeuer und Schrapnellbeschuss – auf der Nordseite der Straße von Mehr nach Hamminkeln (2,5 km westlich der 3. Fallschirmjägerbrigade) in ein Absprunggebiet, das von Granatwerfern beschossen wurde. Das hieß, dass ihr Absprungsort nicht ganz korrekt war und sich die Luftlandetruppen weit vom Angriffsziel wiederfanden. Trotzdem bewegte sich die Brigade an diesem Morgen auf ihre Ziele zu: beiderseits der Straße nach Hamminkeln und zu den wichtigen Straßen- und Bahnknotenpunkten in der Lücke zwischen ihnen selbst und der 3. Fallschirmjägerbrigade. Die Deutschen hatten praktisch alle Bauernhöfe und Häuser der Umgebung besetzt. Diese wurden aber schnell gesäubert und um 15.30 Uhr waren alle Ziele eingenommen. Der feindliche Granatenbeschuss ließ am Nachmittag allmählich nach, und ein letzter Gegenangriff wurde erfolgreich abgewehrt. Die 6. Luftlandebrigade, die letzte Brigade der britischen Luftlandedivision, begann ihre Landung ungefähr um 10.30 Uhr.

Probleme

Die feindliche Flak konzentrierte sich auf die Segler und die Hälfte von ihnen war beim Entladen der Truppen bereits beschädigt. Punktgenaue Landungen waren wegen der schlechten Sicht nicht möglich. Bomben und Granaten verursachten Staubwolken, Rauch stieg aus abgestürzten und brennenden Flugzeugen auf, und auch der Gegner legte Nebel. Einige Piloten fanden die vorgeschriebene Richtung nicht und landeten an der falschen

OBEN:
Von den Alliierten zum Arbeitseinsatz eingezogene deutsche Zivilisten schauen zur riesigen Luftflotte auf, die ihre Angriffsziele am Rhein anfliegt. Die Deutschen konnten die riesige Menge der alliierten Ressourcen kaum fassen.

Stelle, andere stürzten ab. Die entscheidenden Truppen landeten jedoch sicher an ihren Zielen und genügend Männer der restlichen Brigade landeten nahe genug, um den Gegner in einem Stoß zu überwältigen.

Einnahme der Isselbrücken

Um 10 Uhr waren die drei Brücken über die Issel intakt eingenommen und der Ort Hamminkeln gesichert. Nach der Landung hielten deutsche Panzerabwehrkanonen und Granatwerfer das Feuer eine Zeit lang aufrecht, aber sie wurden schnell zum Schweigen gebracht. Die einzige organisierte gegnerische Kraft stand, scheinbar mit vier bis fünf Panzern und einigen Infanteristen, in einem Brückenkopf bei Ringenberg (nordöstlich von Hamminkeln). Zu ihrer Bekämpfung stand einzig das 2. Bataillon, *Oxfordshire und Buckinghamshire* leichte Infanterie, zur Verfügung. Diese Einheit besaß in diesem Augenblick nur die halbe Sollstärke und war deshalb zu schwach für den

Einsatz. Deswegen setzte man zur Unterstützung Typhoon-Jagdbomber ein, die den Gegner schnell zum Verstummen brachten.

Auch am südlichen Rand des Diersfordter Waldes war das 507. Fallschirmjäger-Infanterieregiment mit dem Absprung der US-Luftlandetruppen erfolgreich. Obwohl einige Truppen während des Absprunges zerstreut wurden, trafen sie am Boden kaum auf feindlichen Widerstand. Das 513. Fallschirmjäger-Infanterieregiment sollte inzwischen im Osten des Waldes landen, wurde aber zu weit nördlich, in einem Gebiet, das fest in deutscher Hand war, abgesetzt und musste sich nach Süden durchkämpfen. Schon zu Mittag

OBEN:
Deutsche, die im Gebiet um Hamminkeln von Soldaten der 6. Luftlandedivision bald nach der Landung gefangen genommen wurden. Die wachsende Verzweiflung der Deutschen zeigt sich in der Altersspanne der rekrutierten Soldaten.

LINKS:
Dieses Standfoto eines Films der RAF-Filmeinheit von den Landungen der Luftlandetruppen am 24. März 1945. Es zeigt L. Masland Gander (mit Brille), Korrespondent des Daily Telegraph, *der in einem Segler landete, mit einem Trupp der Luftlandetruppen am ersten Sammelplatz.*

hatten sie ihre Ziele erfolgreich gesichert. Die US-Segler landeten trotz des Rauchs aus Wesel südöstlich des 513. Regiments, genau bei den Brücken über die Issel. Auch hier gab es heftiges deutsches Flak- und Geschützfeuer, sodass nur ein Drittel der Segler unbeschädigt landen konnte. Es fanden noch einige kleinere Gefechte statt, doch der deutsche Widerstand begann unvermeidlich zu zerbröckeln. Es gelang, zwei der Isselbrücken intakt zu erobern. Diese wuden in der Folge erfolgreich gegen wiederholte verzweifelte Panzerangriffe der Deutschen gehalten.

Alliierter Erfolg

Am Ende des Tages hatte die 21. Armeegruppe am östlichen Rheinufer festen Fuß gefasst und die Luftlandetruppen hatten all ihre vorgesehenen Ziele erreicht. Der Gegner war überwältigt worden und nicht in der Lage, wirksame Aktionen gegen irgendeinen Teil des Brückenkopfs zu unternehmen oder den Vormarsch der 2. Armee aufzuhalten. Die Operation *Varsity* war zum Triumph geworden. Die sorgfältige Einschätzung dessen, was Luftlandetruppen erreichen konnten, sowie gute Planung und genaue Zuteilung der Ressourcen bildeten den Grundstein für diesen Erfolg.

Die Deutschen wurden fraglos von der Art, in der die Luftlandetruppen am 24. März eingesetzt wurden, überrascht. Generalmajor Fiebig, Kommandeur der deutschen 84. Infanteriedivision, wurde von kanadischen Offizieren gefangen genommen und verhört. Der folgende Bericht erlaubt einen interessanten Einblick in die Reaktion der Deutschen auf die Luftlandeoperationen: „General Fiebig behauptete, die Deutschen hätten unsere Vorbereitungen für die Luftlandeoperationen zur Unterstützung der Rheinüberquerung überhaupt nicht bemerkt und räumte ein, dass er durch die plötzliche Ankunft zweier ganzer Divisionen in dieser Gegend böse überrascht wurde. Er wies während des Verhörs ständig auf die zermürbende Auswirkung der un-

RECHTS:
Fallschirmjäger der 17. Division der alliierten 1. Luftlandearmee gehen, vor dem Angriff zur Rheinüberquerung bei Wesel im März 1945, an Bord eines Curtiss-C-46-Truppentransporters. Es war das erste Mal, dass C-46-Flugzeuge bei einem Luftlandeangriff eingesetzt wurden.

geheuer überlegenen Kräfte auf seine bereits erschöpften Truppen hin."

Die Kämpfe am Ostufer des Rheins endeten nicht am Nachmittag des 24. März. Tatsächlich war die Schlacht um Rees, zwischen der 51. *Highland*-Division und deutschen Fallschirmjägern blutig und langwierig. Der Divisionskommandeur, Major-General Thomas Rennie, wurde dabei getötet, und es dauert bis zum 26. März, die Stadt zu sichern. Auch Wesel hielt, als sich die 15. schottische Division bemühte, die Ruinen der Stadt zu säubern, eine beachtliche Zeit durch und es brauchte recht lange, um die kleinen Widerstandsnester entlang der gesamten Front auszuheben.

Erst am 28. März, als Montgomery schon 20 Divisionen und 1000 Panzer über dem Rhein hatte, war das gesamte Gebiet konsolidiert. Angesichts der überwältigenden Stärke war dieser Prozess vielleicht ebenso unvermeidlich wie der Ausbruch, der folgte.

Strategische Neuorientierung

Die Rheinüberquerung war für Eisenhowers Truppen nicht so schwierig, wie sie es hätte sein können, da die amerikanischen Kommandeure im Süden jede Gelegenheit wahrnahmen und ihnen dramatische Vorstöße gelangen. Im nördlichen Bereich erforderten die Schwierigkeiten, den Fluss zu erreichen und zu überqueren, einen passenden Plan und peinlich genaue Vorbereitungen. Die geschickte Ausführung des Plans war ein Höhepunkt in Montgomerys Zeit als Kommandeur während des Feldzugs in Nordwesteuropa. Doch da in der Folge die Strategie neu bewertet werden musste, konnte die 21. Armeegruppe den Lohn für ihre Mühen nicht so, wie sie es gewünscht hatte, ernten.

OBEN:
Männer der 17. US-Luftlandedivision am 24. März 1945 bei Nebel nahe Wesel im Einsatz. Die Amerikaner verloren während der Operation 46 Flugzeuge durch Bodenfeuer. Weitere 37 wurden bei den nachfolgenden taktischen Nachschuboperationen abgeschossen.

KAPITEL ELF

VORSTOSS AN DIE ELBE

Nach der Rheinquerung gab es für das Dritte Reich keine Hoffnung mehr. Die meisten Deutschen hofften, die westlichen Alliierten würden sie vor russischer Vergeltung bewahren.

Nach der Überquerung des Rheins im März 1945 war der Sieg für die westlichen Alliierten in Sichtweite und sie überlegten, wo sie mit den Russen zusammentreffen könnten. Den letzten Vorstoß ins Herz Deutschlands sollten drei Armeegruppen durchführen: Field Marshal Montgomerys 21. Armeegruppe, bestehend aus der britischen 2., der kanadischen 1. und der 9. US-Armee, Bradleys 12. Armeegruppe, bestehend aus der 1., 3. und 15. US-Armee sowie Lieutenant-General Jacob Devers' 6. Armeegruppe, bestehend aus der 7. US-Armee und der französischen 1. Armee – insgesamt waren dies 73 Divisionen.

Alliierte Vorteile

In diesem Kriegsstadium hatten diese Einheiten ihre Stärke auf den wichtigsten Gebieten: der Anzahl der Truppen; der Unterstützung aus der Luft; dem Nachschub und, entscheidend, der Moral. Die Alliierten sahen daher ihrer Zukunft aus gutem Grund zuversichtlich entgegen, besonders da der deutsche Gegner so schwach war. Ende März 1945 war die Deutsche Wehrmacht in einem chaotischen Zustand. Eisenhower schrieb in seinen Memoiren: „Militärisch gesehen, hätte (Hitler) sich zu diesem Zeitpunkt ergeben müssen." Doch die Deutschen kämpften, nun motiviert, das Vaterland zu beschützen und aus Angst vor ihrem weiteren Schicksal und dem ihrer Familien, weiter. Hitler würde niemals aufgeben und die Alliierten kampflos durch Deutschland marschieren lassen. Noch dazu dachte Hitler nicht an das Schicksal einer erschöpften Bevölkerung im Nachkriegsdeutschland, als er seinen sich zurückziehenden Truppen befahl, alles zu vernichten, was für den vorrückenden Gegner von Wert sein konnte. Resultat war die Zerstörung von Straßen, Telefon- und Eisenbahnverbindungen, Fahrzeugen, Brücken, Fabriken und allem, was für die deutsche Infrastruktur wesentlich war. Hitler sagte zu Albert Speer: „Wenn der Krieg verloren geht, wird auch das Volk verloren sein. Es ist nicht notwendig, auf die Grundlage, die das deutsche Volk zu seinem primitiven Weiterleben braucht, Rücksicht zu nehmen. Im Gegenteil, es ist besser, selbst die Dinge zu zerstören. Denn das Volk hat sich als das schwächere erwiesen, und dem stärkeren Ostvolk gehört ausschließlich die Zukunft. Was nach diesem Kampf übrig bleibt, sind ohnehin die Minderwertigen, denn die Guten sind gefallen"

Hitler wich weder von dieser Ansicht ab noch davon, dass ihn seine Feldkommandeure im Stich ließen: Die Fehler einiger Offiziere hätten eine schädliche Wirkung auf die Truppenmoral. Sein Oberkommando sah sich gezwungen, mit neu geschaffenen Auszeichnun-

GEGENÜBER:
Eine weiße Fahne steht als Zeichen der Kapitulation in den Trümmern einer deutschen Stadt. Zu Kriegsende war die Infrastruktur des Landes in sehr schlechtem Zustand und die Alliierten mussten ihren früheren Gegnern humanitäre Hilfe leisten.

gen den letzten Kampfgeist der Soldaten zu wecken. Einen Orden erhielt, wer sich aus der feindlichen Umklammerung zu den eigenen Linien zurückkämpfte. Tapferes Handeln wurde sogar mit einem signierten Foto von von Rundstedt belohnt – dafür gab es allerdings wenige Bewerber. Unter diesen Umständen musste das Oberkommando, um die Disziplin aufrechtzuerhalten, zur direkten Drohung – der Erschießung – greifen. Eine nicht gesprengte Brücke oder Rückzug ohne Befehl waren nur zwei aus einer Fülle von Verstößen, die mit dem Tod bedroht waren.

So hatte die einst so loyale, erfolgreiche Armee im Frühling 1945 nur noch kriegsmüde Männer, aus denen mit eiserner Faust die letzte Anstrengung und die letzten Blutstropfen herausgepresst werden sollten.

Verbrauchte Streitmacht

Doch die deutsche Armee war verbraucht. Große Umwege bei der Versorgung, wenig Ressourcen, kaum Luftunterstützung und weit verbreitete Demoralisierung fügten ihrer Kampfkraft Schaden zu. Im direkten Kampf waren die Deutschen weder in der Luft noch am Boden echte Gegner. Als Günther Blumentritt Ende März 1945 das Kommando der 1. Fallschirmjägerarmee – einer Einheit mit gutem Ruf – übernahm, war er über die vielen Schwächen in der angeblich stärksten deutschen Armee im Westen, entsetzt. Er erinnerte sich später: „Ich sah, dass es große Lücken in meiner Front gab, dass ich keine Reserven hatte, dass meine Artillerie schwach war, dass ich keine Art von Luftunterstützung und kaum Panzer hatte. Meine Kommunikationsmöglichkeiten und Fernmeldeeinrichtungen waren gänzlich unzureichend, (und) Verstärkungen, die noch kamen, waren flüchtig ausgebildet und schlecht ausgerüstet."

Der Materialkrieg, dem Deutschland seit knapp vier Jahren unterworfen war, hatte nie so geschmerzt wie in den letzten Tagen der Kämpfe an der Westfront. Der Oberbefehlshaber der Wehrmacht im Westen, Feldmarschall Kesselring, war sich der Schwierigkeiten, denen seine drei Heeresgruppen ausgesetzt waren, bewusst. Im Norden war unter General Johannes Blaskowitz die Heeresgruppe H, zusammengesetzt aus der 1. Fallschirmjägerarmee und der 25. Armee. Im Zentrum stand unter Feldmarschall Walter Model die Heeresgruppe B, zusammengesetzt aus der 5. Panzerarmee und der 7. und 15. Armee. Im Süden befand sich unter General Paul Hausser die Heeresgruppe G, zusammengesetzt aus der 1. und 19. Armee. Alle litten an ähnlichen Schwächen und bereiteten sich doch auf den kommenden Sturm vor. Kesselring hatte weder die Menge noch die Qualität der Truppen, die er benötigte. Der Mangel an Truppen

UNTEN:
Sturmpioniere der 83. Division, 9. US-Armee, überqueren im April 1945 die Saale. Die 9. Armee erreichte die Elbe am 11. April und die 1. Armee nahm Leipzig am 18. April ein. Pattons 3. Armee stieß indessen durch Süddeutschland nach Österreich und in die Tschechoslowakei vor.

LINKS:
Männer des 194. Segler-Infanterieregimentes der 17. Luftlandebrigade verhelfen sich in einem eingenommen deutschen Gasthof zu etwas Gastfreundschaft. Laut damaligem Bildtext war die Front nur 182 m entfernt.

war so gravierend, dass Ersatz vom *Volkssturm* angefordert wurde, um gegen die alliierte Flut anzukämpfen. Sogar damit konnten die Deutschen im Westen nur 26 Divisionen in voller Stärke aufstellen. Hitlers Armee war am Zusammenbrechen und vier Millionen alliierte Soldaten hungerten danach, die gegnerischen Schwächen auszunützen um den Krieg in Europa so schnell wie möglich zu beenden.

Letzte Mission

Der Vorstoß vom Rhein zur Elbe markierte den Höhepunkt des Krieges in Westeuropa. Kesselrings Front sollte durch einen fatalen Schlag, von dem sich Deutschland nicht mehr erholen konnte, auseinander gerissen werden. Die Alliierten wollten den Deutschen in der letzten Kriegsphase die totale Niederlage zufügen, aber was waren ihre militärischen Ziele? Bis zum 28. März hatte Eisenhower oft angegeben, dass Berlin sein strategisches Ziel war, was sicherlich die Zustimmung der Öffentlichkeit auf beiden Seiten des Atlantiks und der in Europa stationierten Truppen fand. Doch in den letzten Märztagen – gerade als die 21. Armeegruppe mit ihrem Vormarsch über das norddeutsche Tiefland nach Berlin begann – informierte ein Telegramm Montgomery über eine Strategieänderung. Eisenhower legte darin seine Absicht dar, den Hauptstoß von Berlin und der 21. Armeegruppe weg zur 12. Armeegruppe und an die Elbe und Mulde zu verlagern. Das Ziel der Alliierten war nun, die deutsche Armee in zwei Teile zu spalten und zuletzt einen glatten Zusammenschluss mit Stalins Roter Armee zustande zu bringen.

Die neuen Angriffsziele erforderten wenig Reorganisation: Bradley erhielt zur Unterstützung seines Vormarsches den Befehl über die 9. US-Armee von Montgomery zurück. Zur Sicherung des westlichen Rheinufers wurden ihm Teile der 15. Armee unter Lieutenant-General Leonard Gerow unterstellt. Die 21. Armeegruppe sollte Bradleys linke Flanke decken, Holland säubern, die norddeutschen Häfen nehmen, Dänemark abschneiden und die Ostsee vor den Russen erreichen. Rechts von Bradley sollte die 6. Armee seine Südflanke decken und in Deutschland und Österreich eindringen. Diese Operationsziele unterschieden sich unleugbar von Eisenhowers Aussagen seit der Operation *Overlord*. Im September 1944 schrieb er etwa: „Die Einnahme Berlins ist der große Preis. Wir sollten all unsere Energie und Ressourcen auf einen raschen Vorstoß nach Berlin konzentrieren.“ Warum also der Meinungsumschwung?

Erstens kamen die politischen Führer der USA, der Sowjetunion und Großbritanniens im Juli 1944 überein, Deutschland nach dem Krieg in (nationale) Besatzungszonen zu teilen. Diese Abmachungen wurden im Februar 1945 in der Konferenz von Jalta bestätigt und sicherten allen drei Mächten die Kontrolle über Berlin, obwohl es tief in der vorgesehenen russischen Zone lag. Deswegen konnte die Einnahme Berlins für die Briten und Amerikaner nicht länger Vorrang haben, außer es hätte strategische Bedeutung oder wäre notwendig, um die Sowjets eventuell aus Mitteldeutschland herauszuhalten.

Berlin nicht länger wichtig

Der zweite Grund für die Änderung der Strategie lag in Eisenhowers Meinung, dass Berlin strategisch nicht mehr so wichtig wie zunächst war. Sein Argument war, dass durch die Einnahme entscheidenderer militärischer Ziele die Kriegsdauer wesentlich verkürzt werden könnte. Er schrieb am 28. März an Montgomery: „Sie werden sehen, dass ich in keinem (meiner Pläne) Berlin erwähne. So weit es mich betrifft, ist die Stadt nicht mehr als ein Punkt auf der Landkarte. An solchen war ich noch nie interessiert."

Eisenhower wollte nun dringend Deutschlands Industriezentrum, das Ruhrgebiet, einnehmen, in dem Models 5. Panzerarmee und 15. Armee standen. Selbst die SHAEF traute den Meldungen, dass die Industrieproduktion durch die alliierten Bombenangriffe einen tödlichen Schlag erlitten hatte. Eisenhowers Befehl an die 9. und 1. US-Armee, das Ruhrgebiet einzukesseln, war instruktiv – das alliierte Oberkommando wollte in dieser Phase des Krieges keine unnötige Gefahr auf sich nehmen.

Der dritte Grund für den strategischen Schwenk war, dass es für notwendig erachtet wurde, südlich in die bayerischen Berge und nach Österreich vorzurücken. Die Alliierten glaubten in diesem 480 km langen und 130 km breiten Gebiet „die Alpenfestung" – die letzte ideologische Demonstration des nationalsozialistischen Widerstandes – zu finden. Die SHAEF-Aufklärung hatte SS-Truppen, Düsenflugzeuge und – entscheidend – einige der bedeutendsten Minister und Persönlichkeiten des Naziregimes identifiziert, die in das Gebiet flüchteten. Die in diesem unwegsamen Gelände liegende Alpenfestung drohte, falls Zeit zur Konsolidierung ihrer Mitglieder blieb, eine uneinnehmbare Stellung zu werden. Die Alliierten wollten keine unnötig hohen Verluste riskieren. Eisenhower forderte deshalb unerbittlich die rascheste Entfernung der Nazis aus diesem Gebiet.

Der vierte und letzte Grund, auf Berlin als strategisches Ziel zu verzichten, lag für die Alliierten in der Entfernung und in der Anzahl der Truppen. Ende März hatten die Russen über zwei Millionen Mann nur 50 km vor Berlin stehen, während die westlichen Alliierten 340 km entfernt am Rhein waren. Bradley überzeugte Eisenhower, dass die Erobe-

RECHTS:
Soldaten der 9. US-Armee suchen am 17. April 1945 in den Ruinen der Krupp-Rüstungswerke in Essen nach versteckten „Werwolf"-Heckenschützen. Die Kruppfabrik wurde viele Male vom Bomberkommando der Royal Air Force *angegriffen und ebenso oft wieder aufgebaut. Im Oktober 1944 wurde sie komplett zerstört.*

rung der Stadt ungefähr 100.000 Mann kosten würde, ein Preis, der für die Eroberung eines „bloßen Symbols" zu hoch wäre.

Während Eisenhower diese vier Gründe für seine strategischen Änderungen bestätigte, gab es wahrscheinlich einen weiteren, inoffiziellen Grund für seine Entscheidung. Der alliierte Oberbefehlshaber stand unter großem Druck der Vereinigten Staaten, den Briten nicht das Prestigeobjekt Berlin zu überlassen, während die Amerikaner nur eine Nebenrolle spielen würden. Die USA waren deutlich die treibende Kraft hinter den Kriegsanstrengungen des Westens, und Bradley (im Besonderen) dachte, wenn der Sieg endlich komme, sollten die Amerikaner den Löwenanteil am Ruhm erhalten – oder zumindest sollte den Briten der alleinige Ruhm verwehrt werden. Bradley argumentierte lebhaft, dass die Übertragung des Befehles über den Großteil der 12. Armeegruppe an Montgomery in der kritischen Phase der deutschen Ardennenoffensive vom vergangenen Dezember seinen Ruf und den der US-Armee befleckt hätte. Es ist wahrscheinlich, dass Eisenhower durch solche Bemerkungen beeinflusst wurde.

Neue Taktik

Zuletzt wurde die alliierte Strategie trotz britischer Proteste geändert. Die 12. Armeegruppe sollte einen Vorstoß an die Elbe und Mulde und eine Vereinigung mit den sowjetischen Truppen, die vom Osten her vorrückten, durchführen. Vorsicht ersetzte Kühnheit.

Am 28. März brach Lieutenant-General Sir Miles Dempseys britische 2. Armee aus ihrem Rheinbrückenkopf bei Wesel auf einer drei Korps breiten Front aus. Bis 5. April näherten sich die Briten, mit ihrer Rechten gegen Ülzen und ihrer Linken gegen Bremen, rasch der Weser. Drei Tage später hatten zwei Korps die Weser überquert und eines davon, das VIII. Korps, hatte nördlich von Hannover einen Brückenkopf jenseits der Leine gewonnen. Genau hier traf das VIII. Korps auf das Panzerausbildungsbataillon *Großdeutschland* und wurde gestoppt. Obwohl die Deutschen im Westen so schwach waren, nutzten sie ihre Verteidigungsstellungen oft gut und kämpften tapfer, um den alliierten Vorstoß zu verzögern. Montgomery nützte diese Verzögerung an der Leine, um seinen Anspruch auf weitere Truppen für seinen Vormarsch zu rechtfertigen. Der Kommandeur der 21. Armeegruppe dachte, dass die 2. Armee nur mit Hilfe von Verstärkung hoffen konnte, den russischen

OBEN:
Gesichter der Niederlage: Junge und alte Kriegsgefangene stellen sich widerwillig vor die Kamera. Selbst jetzt noch verschob Hitler in seinem unterirdischen Bunker im besiegten Berlin auf dem Papier Phantomarmeen.

Vormarsch zur Nordsee aufzuhalten. Die Unterstützung kam schließlich auf zwei Wegen: Eisenhower entschied, dass Bradley sich um seine linke Flanke selbst kümmern konnte (so wurden britische Truppen zur Unterstützung der 2. Armee frei) und dass Dempsey bei der Gewinnung einer Linie von der Elbe bis zur Ostsee mit der Hilfe des XVIII. US-Luftlandekorps rechnen konnte. Mitte April kamen alle drei britischen Korps gut voran: Links, am Rand von Bremen, war das XXX. Korps, das XII. Korps im Zentrum stieß gegen Hamburg und das VIII. Korps zur Rechten hatte Lüneburg genommen und stand kurz vor der Elbe. Die Briten hatten so in nur drei Wochen an die 340 km zurückgelegt.

Die kanadische 1. Armee unter Lieutenant-General Crerar rückte mit dem Ziel, Ostholland, das Gebiet südlich des IJsselmeers und die Halbinsel um Wilhelmshaven zu säubern, auf einer zwei Korps breiten Front vor. Sie verließ ihren Brückenkopf am 2. April und erreichte den Twenthe-Kanal innerhalb von zwei Tagen. Von hier aus sollte das II. Korps nach Norden

RECHTS:
Teil der massiven Aufräumoperation: 10.000 deutsche Soldaten wurden im Ruhrkessel von der 99. Infanteriedivision der 1. US-Armee gefangen genommen.

UNTEN:
Ein Fallschirmjäger der 82. Luftlandedivision in der US-Standardfallschirmjägeruniform mit einer M1-Thomson-MP, Kaliber .45, der berühmten Tommy Gun.

und Nordosten durchbrechen und das I. Korps sollte westlich über die IJssel angreifen. In der zweiten Aprilwoche kamen die Kanadier rasch voran; Am 8. April überquerte das II. Korps die Ems bei Meppen, und am 10. April hatte es Deventer und Zwolle eingenommen und bewegte sich in Richtung Oldenburg.

Am 12. April griff eine Division des I. Korps über die Ijssel Richtung Arnheim an. Die Stadt, die im September 1944 der Mittelpunkt alliierter Hoffnungen und Kämpfe war, wurde im April 1945 in nur drei Tagen genommen. Der kanadische Erfolg hielt an: Das IJsselmeer wurde am 18. April erreicht, nachdem Apeldoorn zwei Tage zuvor befreit worden war. Am Ende der dritten Aprilwoche blickte das I. Korps über die Eem und Grebbe auf eine hungernde holländische Bevölkerung, die verzweifelt Hilfe benötigte.

Der Ruhrkessel

Die 9. US-Armee unter Lieutenant-General William Simpson und die 1. US-Armee unter General Courtney Hodges begannen am 28. März mit der Einkesselung des Ruhrgebietes. Feldmarschall Walter Model versuchte mit Gegenangriffen im Norden (in der Nähe von Hamm) und im Süden (bei Siegen) auszubrechen. Beide Versuche schlugen jedoch fehl und am 2. April verbanden sich zwei amerikanische Armeen in Lippstadt. Model hatte sein Schicksal an Hitlers Herrschaft geknüpft und wurde zur Belohnung mit 54 Jahren in den Rang eines Generalfeldmarschalls befördert, aber auch er konnte den Zusammenbruch des deutschen Heeres nicht verhindern.

Die Säuberung des Ruhrkessels ging relativ langsam vor sich – wegen des Terrains und wegen der Industrieanlagen, die Heckenschützen viele Verstecke boten. Als die Amerikaner in den Kessel vorrückten, konnten sie den schäbigen Zustand sowohl des Heeres als auch der Zivilbevölkerung sehen. Die ständigen Bombenangriffe hatten drei Viertel der Häuser der Region verwüstet und die Straßen unbrauchbar gemacht. Ihr Weniges an Essen und Munition konnten die besiegten Deutschen nicht dorthin schaffen, wo es am meisten benötigt wurde. Als die Amerikaner am 12. April Essen erreichten, war es unmöglich, irgendetwas irgendwohin zu transportieren. Die Lage im Ruhrgebiet war für den „Führer" sicher deprimierend, aber für die hier Kämpfenden war sie zermürbend. General Kochling, Kommandeur des LXXXI. Korps, einer eingekesselten Einheit, sagte später über die zwiespältige Lage seiner Truppen: „Die Fortsetzung des Widerstandes im Ruhrkessel war ein Verbrechen. Es war Models Pflicht, zu kapitulieren. Nur die Gefahr von Repressionen gegen meine Familie hinderte mich daran, diesen Schritt selbst zu tun."

Der Rest an Kampfgeist in den deutschen Einheiten verflog bald, als die Amerikaner vorrückten. Es war sogar nicht ungewöhnlich, dass Wehrmachtssoldaten den Fall einer anderen Stadt feierten. Bis 14. April ergaben sich die Deutschen in solchen Mengen, dass es der Verwaltung der Amerikaner Probleme machte. Als an diesem Tag ein Korps der 9. Armee und zwei der 1. Armee nahe Hagen an der Ruhr zusammentrafen, wurde der Kessel gespaltet. Am 16. April ergaben sich binnen 24 Stunden 80.000 Deutsche. Zwei Tage später wurden 325.000 deutsche Soldaten (darunter 30 Generäle) gefangen genommen. Der organisierte bewaffnete Widerstand brach zusammen. Model, der Paulus kritisiert hatte, weil dieser sich im Februar 1943 bei Stalingrad ergeben hatte, erschoss sich in einem Wald bei Düsseldorf. Zu diesem Zeitpunkt gab es im Westen keine organisierte deutsche Front mehr.

Hitler hatte den Überblick über die Ereignisse verloren. Er fand es schwierig herauszufinden, was wo geschah. Die Lagebesprechungen des „Führers" hatten sich mehrere Monate ziellos um das Thema gewunden. Im April waren die Treffen verworren und überhaupt eine Zeitverschwendung. Hitlers entschiedenes Festhalten an der Diskussion vergangener Ereignisse zeigte seinen Realitätsverlust. Seine stereotype Antwort auf viele Fragen lautete: „Kein Rückzug!" Auf Meldungen, denen zufolge Offiziere ihre Pflicht vernachlässigten, befahl Hitler, ohne sich die Vorwürfe genauer anzusehen, deren Entlassung, Degradierung oder Exekution. Als Sepp Dietrich, Befehlshaber der 6. SS-Panzerarmee und früher Kommandeur der Leibwache Hitlers, von der überwältigenden gegnerischen Stärke nach Wien zurückgedrängt wurde, telegrafierte ihm Hitler: „Der Führer ist der Meinung, dass die Truppen nicht gekämpft haben, wie es die Situation verlangte, und befiehlt, dass den SS-Divisionen *Adolf Hitler, Das Reich, Totenkopf* und *Hohenstaufen* die Ärmelbänder abgerissen werden."

Dietrich telegrafierte zurück, er würde sich eher erschießen, als den Befehl auszuführen.

Die Elbe wird erreicht

In den frühen Apriltagen stieß die 9. Armee weiter in Richtung Elbe vor. Am 4. April standen Teile von ihr an der Weser, am 8. April hatten sie die Leine überquert, am 10. April war Hannover eingenommen und am 11. April wurde die Elbe im Süden von Magdeburg erreicht. Dieser unglaubliche rasche Vorstoß veranlasste Eisenhower festzulegen, wo die Haltelinie der 12. Armeegruppe sein würde. Entschieden wurde, dass die Linie von Wittenberge im Norden nach Bayreuth im Süden verlaufen und damit Dessau, Leipzig

UNTEN:
Deutsche Gefangene werden auf der Autobahn bei Gießen (in Süddeutschland) in ein Lager geführt, während Fahrzeuge der 6. Panzerdivision, 3. US-Armee, an ihnen in Richtung tschechische Grenze vorbeirollen. Pattons Armee marschierte am 4. Mai 1945 in die Tschechoslowakei und in Österreich ein.

Ende März hatten die Alliierten Brückenköpfe östlich des Rheins errichtet. Die deutsche Gegenwehr zerfiel unter dem Druck an allen Fronten und Mitte April standen die Sowjets an der Oder. Der Wettlauf zwischen den westlichen und den östlichen Alliierten war eröffnet. Die Staffeln der 1. und 2. SAS operierten weit vor den alliierten Linien und führten Aufklärungsaufgaben durch. Am 3. Mai, wenige Tage vor Kriegsende, war die Staffel D der 1. SAS bis nach Kiel vorgedrungen.

und Chemnitz an der Elbe und Mulde verbinden sollte. Tatsächlich waren die Spitzen der 9. Armee bis 11. April nur so weit nach Osten vorgerückt, wie Eisenhower es gestattet hatte, obwohl sie Berlin bei dieser Geschwindigkeit in zwei Tagen erreicht hätten. Eisenhower ließ sich trotz des Drucks einiger Kommandeure nicht zu einem unüberlegten Vorstoß nach Berlin hinreißen. In dieser heiklen Situation betonte er, dass es unbedingt notwendig sei, die Flanken zu säubern, sich problemfrei mit den Sowjets zu vereinen und, wie er den Stabschefs am 15. April schrieb. „Bedenken Sie, dass nur unsere Speerspitzen bis zum Fluss gelangen sollen – unser Schwerpunkt liegt weit davor.“ Die Entscheidung war zweifellos klug. Wieder einmal lautete die Parole „Umsicht“ statt „Kühnheit“.

Auch die 1. Armee machte von Beginn an große Fortschritte in Richtung ihrer östlichen Angriffsziele. Am 9. April – Kassel und Göttingen waren bereits erobert – rückten General Hodges' Truppen in den Harz vor, wo sie gemeinsam mit der 9. Armee 15.000 deutsche Soldaten umzingelten. Diese waren Männer der neu aufgestellten deutschen 11. Armee unter

LINKS:
Ein erfahrener deutscher Soldat erklärt einem Mitglied des Volkssturms den Gebrauch einer Panzerfaust. Der Volkssturm löste sich schnell auf, als dessen Mitglieder, die von Beginn an großteils widerwillig kämpften, merkten, dass sie sich sinnlos für eine verlorene Sache opferten.

dem Oberbefehl von General Walter Wenck. Sie sollte theoretisch Model im Ruhrgebiet unterstützen. In der Praxis wurden die Deutschen jedoch von dem rasanten amerikanischen Vorstoß überrannt und waren am 18. April eingekreist. In diesem Stadium hatte die 1. Armee ihre Haltelinie an der Mulde bei Dessau erreicht und musste ihren Vormarsch beenden.

Pattons Vorstoß

Auch General George Pattons 3. Armee war Ende März aus ihrem Brückenkopf ausgebrochen und schwärmte sofort aus. Einige ihrer Einheiten nahmen Frankfurt, andere marschierten in Kassel und Gotha ein (die beide am 4. April endgültig befreit wurden), während andere noch bis zum Thüringer Wald vordrangen. In der zweiten Aprilwoche waren große Gebiete des Waldes gesäubert und bis zum 14. wurden Chemnitz, Hof und Bayreuth erreicht. Der Vormarsch verlief so reibungslos, dass Patton Eisenhower um die Erlaubnis bat, zur Tschechoslowakei vorrücken zu können. Der alliierte Oberbefehlshaber antwortete, dass er vor der Säuberung der Flanken der 12. Armeegruppe eine solche Bewegung nicht anordnen könnte, doch befürwortete auch er im Prinzip einen Vorstoß bis zu der Linie Karlsbad–Pilsen–Budweis.

Patton erhielt jedoch Befehl, zum Böhmerwald vorzurücken, um mit den Sowjets im Donautal zusammenzutreffen. Dieser Vormarsch musste mit der 6. Armeegruppe, die schon mit der Säuberung von Süddeutschland begonnen hatte, koordiniert werden. Am 7. April stand die 7. US-Armee unter Lieutenant-General Patch am Rande von Würzburg, während die französische 1. Armee unter General Jean de Lattre de Tassigny in Karlsruhe beschäftigt war. Beide Armeen trafen auf heftigeren Widerstand, als er ansonsten an der Front anzutreffen war. Zum Beispiel wurde am 7. April die 10. Panzerdivision zum Rückzug gezwungen, nachdem ein Angriff auf Crailsheim an der deutschen Verteidigung scheiterte. Es scheint, dass Haussers Truppen der Heeresgruppe G zu diesem Zeitpunkt nicht so entkräftet waren wie jene, die sich der Wucht der alliierten Offensive im Norden ausgesetzt sahen. Natürlich waren die Deutschen nicht stark genug, den amerikanischen Vormarsch wirklich aufzuhalten. Die 7. Armee hatte am 8. April Schweinfurt eingenommen und war über die Hohe Rhön nach Nürnberg unterwegs, wo sie neun Tage später eintraf. In diesem Stadium hatten die Franzosen begonnen, die deutsche 19. Armee im Schwarzwaldgebiet um Stuttgart anzugreifen und sie richteten ihren Blick bereits auf die österreichische Grenze.

Roosevelts Tod

Die Alliierten machten seit Anfang April über eine Million Gefangene. Damit war der Zerfall der deutschen Wehrmacht im Westen besiegelt. Selbst als der US-Präsident Roosevelt am 12. April starb, blieben die Alliierten ruhig und selbstbewusst, während die Deutschen immer tiefer in Panik gerieten und in Chaos versanken. Bis zum 18. April stand außer Bayern kaum noch irgendein Gebiet Deutschlands unter Hitlers Kontrolle. In der vierten Aprilwoche waren Marschall Schukows Panzerspitzen in die östlichen Vororte Berlins eingedrungen und Field Marshal Alexanders Offensive in Norditalien machte gute Fortschritte. Solange jedoch Hitler noch am Leben war, wollten die deutschen Befehlshaber nicht kapitulieren. Möglicherweise wegen ihres auf ihn geleisteten Treueeides, wahr-

UNTEN:
Gleich nach der Überquerung der Elbe begannen die Gordon Highlanders *mit ihrer Aufgabe, die nahen Wälder von deutschen Soldaten und Heckenschützen zu säubern. Hier stehen ein deutscher Major und sein „Kommando" – Kinder zwischen 13 und 16 Jahren – unter Bewachung.*

scheinlich aber eher aus Angst vor Vergeltungsmaßnahmen. In der letzten Aprilwoche diskutierten Montgomery und Dempsey die nächste Phase ihrer Operationen. Die britische 2. Armee stand an der Elbe, im Randgebiet von Hamburg und in der Nähe von Bremen. Nun sollten die Briten Bremen und Cuxhaven säubern, die Elbe überqueren und – dies hatte höchste Priorität – die Ostsee erreichen, bevor die Russen an die Nordsee durchschlüpfen konnten.

Bremen zerstört

Vor Bremen entschied Lieutenant-General Horrocks, Kommandeur des XXX. Korps, den Deutschen vor seinem Angriff die Möglichkeit zur Kapitulation zu geben. Doch in der Stadt fand niemand den Mut für die notwendige Entscheidung – deshalb hielten die Kämpfe fünf Tage lang an. Wieder einmal musste das deutsche Volk für Hitlers Tyrannei büßen. Am 25. April machten mittlere und schwere Bomber viele Gebiete in Bremen dem Erdboden gleich. Ein Bodenangriff folgte. In der zerstörten Stadt trafen die siegreichen Briten auf eine desorientierte und zermürbte Bevölkerung. Am 27. April nahmen sie Bremen und schwenkten sofort nach Norden Richtung Cuxhaven, ihr nächstes Ziel. Mittlerweile hatten die sowjetischen Truppen am 25. April die Einkesselung Berlins abgeschlossen und die Briten mussten so schnell wie möglich die Ostsee erreichen. Dempsey überquerte am 28. April die Elbe bei Lauenburg und stieß weiter nach Lübeck und Hamburg vor – beide Städte kapitulierten am 2. Mai. Das XVIII. Luftlandekorps überquerte indessen gemeinsam mit der britischen 6. Luftlandedivision die Elbe bei Darchau und preschte weiter zur Ostsee. Sie erreichte – nur wenige Stunden vor den Sowjets – Wismar am 2. Mai.

Stalin war über Eisenhowers Absichten nie im Zweifel, denn der alliierte Oberbefehlshaber hatte ihm in einem Telegramm vom 30. April seine Pläne offen gelegt. Die 21. Armeegruppe sollte die Linie von Wismar nach Dönitz an der Elbe halten und das Gebiet bis zum Kielkanal besetzen. Die 12. Armee sollte ihre Stellung an der Elbe und Mulde halten, obwohl die 3. Armee zur Tschechoslowakei vorrücken konnte. Die 6. Armee sollte tiefer nach Süddeutschland und Österreich eindringen. Eisenhower wartete ungeduldig auf Stalins Reaktion auf seine Pläne und hielt bis dahin Pattons Vorstoß in die Tschechoslowakei zurück.

OBEN:
25. April 1945: Das historische Zusammentreffen der US-amerikanischen und sowjetischen Truppen an der Elbe. Speerspitzen der 1. und 9. US-Armee nahmen jeweils zu den Russen Kontakt auf. Die augenscheinlich freundliche Atmosphäre hier sollte bald der Vergangenheit angehören.

Unterdessen kämpften die Kanadier, obwohl sie nicht das Problem hatten, in von den Sowjets beanspruchtes Gebiet einzudringen, mit ihren eigenen Schwierigkeiten. Während das II. Korps sich über dem Küstenkanal etabliert hatte und langsam nach Wilhemshaven vorrückte, wartete das I. Korps auf den Befehl, die Eem und Grebbe zu überqueren, um die hungernde holländische Bevölkerung zu befreien – aber der Befehl kam nicht. Montgomery fürchtete, dass der deutsche regionale Befehlshaber, General Blaskowitz, und Reichskommissar Seyss-Inquart beim Einmarsch der Kandier ihre Drohung, die Deiche der Nordsee und des IJsselmeers zu öffnen, wahr machen würden. So sandte Eisenhower am 30. April seinen Stabschef, Lieutenant-General Walter Bedell Smith. zu den beiden Männern. Die Deutschen stimmten einem befristeten Waffenstillstand zu, damit die Alliierten hinter den feindlichen Linien Lebensmittel abwerfen konnten, doch als Bedell Smith von Kapitulation sprach, wollte keiner der beiden Männer die Verantwortung dafür übernehmen.

Im Gebiet der 12. Armeegruppe hatte sich die 9. Armee entlang ihrer Haltelinie festgesetzt, und die 1. Armee vollendete die Säuberung der restlichen Widerstandsnester an ihrer Front. Halle und Leipzig wurden nach heftigen Straßenkämpfen am 19. April und Dessau am 22. April genommen. Zwei Tage später erreichten Hodges' Männer ihre eigene Haltelinie an der Mulde und am 25. April trafen die Spitzen der 69. Division mit Marschall Ko-

OBEN:
Mit dem alliierten Vorstoß nach Deutschland kam die schreckliche Entdeckung der Konzentrationslager. Hier sind die Leichen der ehemaligen Häftlinge in einem Massengrab bei Bergen-Belsen aufgetürmt. Der Kommandant von Bergen-Belsen, Josef Kramer, wurde von den Briten angeklagt und zum Tode verurteilt.

news sowjetischer 58. Gardedivision an der Elbe zusammen. Nach dieser ersten erfolgreichen Verbindung schüttelten einander bald an allen Fronten sowjetische und US-Soldaten die Hände.

Patton wartete noch immer auf den Befehl, zur Tschechoslowakei vorzurücken, doch inzwischen setzte seine 3. Armee ihren Vorstoß nach Süden fort. Am 25. April überquerten seine Männer die Donau, überrannten hierauf Regensburg und marschierten in Richtung Österreich und gegen Linz. Die Stadt wurde schließlich am 5. Mai eingenommen, nur einen Tag, nachdem das sowjetische Oberkommando dem Vorschlag Eisenhowers zur Grenzfestlegung zugestimmt hatte. Die 3. Armee erhielt nun den Befehl, die Linie Karlsbad–Pilsen–Budweis einzunehmen, während den Sowjets, zu Pattons Bestürzung, der Rest der Tschechoslowakei mit Prag zufiel.

Alliierter Vorstoß

Rechts von der 3. Armee kamen die 7. US-Armee und die französische 1. Armee weiter gut voran. Am 20. April eroberten die Amerikaner nach fünftägigem Kampf Nürnberg und die Franzosen nahmen Stuttgart. Am 22. April waren beide Armeen jenseits der Donau und zerschlugen damit General Haussers Heeresgruppe G. Ulm wurde von den Amerikanern am 23. April genommen und die Franzosen erreichten einige Tage später den Bodensee an der Schweizer Grenze. Am Monatsende drang die 7. Armee in Dachau und München ein und die Franzosen betraten österreichischen Boden. Am 3. Mai standen die amerikanischen Truppen in Innsbruck, von wo sie zum Brenner vorrückten. Dort trafen sie mit der 5. Armee, die sich durch Italien gekämpft hatte, zusammen. Andere Einheiten besetzten inzwischen am 4. Mai Salzburg und einige drangen sogar bis zu den zerbombten Ruinen von Hitlers Sitz in Berchtesgarden vor. Deutscher Widerstand war hier nicht mehr vorhanden.

Ende April war jedermann klar, dass der Krieg fast vorbei war. Der Reichsführer SS Himmler suchte nun auch ohne Hitlers Zustimmung Wege, um die Kapitulation vorzubereiten. Am 23. April kontaktierte er den Leiter des schwedischen Roten Kreuzes. Er nähme sich die Freiheit, die schwedische Regierung zu bitten, den Briten zu übermitteln, dass die deutsche Regierung bereit wäre, sich an der Westfront zu ergeben. Himmlers Versuch schlug fehl. Der britische Premierminister informierte die Amerikaner und Sowjets rasch über Himmlers Annäherungsversuche. Ein Geheimprotokoll von 1943 verpflichtete die amerikanische, britische und sowjetische Regierung nämlich, einander sofort zu verständigen, falls die deutsche Regierung an eine von ihnen mit dem Ersuchen um Kapitulationsverhandlungen herantrat. Das britische Kabinett machte in seiner Antwort an Himmler deutlich, dass die Kapitulation einer Front, einer Armee oder auch kleineren Einheit unter einem deutschen Kommandeur im Feld akzeptabel wäre (da dies eine rein taktische und militärische Angelegenheit war). Die deutsche Regierung könnte jedoch nur bedingungslos an allen Fronten kapitulieren.

Kapitulation in Italien

Während Himmler den Briten sein Angebot machte, wurden die Deutschen in Italien geschlagen. Als Resultat der alliierten Offensive unterschrieb General Vietinghoff am 22. April in Alexanders Hauptquartier die bedingungslose Kapitulation. Der April war für Generalfeldmarschall Kesselring kein glücklicher Monat: Die Westmächte hatten 1,65 Millionen Gefangene gemacht, darunter die Feldmarschälle von Kleist, von Leeb, List, Weichs und von Rundstedt. Die Zahl der gefangenen genommenen deutschen Soldaten war seit Juni 1944 auf nahezu drei Millionen gestiegen – diesem Druck konnte die deutsche Armee nicht mehr standhalten.

Während die Nachrichten immer schlechter wurden, zog sich Hitler zunehmend zurück, verdrängte die Wahrheit und wartete auf ein Wunder. Mitte Januar war er in die Reichskanzlei in Berlin geflüchtet, doch die häufigen und heftigen Bombenangriffe der Alliierten zwangen ihn schließlich in seinen nahen Bunker. Dieses unglaublich massive Bauwerk lag 85 m unter dem Erdboden, hatte auf zwei Stockwerken 18 Räume und war bis zu seinem Tod Hitlers Zufluchtsort. Dieses „Leben im Untergrund" war dem, das er einst als Gefreiter während des Ersten Weltkrieges in den Schützengräben führte, nicht unähnlich – besonders als die sowjetischen Granaten seinen Unterschlupf erschütterten. Er fand Trost bei seiner Schäferhündin Blondi und im Porträt Friederichs des Großen, das über seinem Arbeitstisch hing. Als die Nachrichten verheerend wurden, wandte er sich den Schlachten Friedrichs zu, der 1757 die übermächtigen Invasionsarmeen besiegt und in die Flucht geschlagen hatte. Die weiterhin jeden Nachmittag und Abend abgehaltenen militärischen Lagebesprechungen brachten keine anderen Aussichten als die unumgängliche Niederlage.

All dies wirkte sich auf Hitlers ohnehin schwer angeschlagene Gesundheit übel aus. Er schlief nur mehr zwischen acht und elf Uhr morgens und alterte sichtbar von Tag zu Tag. Göring sagte 1944, dass Hitler seit Kriegsbeginn um 15 Jahre gealtert war. Das Attentat vom Juli 1944 hatte sein Gehör stark beschädigt und seine Nerven angegriffen. Er litt wahrscheinlich an Parkinson und war schon länger von einem verheerenden Drogencocktail abhängig. Die sechsmal täglich injizierten Drogen milderten Hitlers Stimmungsschwankungen kaum. Die Nachricht von Roosevelts Tod verwandelte kurzfristig seinen verzweifelten Zustand in Euphorie. Aufgeregt meint er zu Speer: „Hier! Sie wollten es nie glauben ... Hier ist das Wunder, das ich voraussagte. Wer hatte Recht? Der Krieg ist nicht verloren ... Roosevelt ist tot." Doch die Realität stürzte Hitler wieder in eine tiefe Depression. Speer

UNTEN:
Zwei versenkte deutsche U-Boote an ihrer Anlegestelle in einer norddeutschen Basis im Mai 1945. Viele U-Boote wurden während der letzten Kriegsmonate durch Bombenangriffe zerstört oder absichtlich versenkt, damit die Alliierten sie in den letzten Kriegstagen nicht erbeuten konnten.

sagte, dass Hitler „die letzte Station seiner Flucht vor der Realität erreicht hatte, einer Realität, die anzuerkennen er sich seit seiner Jugend weigerte." Der Mann verfiel vor den Augen derjenigen, die ihn kannten, und enttäuschte diejenigen, die ihn das erste Mal trafen. Hauptmann Gerhardt Bolt sah Hitler jetzt erstmals und beschrieb ihn so: „Sein Kopf wackelte etwas. Sein linker Arm hing schlaff herunter und seine Hand zitterte stark. In seinen Augen war ein unbeschreibliches Flackern, das ihm eine furchtbare und völlig unnatürliche Ausstrahlung gab. Sein Gesicht und die Umgebung seiner Augen vermittelten totale Erschöpfung. Seine Bewegungen waren die eines greisen Mannes." General Guderian sagte, dass Hitler „unsicher ging, öfter als sonst stehen blieb und dass seine Gesten verkrampft und langsam waren." Der gesundheitliche Verfall des Führers spiegelte sich in dem Verfall des Deutschen Reiches wider.

Im April verließen einige der engsten Mitarbeiter Hitlers den Bunker. Unter ihnen war Göring, dem 1941 beschieden wurde, dass er im Falle von Hitlers Tod oder dessen Unvermögen, seine Funktionen auszuüben, die Führung übernehmen sollte. Nachdem er Berlin verlassen hatte, fragte er Hitler in einem Telgramm, ob die Zeit gekommen wäre, seine Funktionen zu übernehmen:

Mein Führer!

Sind Sie einverstanden, dass ich nach Ihrem Entschluss, in der Festung Berlin auszuharren, nunmehr die Gesamtführung mit allen Vollmachten innen und außen übernehme? ... Sie wissen, was ich in den schwärzesten Stunden meines Lebens für Sie empfinde. Mir fehlen die Worte dies auszudrücken. Möge Gott Sie beschützen und trotz allem schnell hierher befördern.

Ihr loyaler

Hermann Göring

Schockiert von der mangelnden Loyalität einer Schlüsselfigur seines Regimes, befahl Hitler Görings Verhaftung.

Die Lage in Berlin war verzweifelt. Ein deutscher Offizier schrieb in sein Tagebuch: „27. April. Anhaltender Angriff während der ganzen Nacht. Wachsende Anzeichen von Auflösung. Kaum Nachrichtenverbindung zwischen den Truppen, außer den wenigen mit Funk ausgerüsteten Bataillonen. Telefonkabel sind zerschossen. Kein Schlaf, keine Rast. Kaum richtiges Essen, kaum Brot. Wasser nehmen wir aus den Tunnels und filtern

UNTEN:
Admiral Hans-Georg von Friedeburg, zu Kriegsende Befehlshaber der deutschen Kriegsmarine, kapituliert am 4. Mai 1945 im Hauptquartier der 21. Armeegruppe für die deutschen Boden-, See- und Luftstreitkräfte in Norddeutschland, Holland und Dänemark vor Field Marshal Montgomery.

es. Der ganze Potsdamer Platz ist ein Schutthaufen. Massenweise beschädigte Autos, halbzerschmetterte Ambulanzfahrzeuge, noch mit Verwundeten darin. Tote überall, manche von ihnen von rollenden Panzern und Lastwagen fürchterlich verstümmelt."

Letztendlich dachte auch Hitler nicht mehr an das Wunder eines Sieges in letzter Minute, sondern an seinen Tod. In den frühen Morgenstunden des 29. April heiratete er im Bunker in einer kurzen Zeremonie Eva Braun. Sein anschließend von ihm diktiertes Testament verrät, dass Hitler bis zum Schluss fest an eine jüdische Weltverschwörung glaubte. In den letzten Zeilen hieß es: „Vor allem verpflichte ich die Führung der Nation und die Gefolgschaft zur peinlichen Einhaltung der Rassengesetze und zum unbarmherzigen Widerstand gegen den Weltvergifter aller Völker, das internationale Judentum." Hitlers Körper hatte versagt, aber sein Geist hatte sich nicht verändert. Er schloss Göring und Himmler aus der Partei aus und bestimmte seine Nachfolger: als Reichspräsidenten Großadmiral Dönitz, als Reichskanzler Goebbels und als Parteiminister Bormann.

Hitlers Ende

Hitlers letzter Wille war, gemeinsam mit seiner neuen Frau verbrannt zu werden – er fürchtete, wie Mussolini und dessen Geliebte zu enden, deren Leichen in Mailand öffentlich aufgehängt wurden. Eva Braun war während der ganzen Zeit ruhig und hatte nur den Wunsch, mit ihrem Mann zu sterben. Sie beklagte häufig sein Schicksal: „Armer, armer Adolf, von jedem verlassen, von allen betrogen. Besser, es sterben 10.000 andere, als dass Deutschland ihn verliert."

Dönitz musste nicht lange warten, um seine wenig beneidenswerte neue Funktion zu übernehmen. Hitler erschoss sich am 30. April um 15.30 Uhr – zehn Tage nach seinem 56. Geburtstag; Eva Braun nahm Gift. Die Körper wurden in den Garten gebracht, mit Benzin übergossen und verbrannten kurz vor dem Einmarsch der Russen in Berlin. Als die Nachricht von Hitlers Tod und Dönitz' Nachfolge die Front erreichte, begannen die letzten Widerstandsnester separate Friedensverhandlungen. Massen deutscher Soldaten marschierten über den zunehmend engeren Korridor zwischen Ost- und Westfront, um sich den westlichen Alliierten zu ergeben.

Am 4. Mai akzeptierten Dönitz' Unterhändler in Montgomerys Hauptquartier in Lüneburg – mit Wirkung ab 5. Mai, 8.30 Uhr – die bedingungslose Kapitulation der deutschen Wehrmacht in Holland, Dänemark und Norddeutschland. Der aufgeräumte Montgomery suchte umgehend die 21. Armeegruppe auf. Er sagte zu seinen siegreichen Truppen, dass sie aus vier Gründen erfolgreich waren: Fehler des Feindes, alliierte Überlegenheit, britisch-amerikanische Zusammenarbeit und Kampfstärke der britischen, kanadischen und US-Truppen.

Am 5. Mai verhandelten Dönitz' Unterhändler in Eisenhowers Hauptquartier in Reims über eine bedingungslose Kapitulation. Noch einmal versuchten die Deutschen den Vorgang zu verzögern, aber der Oberbefehlshaber bestand auf der sofortigen Kapitulation. Am 7. Mai unterzeichneten Admiral

OBEN:
Flüchtlinge kommen nach dem Fall von Berlin durch das Brandenburger Tor. Eisenhower hatte zur Bestürzung der Briten den Russen freie Hand bei der Einnahme der Reichshauptstadt gewährt. Die Russen zogen sich, nachdem ein alliierter Kontrollrat eingesetzt worden war, im Juli 1945 aus dem Westsektor der Stadt zurück.

OBEN:
In einem kurzen, idyllischen Moment vor dem Ausbruch des Kalten Krieges raucht ein Soldat der 4. Panzerdivision, 3. US-Armee, eine Zigarette mit russischen Männern der ukrainischen 3. Armee im Bezirk Strakonice, Tschechoslowakei.

von Friedeburg und General Jodl in Anwesenheit der britischen, sowjetischen und französischen Vertreter um 2.40 Uhr die Kapitulationsurkunde. Die Operationen endeten an allen Fronten formell am 8. Mai um 23.01 Uhr mitteleuropäischer Zeit.

Sieg der Alliierten

Die Unterschrift unter diese Dokumente besiegelte sowohl den militärischen als auch den politischen Sieg der Alliierten. Auf militärischem Gebiet hatten sie mit der bedingungslosen Kapitulation Deutschlands das Ziel ihrer politischen Führer erreicht – die moralische und physische Zerstörung der deutschen Wehrmacht. Dieser Sieg hatte von den westlichen Alliierten keine geringen Opfer verlangt. Zwischen der Landung in der Normandie und der deutschen Kapitulation hatten sie in Westeuropa 766.294 Mann Verluste (davon fast 200.000 Tote). Die Verluste der Deutschen waren nur etwas höher, aber ihrem Opfer folgte die Niederlage.

Der Kampf ging so lange weiter, weil Hitler sich weigerte zu kapitulieren, solange er der Führer war. Bei der Beantwortung der Frage, warum Deutschland bis Mai 1945 weiterkämpfte, sollte man nicht außer Acht lassen, dass Hitler die Bevölkerung und die Armee fest im Griff hatte.

Im Nachhinein analysiert, machte ihn die fanatische Fortführung des Krieges, gepaart mit seinem Realitätsverlust, zu einem gefährlichen Mann. Und aus Angst vor den Folgen fanden nur wenige den Mut, ihm entgegenzutreten. Wäre Hitler vor Ende April gestorben oder getötet worden, hätte mit großer Wahrscheinlichkeit eine Kapitulation ausgehandelt werden können. Aber so mussten sich die Alliierten bis ins Herz Deutschlands durchkämpfen. Unter diesen Umständen erreichte der Feldzug in Nordwesteuropa über eine Strategie, die Deutschlands Schwäche ausnützte und seine eigenen Kräfte voll nutzte, sein Ziel. Sicher gab es Fehler, aber Eisenhowers vorsichtiger Vormarsch mit einer ständig steigenden Überlegenheit an Truppen und Nachschub war, rückblickend gesehen, ein wesentlicher Beitrag zum erfolgreichsten Bündnis der Geschichte.

Register

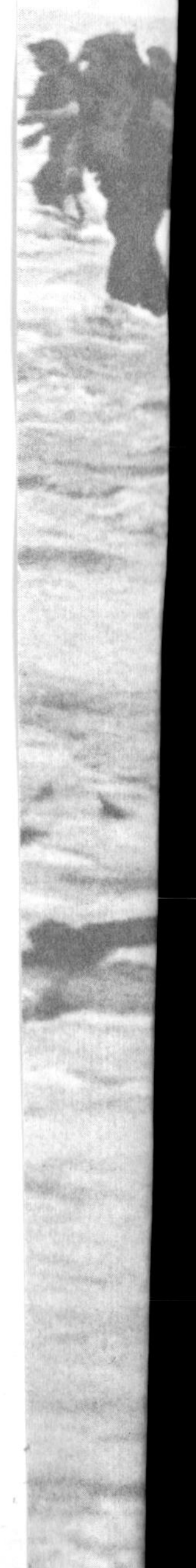